全國高等院校古籍整理研究工作委員會規劃重點項目

二〇一一——二〇二〇年國家古籍整理出版規劃項目

國家古籍整理出版專項經費資助項目

俞樾全集

汪少華　王華寶｜主編

鳳凰出版社

茶香室叢鈔

壹

（清）俞樾｜著
汪少華　顔春峰｜點校

圖書在版編目（CIP）數據

茶香室叢鈔 / （清）俞樾著 ； 汪少華，顏春峰點校.
-- 南京 ： 鳳凰出版社，2021.6（2022.11重印）
（俞樾全集 / 汪少華，王華寶主編）
ISBN 978-7-5506-3395-7

Ⅰ. ①茶… Ⅱ. ①俞… ②汪… ③顏… Ⅲ. ①讀書筆記－中國－清代 Ⅳ. ①G792

中國版本圖書館CIP數據核字(2021)第054412號

書名	茶香室叢鈔
著者	(清)俞 樾 著　汪少華　顏春峰 點校
責任編輯	汪允普
裝幀設計	姜 嵩
出版發行	鳳凰出版社(原江蘇古籍出版社) 發行部電話025-83223462
出版社地址	江蘇省南京市中央路165號,郵編:210009
照排	南京凱建文化發展有限公司
印刷	蘇州市越洋印刷有限公司 江蘇省蘇州市吴中區南官渡路20號,郵編:215104
開本	880毫米×1230毫米　1/32
印張	85.125
字數	1487千字
版次	2021年6月第1版
印次	2022年11月第2次印刷
標準書號	ISBN 978-7-5506-3395-7
定價	580.00圓(全四册)

(本書凡印裝錯誤可向承印廠調换,電話:0512-68180788)

《俞樾全集》編委會

主編

汪少華　王華寶

編委（按音序排列）

白朝暉　傅　傑　顧莉丹　胡文波　黄曙輝
劉珈珈　羅雄飛　倪永明　喬秋穎　喬玉鈺
孫　煒　滕振國　田松青　王其和　王倩倩
魏慶彬　謝超凡　許　丹　顔春峰　張燕嬰

總目

第一册

第二册

茶香室續鈔

第三册

茶香室三鈔

第四册

茶香室四鈔

前言

一

「茶香室」是俞樾夫人姚文玉所居室名。夫人平時流覽書籍，遇有罕見罕聞之事，曾以小紙録存。俞樾夫婦情好意篤。光緒五年（一八七九）夫人逝世，五十九歲的俞樾葬夫人於杭州西湖旁右台山，「自營生壙於其左」，在山中築右台仙館，署此「茶香室」三字於卧室。夫人逝世後三年内，長子、次女相繼去世。俞樾自感「骨肉凋零，老懷索寞；宿痾時作，精力益衰，不能復事著述。而塊然獨處，又不能不以書籍自娱」，於是「踵夫人故智，遇罕見罕聞之事，亦以小紙録出之」。光緒九年（一八八三）成書，命名爲《茶香室叢鈔》，「謂是吾之書可也，謂是夫人之遺書亦可也」。

「茶香室」之名固然寓含哀悼，而《茶香室叢鈔》未嘗不是俞樾樂此不疲的結集。《四鈔・

劉禹錫博洽》引元陸友仁《研北雜志》：「劉禹錫唐卿嘗謂繙討書籍最爲樂事，忽得一異書，如得奇貨。人知其如此，故求怪僻難知之籍，窮其學之淺深。唐卿皆推其自出以示之，有所不及見者，累日尋究，至忘寢食，必得而後已，故當時多以博洽推之。」俞樾認爲「此誠天下之至樂，余亦樂之」。《茶香室叢鈔》成書次年（一八八四）有《茶香室續鈔》，光緒十四年（一八八八）刻《茶香室三鈔》，光緒二十四年（一八九八）刻《茶香室四鈔》。

《茶香室叢鈔》二十三卷一〇七〇則、《續鈔》二十五卷一〇一一則、《三鈔》二十九卷一〇三四則、《四鈔》二十九卷一一〇六則，合計一〇六卷四二二一則。如俞樾《〈春在堂全書〉録要》所説，「叢鈔者，從諸家説部書中鈔撮而成」，直接引書超過九百七十種。内容從天文、曆法、樂律、地理到姓名、職官、科舉、禮俗，從書法、繪畫、印刷、碑刻到園林、寺廟、墓葬、宫室，從衣飾、車船、醫藥、物價到食物、動物、植物、器物，從詩詞格律、小説演變到戲劇原型，無論歷史人物還是傳説故事，無論書面語詞還是口頭稱謂，無論經書用字還是民間俗字，凡「罕見罕聞」的小掌故、小考據，無所不有，以類相從，洋洋大觀，堪稱有趣的古代文化知識寶庫或集大成的專題史料彙編。

今人熟悉的「爛柯」，典出南朝梁任昉《述異記》：「信安郡石室山，晉時王質伐木，至，見童子數人，棋而歌，質因聽之。童子以一物與質，如棗核，質含之，不覺飢。俄頃，童子謂曰：『何不去？』質起，視斧柯爛盡。既歸，無復時人。」俞樾告訴讀者「觀棋爛柯不止衢州」這一處，引宋吴曾《能改齋漫録》「達州爛柯亭在州治之西四里，古有樵者觀仙弈棋不去，至斧柯爛於腰間，即此地也」；至於「樵者觀仙人弈棋事」，又有宋洪邁《夷堅乙志》所述「南劒尤溪縣浮流村民林五十六樵于山，見二人對弈，倚擔觀之。旁有兩鶴啄楊梅，墮二顆于地。弈者目林使拾之，俛取以食，遽失二人所在」（《續鈔·觀棋爛柯不止一處》）。況且「爛柯不獨觀棋，且有聽琴之説」，《叢鈔·爛柯事有異説》引宋朱翌《猗覺寮襍記》：「爛柯多用爲棋事，聽琴亦然。《水經》：『晉民王質伐木，入信安縣室坂，見童子四人鼓琴，質倚柯聽之。既去，柯爛，去家已數十年。』」

齊桓公伐楚，管仲責楚「爾貢包茅不入，王祭不共，無以縮酒」（《左傳·僖公四年》）。《叢鈔·菁茅》因《水經·湘水篇注》引《晉書地道記》「縣有香茅，氣甚芬香，言貢之以縮酒也」，指其「縣謂泉陵縣」，引宋朱輔《溪蠻叢笑》「麻陽苞茅山茅生三脊，齊桓責楚苞茅不入者，即此」，引宋劉敞《公是集·三脊茅記》「三脊茅出于江、淮之閒，皆楚、越國也。有王者則後服，無王者則先叛，故封禪者必以三脊茅，其意以爲能服楚、越，則三脊茅可致，而封禪乃宜矣」，認爲「得此說，則知古人制菁茅之貢，其意深遠，非貴異物也」。可備一說。

嬰兒剛出生，民間有餵食黃連（宣黃連）水的做法，或稱「小兒開口方」。《叢鈔・宣連》引宋許景衡《橫塘集・襍說》：「《本草》：『宣連，微寒，味苦，無毒。』凡嬰兒始生，必以飼之，曰是能去其腸胃間積毒。居頃，始乳之，既而復飼以宣連，則弗食之矣。」俞樾說「今人飼嬰兒猶用此法」，可見由來已久。《叢鈔・杭州蘇州茶》引唐陸羽《茶經》「浙西，湖州上，常州次，宣州、杭州、睦州、歙州下，潤州、蘇州又下」及其「杭州」注「生天竺、靈隱二寺」，乃知「今杭州之龍井茶、蘇州洞庭山之碧螺春茶皆名聞天下，而在唐時則皆下品也」「當時龍井亦未知名」，可見古今差異。《叢鈔・張懷素》引周煇《清波襍志》說張懷素被人稱爲「道術通神」，「孔子誅少正卯時，彼嘗諫以爲太早；漢、楚成皋相持，彼屢登高觀戰」，又引褚人穫《堅瓠集》載一方士的「大言」：「兒時看伏羲畫八卦，見其蛇身人首，得驚癇，幾不起，賴神農以草頭藥治余，幸不死。倉氏子不識字，來求教，爲其愚不屑也。慶都十四月而生堯，延余作湯餅會，余贈以生肖錢。」讀後不能不感歎吹牛「創意」。

唐陳子昂的名和字，其友盧藏用《陳伯玉文集序》《陳子昂別傳》以及《新唐書》本傳都明確說「君諱子昂，字伯玉」或「陳子昂字伯玉」。唯有晚唐范攄《雲溪友議》卷二「陳拾遺」自注「陳冕，字子昂」。明徐𤇺《筆精》卷七認爲范攄説「當必有據」。雖然《四庫全書總目》認爲范攄説「與史不符」，當代學者更指出范攄的敘述主要來自道聽途説，「陳冕字子昂」屬於離奇的記録，經不起史實的推敲。但俞樾據《周禮·弁師》賈公彦疏「冕則俛也，以低爲號也」，調停兩説之差異：「名冕字子昂，猶名俛而字仰，正取相反之義。而冕必飾以玉，則名冕字伯玉，義亦有取。疑陳拾遺初名冕，字子昂，一字伯玉。其後廢名不用，乃名子昂而字伯玉耳。」（《四鈔·陳冕》）亦不無可取。

杭州西湖「樓外樓」名聞中外，傳言創辦者是清代落第秀才洪瑞堂及其妻陶秀英，俞樾曾爲它命名書額。俞樾曾孫俞平伯一九八二年五月所作《略談杭州北京的飲食》説「舊有曲園公所書匾額」：「於庚申、甲子間（一九二〇—一九二四），我隨舅家住杭垣，最後搬到外西湖俞樓。東面一小酒館曰樓外樓，其得名固由於『山外青山樓外樓』的詩句，但亦與俞樓有關。俞樓早建，當時亦頗有名，酒樓後起，舊有曲園公所書匾額，現在不見了。」〔二〕然而同年十月答胡文虎之問卻否定了「曲園公所書匾額」：「『樓外樓』我所知極少。曲園公來往蘇杭

〔二〕《中國烹飪》一九八二年第四期。

三十餘年之久，我未及趕上隨侍杖履。是否爲它取名書額，均不得而知。聽説它本是一小鋪，其爲酒樓當在俞樓建成以後，其所以得名，蓋由前人詩句『山外青山樓外樓』，固非直指俞樓也。」〔二〕如果俞平伯先生與樓外樓研究者讀過《茶香室叢鈔》，就會發現俞樾早有答案：「余所居俞樓之外有一酒樓，花農題榜曰『樓外樓』。其主人一老嫠婦，人稱之曰洪四姆。」（《四鈔·段七娘》）其主人的信息有限（不知其夫）卻也清晰（老寡婦「洪四姆」）。俞平伯「酒樓後起」説確切。「樓外樓」前一「樓」指俞樓，後一「樓」指酒樓，字面雙關「山外青山樓外樓」，是帶領同門諸子「披榛剪棘，依山築垣」（《俞樓記》）建造俞樓的得意門生徐琪（號「花農」）命名並題寫匾額。

《茶香室叢鈔》借題發揮，表達作者的生活態度、價值觀。例如《叢鈔·七審》引張邦基《墨莊漫録》「晁文元公深明理性，嘗作『七審』以代曾子『三省』之義：一、一切妄念能息否？二、一切外緣稍簡省否？三、一切觸境能不動否？四、一切語言能慎密否？五、一切黑白滅分別否？六、夢想之閒不顛倒否？七、方寸之閒得恬愉否？」認爲「此『七審』當書坐右，以自檢束」。《叢

〔二〕孫玉蓉編《俞平伯書信集》，河南教育出版社一九九一年版，第一六二——一六三頁。

鈔·伊川不作生日》引宋俞元德《螢雪叢説》「伊川生日致齋恭肅，不事飲燕歌樂，蓋念劬勞之力」，讚同「人於生日，宜以此爲法」。俞樾致友人書一再説「弟生平從不作生日，亦深惡言壽」，「愚向不作生日，不受壽言、壽禮，親故所同知也」，「弟從來不作生日，父憂母難，何慶之有」。俞樾不信「扶箕之術」「八字之説」：「扶箕之術，余雅不謂然，嘗言絶地天通宜首禁此」（《叢鈔·扶箕》），「八字之説最不可信，自天地開闢至今，究不知爲若干歲，則安知今年之爲某甲子也？年不可信，則月日亦不可信。惟時尚可信，然時上所配之天幹亦不可信。八字可憑者止一字耳」（《四鈔·人命八字之數》）。反对製造神童，《叢鈔·饒州神童》引宋葉夢得《避暑録話》「饒州自元豐末朱天錫以神童得官，俚俗慕之。小兒粗能念書，自五六歲即以次教之五經，以竹籃坐之木杪，絶其視聽。教者預爲價，終一經償錢若干。流俗因言饒州出神童，然苦之以至於死者，蓋多於中也」，指責「如此教小兒，可謂撟揉造作矣」。

對作家、作品的評價，例如「《金瓶梅》余未之見，《水滸傳》則實無可觀」（《三鈔·袁中郎〈觴政〉》），又如《容齋續筆》記載吴中士人家藏王安石「春風又緑江南岸」詩草稿，「初云『又到江南岸』，圈去『到』字，注曰『不好』，改爲『過』；復圈去，而改爲『入』，旋改爲『滿』。凡如是十許字，始定爲『緑』」。俞樾認爲「謂諸字皆不及『到』字之自然，正不必改也」（《叢鈔·王荆公改字》)。還有自我評價,例如「余生平最喜香山詩,所爲詩亦自謂近之」(《叢鈔·二李唱和集》),「余與孫琴西太僕三度同年,交誼甚深,而詩格則各别。余嘗語之曰:『吾所師者唐之白,君所師者宋之黄也』」(《續鈔·黄山谷襲用白樂天詩》)。

對作詩的意見,例如認爲「詩中複字原不必盡避」(《叢鈔·律詩一聯中有重複字》),主張「聲律誠不必過拘,然如李啓全用側聲字結句,究不可爲典要」(《叢鈔·失黏》);「最服膺」沈隱侯所主張「古儒士爲文,當從三易:易見事一也,易識字二也,易誦讀三也」,認爲「若平仄失黏,則誦讀便不易矣」(《叢鈔·失黏》)。《叢鈔·兩字對》引《野客叢書》「石林凡看文字,采兩字以上對句,舉子用作賦,入仕用作四六,顯達用作制誥」,以爲「此法極佳,余嘗課孫兒陛雲屬對,即此意」。

自己的飲食習慣,例如「余十許年來晨餐不茹葷」(《叢鈔·早不茹葷》),「余晨起或以此(蜂糖餻)代粥」(《叢鈔·蜂糖餻》),「余食饅頭往往成疾,今則并不能食矣」(《叢鈔·饅頭不可多食》),蟹「性寒,不宜多食,余不食蟹十許年矣」(《續鈔·蟹山》)。

《茶香室叢鈔》保存了不見於《春在堂全書》的作品。例如幼年詩作「君子雖爭没世名,流芳貽臭要分明。曹蜍李志皆千古,莫使人更馮玉瑛」(《叢鈔·馮玉瑛》),《美人風箏》詩句「楚楚臨風張小腳，眈眈注目吕偏頭」（《叢鈔·影戲》），「自謂屬對頗工」的詩句「暑路奔馳人褦襶，寒林呼嘯鬼髗髏」（《叢鈔·髗髏》。「褦襶」謂炎暑戴笠，「髗髏」指鬼求食），開導人毋以細故成訟詩句「好從且看樓頭看，莫向懊來橋上來」（《叢鈔·懊來橋》）；还有因老病不得已開出「潤筆」：「余從前作文不受潤筆，後以虚名流播人間，求文者無虚日，不得已自定章程，不滿千字者銀五十兩，千字以上者銀百兩。雖違『老而戒得』之明訓，實亦病而求息之苦心也。戲賦一詩云：『公鼎侯碑價不訾，如余譾陋豈相宜。只緣竊據名山席，遂使爭求下里詞。敢以再三心厭倦，奈因七十力衰羸。詅癡雖爲高人笑，此意區區或諒之。』詩不存於集，聊附於此。」（《四鈔·東坡不受潤筆》）

前人研究成果可成爲再探討的起點。例如宋洪邁《容齋五筆·哀公問社》：「古人立社，因其土地所宜木，初非求異。哀公本不必致問，既聞『用栗』之言，遂起『使民戰栗』之語。孔子責宰我不能因事獻可替否。或謂『使民戰栗』一句亦出於宰我，記之者欲與前言有别，故加『曰』字以起之，亦是一説。然出於我，則導君於猛，顯爲非宜；出於哀公，則便即時救正，以杜其始。兩者皆失之。」《續鈔·「使民戰栗」是哀公語》因此發現「今人皆以『戰栗』語爲出於宰我，觀洪氏此論，則宋人讀《論語》者有此兩説也」。這一發現，在稍後成書的《茶香室經説》卷

十六擴展爲證實先儒舊説「使民戰栗」是哀公語的七百餘字《曰使民戰栗》：

《八佾篇》：「哀公問社於宰我。宰我對曰：『夏后氏以松，殷人以柏，周人以栗，曰使民戰栗。』」孔注曰：「凡建邦立社，各以其土所宜之木。宰我不本其意，妄爲之説，因周用栗，便云『使民戰栗』。」按：此章之義頗有可疑。果如舊説，則宰我失言也。夫子聞之，何妨明斥其非，如云：「求，無乃爾是過與？」「小人哉樊須也！」「野哉由也！」皆明斥其非，使知其過。獨於宰我此言不明斥之，而迂緩其辭曰：「成事不説，遂事不諫，既往不咎。」此何爲者也？今按：先儒舊説本不以「使民戰栗」爲宰我語。皇侃《論語疏》云：「依注意，即不得如先儒言『曰使民戰栗是哀公語』也。」然則先儒固以「使民戰栗」是哀公之言。此説未知出於何人，實勝今注所傳孔安國之説。蓋孔注真僞難明，未可據也。此章文法與「哀公問有若」章相似，彼云：「哀公問於有若曰：『年饑，用不足，如之何？』有若對曰：『盍徹乎？』曰：『二，吾猶不足，如之何其徹也？』」下「曰」字是哀公語，而不再出「哀公」字，與此一律，足徵舊説之可從。蓋哀公聞周人以栗之言，便臆決之曰「使民戰栗」。嘗論哀公之爲君，當魯國積弱、政在三家之日，而頗有意振興，欲張公室，故屢問於孔子。

其問「何爲則民服」，以民皆服於三家也，意必以昭公舊事爲恥，慨然有大有爲之志，故一聞「周人以栗」之言，即作「使民戰栗」之解。然魯以相忍爲國，由來久矣，昭公時晉霸未衰，尚不能借其力以去季氏，況哀公之時乎？其後欲以越伐魯，而卒不克，終以客死，效可覩矣。宰予既不能辨正，孔子亦遂不復明言，但云：「成事不説，遂事不諫，既往不咎。」見得禄去公室、政逮大夫非一世矣，未可憤憤於一朝之閒而反以速禍也。此章先儒舊説不傳，遂使孔子之意亦晦，舊説之可貴如是夫。

《茶香室叢鈔》糾正自己的成説。例如《周禮・春官・巾車》『然䄙』鄭玄注：「然，果然也。」賈公彦疏：「果然，獸名。」俞樾《羣經平議》卷十三質疑鄭、賈舊説：「『果然』似不得但謂之『然』，且『果然』之獸不見於他經，于義亦無所取。賈氏但以爲獸名，蓋不詳其何獸也。」認爲「『然』當讀作『麙』，『然』與『麙』聲相近。《史記・貨殖傳》『計然』，《越絶書》作『計倪』、《吴越春秋》作『計硯』，即其例也」。及至見到清趙吉士《寄園寄所寄》引《南州異物志》「交州有果然獸，其名自呼。身如猨，犬面尾長，腹圓斑文。皮可爲褥，麗好温煖」，認識到「『果然』之皮實可用，經師舊説未可廢也」（《續鈔・然䄙》）。又如舊時子孫爲祖先撰寫行狀碑誌等文字，請人代寫祖先名號，稱「填諱」，唐人稱「題諱」。俞樾《小繁露·題諱》據唐《徐浩碑》「表姪前河南府參軍張叔平題諱」認爲「今人作行述，必假藉顯達一人，書某人『填諱』，似宜書『題諱』爲古」。《續鈔·填諱》據戴咸弼《東甌金石志·林伯驥壙志》「孤哀子輅泣血誌，國學生徐鼎填諱」、程祖慶《吴郡金石目·黄州判官魏公壙志》「子汝礪撰并書，親末進士張一新填諱」，知「宋人已如此書矣」。再如俞樾《春在堂隨筆》卷十説「李巨山爲唐詩人，檢《全唐詩》無之」。《四鈔·單題詩》：「李詩實五律，非五絶也。余嘗載之於《隨筆》卷十。彼時偶不記李巨山爲李嶠之號，故檢《全唐詩》未得其人，殊爲荒陋，又記於此，以誌愧。」

《茶香室叢鈔》前説有誤，後説訂正。例如《叢鈔·〈韵類題選〉》據宋樓鑰《攻媿集·跋袁光禄轂事迹》，認爲「此乃以韵隸事之始」。《三鈔·〈韵海鏡源〉》引唐封演《封氏聞見記》，認爲「此乃韵藻之權輿」，而「《叢鈔》卷九謂宋袁轂《韵類題選》爲以韵隸事之始，誤也」。《三鈔·月山大君》引朱彝尊《静志居詩話》，認爲「月山大君婷」是朝鮮女子。《四鈔·朝鮮月山大君婷》引程庭鷺《多暇集》「婷乃懷簡王子，康靖王弟，非女子也」，予以訂正。

前述簡略，後述轉詳。例如《續鈔·旃檀佛像始末》説「旃檀佛像，余於《叢鈔》第十三卷已載之矣。然所録止《鐵圍山叢談》，宋後之事不得其詳。今讀高澹人所記，故又備録之」。《續鈔·黑白傳》引清章有謨《景船齋雜記》「董思白在鄉時，鄉人皆惡之，俗所傳《黑白傳》傳奇是也」，以爲「《黑白傳》今不傳，未詳其事」。《四鈔·黑白傳》引明曹家駒《説夢》詳敘其事：「吾鄉董文敏公，文章書畫冠絶一時。徒以名士風流，每疏繩檢。仲子祖常尤暴戾。郡諸生陸紹芬，面黑身頎，家有僕生女緑英，年未笄，有殊色，仲强刼之。陸徧告通國，欲與爲難，得郡紳出解乃已。時有好事者，戲演《黑白傳》小説，第一回標題云：『白公子夜打陸家莊，黑秀才大鬧龍門里。』蓋紹芬人呼陸黑，文敏既號思白，仲又有霸力，人嘗以小白名，所居近龍門寺，故云。」

關注新詞新義、古今詞義變化。例如《續鈔·卡》引鈕琇《觚賸》「粵中多俗字，如穩坐爲𡘾，音穩；人物之短者爲𡚼，音矮；人物之瘦小爲奀，音芒；山之巖洞爲冚，音勘；水之磯激爲泵，音聘；蓄水之地爲氹，音甘；通水之道爲圳，音浸；水之曲折爲乪，音囊；路之險隘爲卡，音汊」，指出「此數字惟『卡』字今盛行。軍興以來抽釐佐餉，名其所曰『卡』。上自詔書，下而章奏，無不有此字。不知在國初時猶與『冚』『泵』等同爲俗字也」。《續鈔·媳》引宋劉跂《學易集·穆府君墓志銘》「女嫁唐誦，我姑之媳。來齒諸婦，世我藿食」，判斷「子婦爲媳，宋人已然矣」；又據王彦輔《麈史》「今之尊者斥卑者之婦曰新婦，卑對尊稱其妻及婦人自稱者亦然。

而不學者輒易之曰息婦，又曰室婦」，判斷「宋時先有『息婦』之稱，而後有『媳婦』之稱。古人稱子爲『息』，『息婦』者子婦也，於理可通，作『媳』則誤矣。『室婦』之稱今不聞也」。《三鈔·毛連》引宋洪皓《松漠紀聞》「以物美惡襍貯毛連中」以及「毛連」注「以羊毛緝之，單其中，兩頭爲袋，以毛繩或線封之，有甚麄者，有閒以襍色毛者，則輕細」，指出「今有所謂『搭連』者，即此物也」。《三鈔·交泰殿大鐘》引沈初《西清筆記》説于敏中「每聞午正鐘，必呼同直曰『表可上弦矣』」，指出「開鐘、開表謂之『上弦』，今亦無此語矣」。

《茶香室叢鈔》對辭書編撰的貢獻有目共睹。商務印書館一九一五年出版的《辭源》「師姑」照抄《三鈔·師姑》，把俞樾按語「然則『師姑』之稱由來久矣」改爲「則此稱由來已久」；一九三三年出版的《辭源續編》「迓鼓」照抄《續鈔·村里迓鼓》，「摺疊船」照抄《三鈔·摺疊船》，連「廣陽筆記」四字也跟著俞樾的筆誤（見劉獻廷《廣陽雜記》卷三）。當代大型詞典《漢語大詞典》的編纂，仍舊可見《茶香室叢鈔》的貢獻。例如「楸函」（棺材）、「壽堂」（壽穴）、「彩選」（唐宋時的一種博戲。類似後來的升官圖）、「鼯鼶」（子年十二月）都保留了俞樾的按語「楸函蓋即棺也」「壽堂，今謂之壽穴」「彩選即今陞官圖也，唐時已有之」「鼯鼶之義未知如李氏所説否。余在詁經精舍曾以《鼯鼶墨賦》命題，其年爲丙子年，其時爲冬月，即用李氏所説也」。《三鈔·金帶關子》引宋陸游《老學庵筆記》「宣和閒，親王、公主及他近屬戚里，入宫輒得金帶關子。得者旋填姓名賣之」，指出「宋時所謂『關子』殆即今之空白執照也」。《叢鈔・背胸》引清劉廷璣《在園襍誌》「朝衣公服俱用補子……福清葉相國向高《集》内有欽賜大紅紵絲斗牛背胸一襲。背胸或即補子也」，認爲「『補子』之名殊無意義，宜稱『背胸』爲是」。《叢鈔・圍子》引《玉堂閒話》「陰官取紙一幅，以筆墨畫作九箇圍子；別取青筆，於第一個圍子中點一點而與之」，指出「『圍子』今所謂『圈字』也」。《續鈔・神子》引清舒紹言等《新年襍詠》「歲終縣祖先像，新年晨夕設供，至落鐙而罷」、金介山《落鐙夜收神子》自注「俗稱祖先遺像爲神子」，指出「『神子』之稱甚俗，不謂亦見於前人吟詠也」。《叢鈔・木腳道》引宋趙溍《養疴漫筆》「船前獨設一木腳道，煜徘徊不能進」，指出「此即今所謂『跳版』也」。《叢鈔・男子亦稱歸寧》據宋趙湘《南陽集・送周湜下第歸寧序》「周君進不以文自勝，退不以文自負，今將駕舟東歸，慰慈母」，斷定「男子亦可言『歸寧』」。《續鈔・宋太祖禁夯市》引宋司馬温公《涑水紀聞》「近世帝王初舉兵入京城，皆縱兵大掠，謂之夯市。汝曹毋得夯市及犯府庫」，指出：「『夯』俗字，《康熙字典》引《字彙》曰：『……人用力以舉物也。』縱兵大掠謂之『夯市』，其義未詳。」上述「關子」「背胸」「補子」「圍子」「神子」「木腳道」「歸寧」「夯市」等，《漢語大詞典》立義項均依據或受啓發於《茶香室叢鈔》。

《漢語大詞典》根據《叢鈔・大清明》「吾邑於清明前一日爲『黄明日』，後一日爲『白明日』」，立「黄明」（「清明前一日稱黄明」）、「白明日」詞條（「浙江德清俗稱清明後一天」）。《漢語大詞典》「迓鼓」沿襲《辭源續編》，將明楊慎《升庵集》卷四六《迓鼓》内容（「元人樂府有村里迓鼓之名，宋人樂苑有衙鼓格，圖官衙嚴鼓之節也。衙訛爲迓。曲名村里迓鼓者，以村里而效官衙，其衣裝聲節必多可笑者，以是名之」）誤作俞樾的。

詞典亦有吸收俞樾成果不足的。例如「哈叭（哈巴）狗」，俞樾指出「今北人尚喜畜之，俗書作『哈叭』」，據明劉若愚《酌中志》「萬曆年間，神宫監掌印太監杜用養一獬⿰犭八小狗，最爲珍愛」，認爲「『哈叭』當作『獬⿰犭八』，然字書無『⿰犭八』字也」（《叢鈔・獬⿰犭八小狗》）。《漢語大字典》「獬」字下有「獬⿰犭八狗」，犬部卻不收「⿰犭八」字；《漢語大詞典》亦無「⿰犭八」字，説「獬」「義未詳」，無「獬⿰犭八」詞條。

《茶香室叢鈔》内容龐雜，重複在所難免。例如《三鈔・正德錢》《四鈔・佩正德錢》均引清焦循《憶書》，《續鈔・命婦追封不稱太》《四鈔・婦女受封稱太不稱太之别》均引宋徐度《卻掃編》，《續鈔・驢牽船》《四鈔・驢牽船》均引明張萱《疑耀》。

出自記憶，抄寫會出錯。例如《叢鈔・選侍》引《酌中志》「禮臣林堯封題覆皇妹選婚，要將光廟選侍傅氏先擬封，其選侍李氏候皇八妹年長選婚時再封」，「林堯封」《酌中志》卷三作「林堯俞」。林堯俞，字咨伯，莆田人，萬曆十七年（一五八九）進士，改庶吉士。官至禮部尚書。《明史紀事本末》卷六八《三案》：「四年（一六二四）夏四月，大理寺少卿范濟世請遵遺命，封李選侍爲妃。……六月，遂矯上命，復議封選侍。禮臣林堯俞奏止之，不聽，竟封李氏爲康妃。」《續鈔・女壻止稱門人》引李漢《昌黎先生集序》「先生歿，門人隴西李漢辱知最後且親」。「後」，《四部叢刊》本《昌黎先生集》卷首、《唐文粹》卷九二、《全唐文》卷七四四均作「厚」。俞樾《九九銷夏録》卷十二《書門人不書女壻》引作「厚」。

限於條件，所見或有劣本。例如《三鈔・諦輝》所説「余所見《庭聞録》乃滬上活字版印本，『諦輝』作『諦灰』，殆誤字也」。有時未能識别，則或被劣本誤導。例如《叢鈔・枝官碑》引宋趙彦衛《雲麓漫鈔》「溧陽縣有東漢《潘長史枝官碑》，或疑其爲『校官』字」，認爲「宋時誤以『校官碑』爲『枝官碑』，大可笑」。這個判斷不符合趙彦衛《雲麓漫鈔》原意，因爲其書卷十原作「《潘長史校官碑》」，「或疑其爲『校宫』字」，論述「校官」不是「校宫」，據范曄《後漢書》「永平十年閏月甲午，南巡狩，幸南陽，祠章陵。日北至，又祠舊宅。禮畢，召校官弟子作雅樂，奏《鹿鳴》，帝自御塤篪和之，以樂嘉賓」，證明「東漢鄉、縣有校官」。可見趙彦衛《雲麓漫鈔》不讚同「或疑」，而排除「校宫」。俞樾所見應是明商濬半野堂刊《稗海》本，方以智《通雅》卷二十四所引也是《稗海》本。曾據鮑廷博知不足齋抄藏趙氏小山堂本《雲麓漫鈔》的吴騫，在《尖陽叢筆》卷六明確指出「《校官碑》明著于洪氏《隸釋》，作『枝官碑』殊不可解」，認爲「此殆因商氏所刻《雲麓漫抄》中誤刻『校官碑』作『枝官碑』，嘗得舊抄《雲麓漫抄》善本，則『枝官碑』實『校官碑』」。

囿於見聞，有所不知，誤判亦難免〔二〕。例如《續鈔·察子》引宋朱翌《猗覺寮雜記》：「京師以探刺者爲覰步，唐有此語：『强梁御史人覰步，安得夜開沽酒户？』是唐時又有『覰步』之名，惟所引二語未知所出。」「所引二語」出自元稹《元氏長慶集》卷二六《苔子蒙》。《續鈔·花友秤友》引清周亮工《書影》「佛氏有花友、秤友之喻，花者因時爲盛衰，秤者視物爲低昂也」，俞樾説「此語不知出何經典」。張文江《管錐編讀解》（增訂本）指出：此喻出支謙譯《孛經》：「有友如花，有友如稱，有友如山，有友如地。……何謂如花？好時插頭，萎時捐之，見富貴附，貧賤則棄，是花友也。何謂如稱？物重頭低，物輕則仰，有與則敬，無與則慢，是秤友也。」〔三〕再如《叢

〔二〕胡懷琛《讀俞曲園〈茶香室叢鈔〉札記》（《學術世界》第一卷第九期，一九三六年）已有批評。
〔三〕上海古籍出版社二〇〇五年版，第一三頁。

鈔·獅子》記載温都斯坦産獅子，《三鈔·獅子》記載博爾都阿拉國進獅子，俞樾推測「博爾都阿拉」是「温都斯坦」的「異名」。殊不知「温都斯坦」原是西域一大回國，在今印度境内，而「博爾都阿拉」即「葡萄牙」。

以俞樾好奇的眼光，不免被嚴謹的學者斥爲「其説殊滑稽，不免好異」。錢鍾書短篇小説《貓》調侃道：「一個大名鼎鼎的老頭子，當場一言不發，回家翻了半夜的書，明天清早趕來看李太太，講詩人的壞話道：『他懂什麽？我當時不好意思跟他抬扛，所以忍住没有講。中國人一向也喜歡黑裏俏的美人，例如傾城的妲己，古文作黚己，就是説她黑而美。黚己剛是Darkie的音譯，並且也譯了意思。』」這位「大名鼎鼎的老頭子」翻書的結果，《續鈔·妲己亦作黚己》都有：明楊慎《升庵外集·字説》説「黚己即妲己」，引《字統》「黑而有豔曰黚」，《説文解字·黑部》説「黚，白而有黑也」。俞樾據此認爲「『黚』即妲己之本字矣。不特得其字，且可想見其容，亦奇聞也」，推測《史記·楚世家》的「熊黚」、《漢書·功臣侯表》的「僕黚」都是「以容色名之」。俞樾一本正經的訓詁雖未必可信，但讀起來會覺得有趣。

二

點校，是當代通常採用的古籍整理形式，也是古籍整理諸種形式中最基本最切合實用的一種整理形式。「點」即標點，「校」即校勘。經過標點和校勘的新版古籍整理圖書，稱爲「點校本」[一]。

限於時間、條件以及點校者知識結構，古籍點校是一項遺憾的工作。經過整理的點校本總是會或多或少地存在這樣或那樣的問題，這是無可厚非的。古籍再點校就是指在有條件的情況下對已有古籍點校本的再次（重新）點校。再點校目的是對原有點校本在標點、校勘兩方面存在的錯誤與缺漏進行訂正彌補，所謂「後出轉精」。

俞樾所撰《茶香室叢鈔》，中華書局曾出版署名貞凡、顧馨、徐敏霞的點校本[二]。這個點校本總體上是高水平的，但也存在不少問題。鳳凰出版社出版《俞樾全集》，《茶香室叢鈔》有了

[一] 以上引自許逸民《古籍整理釋例》，中華書局二〇一一年版，第一一六頁。

[二] 中華書局一九九五年二月第一版，二〇〇六年六月第二次印刷。

再點校的機會。下面針對中華書局點校本存在的主要問題，談談再點校應達到的標準。

（一）甄别採納已有的校勘成果

《茶香室叢鈔》篇幅大約是俞樾《春在堂全書》的七分之一。《春在堂全書》刻印之後，俞樾門生蔡啟盛發現「手民多誤」「《全書》誤字正復不少」，遂作《〈春在堂全書〉校勘記》一卷，其中對《茶香室叢鈔》校勘約一百五十處。俞樾對蔡啟盛《校勘記》很重視，「刻附《全書》之後，非但正余書之誤，亦以酬其厚意也」[一]。中華點校本没有理會這個《校勘記》，但所改也有與蔡啟盛《校勘記》相同者。例如《叢鈔》卷五《榮侍下》：

元微之《酬哥舒大少府寄同年科第》詩：「八人同著綵衣裳。」自注云：「同年科第，宏詞吕二炅、王十一起，拔萃白二十二居易，平刊李十一復禮、吕四頻、哥舒大熲、崔十八玄亮……」

[一]（清）俞樾《春在堂全書》第七册，鳳凰出版社二〇一〇年版，第七〇四頁下。

按：「平刊」，中華點校本一二七頁改爲「平判」，與蔡啟盛《校勘記》、《元稹集》卷十六合。唐代吏部科目選有博學宏詞科、書判拔萃科、平判入等科。《唐語林》卷八《補遺》：「及大足元年，置拔萃，始于崔翹。開元十九年，置宏詞，始于鄭昕。開元二十四年，置平判入等，始于顔真卿。」這一校改没出校記，符合中華點校本《點校説明》所説：「對底本中的明顯訛誤，凡查有實據者，也一一改正，不另出校記。」

然而蔡啟盛《校勘記》確有不少值得借鑒之處，中華點校本未予採納。例如《叢鈔》卷十六《渿河橋》：

按顧氏又辨高里山云：俗傳蒿里山者，高里因之訛……自晉陸機《泰山吟》，始以梁父、蒿里並列，而後之言鬼者山之，遂令古昔帝王降禪之壇變而爲閻王、鬼伯之祠矣。（中華點校本三四八頁）

按：「而後之言鬼者山之」不知所云。《校勘記》改「山」爲「因」，上文「高里因」之「因」改爲「山」

（「蒿里山」是「高里山」之訛，就清楚了），與顧炎武《山東考古録·辨高里山》[一]原文合。

又如《續鈔》卷十八《十二仙》：

宋黄休復《益州名畫録》云：道士張素卿，於簡州開元觀畫容成子、董仲舒、嚴君平、李阿、馬自然、葛元長、壽仙、黄初平、葛永璝、竇子明、左慈、蘇躭十二仙君像……蜀主命翰林學士、禮部侍郎歐陽炯次第讃之，令翰林徐詔、黄居寶八分書題之。（中華點校本八〇五—八〇六頁）

按：這裏是翰林「徐詔」「黄居寶」倆人。殊不知「徐詔」之「徐」從底本訛，蔡啟盛《校勘記》改爲「待」，與宋黄休復《益州名畫録》卷上《張素卿》合，其實是翰林待詔黄居寶一人。蔡啟盛致俞樾函中説「固有本非誤字，啟盛少見而多怪者」[二]。《校勘記》「少見而多怪者」

[一] 清光緒刻顧亭林遺書補遺本。

[二] （清）俞樾《春在堂全書》第七册，鳳凰出版社二〇一〇年版，第六九一頁上。

有兩類，一是不知詞義，二是不知俞樾所據本。前者如《續鈔》卷二十三《元明果蔬湯食之數》：

明郎瑛《七修類稿》云：予觀紀元諸事之書，多有同於今時者。如設酒，則每桌五果五按五蔬菜，湯食非五則七，酒行無算；另置酒桌於兩楹之間，排列壺盞馬盂。（中華點校本九一〇—九一一頁）

按：「每桌五果五按五蔬菜」之「按」，蔡啟盛《校勘記》改爲「桉」。《字彙·木部》：「桉，同案。」似乎有理。但作「按」與《七修類稿》卷二一《辯證類》合，且「按」通「案」（《漢語大詞典》義項⑬），例如晉葛洪《神仙傳·沈羲》「教玉女持金按玉盃來賜羲」、明葉子奇《草木子》卷三「筵席則排桌，五蔬五果五按酒，置壺瓶臺盞馬盂於別桌」。既有版本依據，又有詞義依據，故不必改。

後者如《叢鈔》卷十九《邵康節宅契》：

邵伯温《聞見前録》云：……熙寧初行買官田之法，天津之居亦官地，榜三月，人不忍買。（中華點校本四一五頁）

按：「買官田之法」之「買」，蔡啟盛《校勘記》改爲「賣」，與宋祝穆《事文類聚》前集卷三三《爲買園宅》引《聞見録》合。而文淵閣四庫全書本《聞見前録》卷十八作「買」。亦不必改。

所以，對蔡啟盛約一百五十條《校勘記》，此次再點校都逐一進行甄别，擇其善者而從之。

（二）糾正《春在堂全書》本的錯訛

正如俞樾所期待：「惟全書中誤字似尚不止此，海内外諸君子有能繼臞客而作《校勘續記》者乎？是又余所深望者也。」[一]《茶香室叢鈔》尚有近一百處文字錯訛有待訂正。例如《叢鈔》卷一《刺孟諸書》：

羅大經《鶴林玉露》云：鄭叔文著《崇正論》，亦非《孟子》，曰軻忍人也，辯士也，儀、秦

[一]（清）俞樾《春在堂全書》第七册，鳳凰出版社二〇一〇年版，第七〇四頁下。

之流也；戰國縱横捭闔之士，皆發冢之人，而輒能以詩禮者也。（中華點校本五四頁）

按：「鄭叔文」，《鶴林玉露》原作「鄭叔友」[一]。鄭叔友：鄭厚，字景韋，一字叔友，興化（今福建莆田市）人。紹興五年進士。授左從事郎，泉州節度推官。凡此可出校改正。

又如《四鈔》卷九《唐乾陵防盗之法》：

宋程大昌《考古編》云：史載温韜發唐陵，獨乾陵不可近，近之輒有風雨，此不可曉。嘗記唐人有一書備載乾陵之役，每鑿地，得土一車，即載致十里外，换受沙礫以回，實之方中，方中不復本土，而皆積沙壅之，此防盗之巧思也。沙礫散燥，不相粘著，非盡徙而他之，雖欲取徑闕隧，無由而可，故雖有劇盗，穿穴不竟，必皆舍去，人遂從詩神之，其實不然也。

[一]（宋）羅大經《鶴林玉露》，中華書局一九八三年版，第一二二頁。

按：「人遂從詩神之」不知所云，中華點校本一六二一——一六二二頁改「從詩」作「從祠」，與筆記小説大觀本《茶香室叢鈔》合。但「從祠」指陪祭，亦不可解。檢《考古編》卷九《周太祖葬劍甲衮冕》作「從而」[一]，應據以改正。

又如《三鈔》卷四《明代兩異人》：

> 國朝朱彝尊《静志居詩話》云：康汝詢字仲言，華亭人；李埈字公起，鄞人。仲言無目，公起口啞耳聾，兩君乃能勤於箋述，不廢吟咏，是難能也。（中華點校本一〇四八頁）

按：「康」《静志居詩話》卷十八作「唐」[二]，形近而訛，當據改。朱彝尊《明詩綜》（文淵閣四庫全書本）卷七十：「唐汝詢，字仲言，松江華亭人。有《編篷集》。」《嘉慶松江府志》（續修四庫全書本）卷五五《古今人傳》：「唐汝詢，字仲言，華亭人，居白沙里……兄汝謂，字士雅。」俞樾《汪李

[一]（宋）程大昌撰，劉尚榮校證《考古編》，中華書局二〇〇八年版，第一四八頁。

[二]（清）朱彝尊《静志居詩話》，人民文學出版社一九九〇年版，第五五二頁。

門封君五十壽聯》、《九九銷夏録》卷六《竊人著述》均作「唐汝詢」。

（三）補出《春在堂全書》本的缺漏

由於條件所限，俞樾所引原書有的版本不佳，字跡不清，再點校應予以完善而出校。例如《三鈔》卷六《男子纏足》：

宋王明清《揮麈餘録》云：向宗厚履方，建炎末爲樞密計議官。履方美髯，面若滑稽之狀，裹華陽巾，纏足極灣，長於鉤□。（中華點校本一〇八〇頁）

按：「長於鉤□」，缺一字。檢宋王明清《揮麈録餘話》卷二《王佾戲向宗厚》作「距」。「鉤」是鈎取，「距」是抵擋。

又如《茶香室四鈔》卷八《公牘用仰字》：

國朝羅振玉《讀碑小箋》云：孔平仲《雜説》，公家文字用仰字，出《齊孝昭紀》：「詔定三恪禮儀體式，亦仰議之。」予案魏高貞碑，貞卒後，宣帝詔云：「其墓□所須，悉仰本州營

辨。」（中華點校本一六〇八頁）

按：缺字《全後魏文》卷十《贈高貞詔》作「次」〔一〕。有時是原書各本殘缺，再點校最好據後代研究成果盡可能補出。例如《三鈔》卷二十四《琉璃廠書肆》：

國朝李文藻《南澗文集》有《琉璃廠書肆記》云：琉璃廠因琉璃瓦窯爲名，東西可二里許。未入廠，東門路北一鋪曰聲遥堂，入門爲嵩□堂唐氏，名盛堂李氏，皆路北。（中華點校本一三五一頁）

按：「嵩□堂」，《南澗文集》卷上原缺。王冶秋《北京琉璃廠史話》據李文藻《琉璃廠書肆記》手

〔一〕（清）嚴可均校輯《全上古三代秦漢三國六朝文》，中華書局一九五八年版，第七一二一頁。

稿本補爲「秀」[一]。可據以出校。

（四）改正點校本排印錯訛衍脱

中華點校本排印錯訛衍脱數十處，應予改正。例如《叢鈔》卷四《瀟溪女史》「瀟溪女史，姓顔氏，名初元，字待月，年十九歸白樂天，後爲蠻素所譖失寵」，中華點校本一一六頁「蠻素」訛作「巒素」。《叢鈔》卷七《金花帖子》「次書四人甲子，年若干，某月某日生」，中華點校本一七八頁「某月」訛作「其月」。《叢鈔》卷九《木易楊》「楊字從木從昜，而今人稱姓楊者爲木易楊，此誤昜爲易也」，中華點校本二二一頁「稱姓楊者爲木易楊」訛作「稱姓楊者爲木昜楊」，則「此誤昜爲易也」就失去了著落。《叢鈔》卷十七《秋香》「近人以其事爲唐寅，余詢其從孫祖源，始得其本末」，中華點校本三八四頁「從孫」脱「從」作「孫」。《茶香室四鈔》卷十二《土偶》、卷十五《趙凡夫論盥字》兩處引明趙宧光《帚談》，中華點校本一六七一、一七一八頁「宧」訛作「宦」。《四鈔》卷二十《三婆婆》「三月二十二日爲婆婆生日，迎神徧游城内外，鐃鼓嘲轟，燈彩炳耀，爆竹之聲震動一城」，中華點校本一八〇三頁「震動」訛作「霧動」。再點校據《春在堂全書》本排印，

[一] 王冶秋《王冶秋文博文集》，文物出版社一九九七年版，第二二八頁。

改正以上錯訛。

（五）完善點校本引號

《茶香室叢鈔》全書二百餘萬字，引文超過八成。俞樾《〈春在堂全書〉録要》説「叢鈔者，從諸家説部書中鈔撮而成」[一]，也有俞樾的按語。俞樾在意自己按語與引文的區分，例如《三鈔》卷十七《佛生日》引王應麟（號厚齋）《困學紀聞》之後説「以上並王厚齋語」，區分於接下去自己的按語：「今觀《玉燭寶典》，則知唐以前所謂佛生日，固在二月，不在四月也。」近人箋《困學紀聞》者，皆不知有此説。」中華點校本有時給引文加引號，以示區別於按語，例如《叢鈔》卷七《懷挾文字》：

宋《歐陽文忠公集》有《條約舉人懷挾文字劄子》云：「竊聞近年舉人公然懷挾文字，皆是小紙細書，抄節甚備。每寫一本，筆工獲錢三二十千。」宋時懷挾之風已盛行如此。

（中華點校本一七四頁）

[一]（清）俞樾《春在堂全書》第七册，鳳凰出版社二〇一〇年版，第六八九頁上。

讀者因此知道「宋時懷挾之風已盛行如此」是俞樾的按語。然而給引文加引號這一便於閱讀理解的方式，限於上世紀八九十年代檢書條件，中華點校本未能完成，導致引文與按語混淆。例如《叢鈔》卷一《吾我二字》：

國朝楊復吉《夢闌瑣筆》云：元趙德《四書箋義》曰：吾、我二字，學者多以爲一義，殊不知就己而言則曰吾，因人而言則曰我。「吾有知乎哉」，就己而言也；「有鄙夫問於我」，因人之問而言也。按此條分別甚明。「二三子以我爲隱乎」，我對二三子而言；「吾無隱乎爾」，吾就己而言也。「我善養吾浩然之氣」，我對公孫丑而言，吾就己而言也。以是推之，「予惟往求，朕攸濟」，予即我也，朕即吾也。「越予沖人，不卬自恤」，予即我也，卬即吾也。其語似複，而實非複。（中華點校本五五頁）

按：如此標點，趙德《四書箋義》止於何處，楊復吉《夢闌瑣筆》止於何處，俞樾的意見從何處開始（是「按此條分別甚明」還是「以是推之」），都不清楚。其實《四書箋義》止於「因人而言則曰我」，《夢闌瑣筆》止於「因人之問而言也」[一]，「按此條分別甚明」以下都是俞樾的意見。上海進步書局句讀本從「按此條分別甚明」開始退一字另起一段[二]，表示從此以下是俞樾的意見，全書句讀規則大致如此。因而就分辨引文與按語而言，中華點校本不如上海進步書局句讀本。

另起一段區分俞樾按語的辦法在中華點校本中有時成了誤導，例如《三鈔》卷十六《翦字》：

國朝吴仰賢《小匏庵詩話》云：楊誠齋詩集中有《贈翦字道人詩》，序云：道人取義山《經年别遠公》詩，用青紙翦字，作米元章，字體逼真。此技至今流傳，用泥金紙翦成，兼及花草翎毛，粘於黑色油紙扇，儼如揮寫而成，知其所由來遠矣。周密《志雅堂雜鈔》云：舊都天街有翦諸色花樣者，極精妙。又中原有余承之者，每翦諸家書字，皆專門。其後有少

[一]《叢書集成新編》第二十三册，臺灣新文豐出版公司一九八五年版，第六六〇頁上。

[二]《筆記小説大觀》第三十四册，江蘇廣陵古籍刻印社一九八四年版，第一七頁。

年能於衣袖中翦字及花朵之類，更精工。

又考《嚴州建德縣志》，林文耀字絅齋，幼即工書，中年失明，乃翦紙爲字，勢飛動若龍蛇，點畫不差毫髮，室人裝潢成軸，易薪米以自給，人稱之曰林翦。（中華點校本一一二二七—一一二二八頁）

按：其實「又考《嚴州建德縣志》」以下仍出自吴仰賢《小匏庵詩話》〔一〕，卻另起一段作區分，令人誤以爲俞樾按語。又如《續鈔》卷十二《竹笣》：

國朝惲敬《大雲山房雜記》云：《酉陽雜俎》，棘竹，一名笣竹，節皆有刺，數十莖爲一叢，或自崩根出，大如酒甕，縱横相承，大如繅車，今江西多有之。《斯干》詩「言如竹笣」以此。（中華點校本七一二—七一三頁）

〔一〕張寅彭選輯，吴忱、楊焄點校《清詩話三編》第九册，上海古籍出版社二〇一四年版，第六四七〇頁。

按：「今江西多有之」前只是逗號，誰能料到引《酉陽雜俎》止於「大如繅車」[一]、從「今江西多有之」開始是惲敬的意見？

有時誤施引號，造成引文與按語的誤判，比不加引號更糟。例如《叢鈔》卷十《俏》：

國朝沈濤《銅熨斗齋隨筆》云：「今人謂美好爲俏。」案《朝野僉載》云：周韶州曲江令朱隨侯、女夫李逖、遊客爾朱九，並姿相少媚，廣州人號爲三樵。原注音七肖反。是唐時止作樵字，《集韵》始有俏字。《武林舊事》雜扮有胡小俏、鄭小俏，自來俏，此字蓋盛行於宋末。（中華點校本二三七頁）

按：如此標點，表明《銅熨斗齋隨筆》僅有「今人謂美好爲俏」一句，其餘均歸入俞樾名下。其實「案《朝野僉載》云」以下全部還是沈濤的考證，見《銅熨斗齋隨筆》卷八[二]。

[一]《酉陽雜俎》前集卷十八。

[二]《叢書集成新編》第十三册，臺灣新文豐出版公司一九八五年版，第六五七頁上。

（六）改正點校本的斷句錯誤

《茶香室叢鈔》旁征博引，五花八門，文意理解不易，標點破句在所不免。中華點校本超過一百處應改正。例如《叢鈔》卷三《算盜絹數》：

唐高彦休《闕史》云：青州楊尚書損，觀風陜郊。一日，使院有專兵籍者闕，有吏兩人，衆推合授從事，掾不能決。（中華點校本一〇五頁）

按：「衆推合授」的位子是「專兵籍者」，不是「從事」。「從事」當屬下，「從事掾」是職官名。此處乃節引，《闕史》卷上《楊尚書補吏》原作：「一日，使院有專兵籍者闕，局司頗重，選置惟難。有吏兩人，衆推合授，較其歲月職次、功績違犯，無少差異者。從事掾不能決，請裁於長。」「從事掾」例如《闕史》卷上《滄州釣飛詔》：「時有從事掾宋藩爲記甚備，然多歸美於水工，議者以此薄之。」

又如《續鈔》卷七《有文在手》：

又南氏姓源，《韵譜》盤庚妃姜氏，夢龍入懷，孕十二月而生，手把「南」字，長封荆州，號南赤龍。……又閻氏，唐表，周昭王少子，生而有文在手曰「閻康王」，封於閻城。（中華點校本六二三頁）

按：這是説「南氏」來源，「又南氏」爲一句，與下「又鮮于氏」「又閻氏」「又薛氏」相同，「姓源」當屬下，《姓源韵譜》是書名，唐張九齡撰，《直齋書録解題》卷八、《郡齋讀書志》卷八、《崇文總目》卷二均有著録；下劃人名綫的「唐表」非人名，而是指《新唐書·宰相世系表》〔一〕，當標書名號；「生而有文在手」的是「閻」字，「康王」屬下「康王封於閻城」一句。

又如《續鈔》卷十九《唐藩鎮行墨敕封神》：

按《容齋三筆》有《太守刺史贈吏民官》一條云：漢薛宣爲左馮翊池陽令，舉廉吏。獄掾玉立未及召，立妻受囚家錢，慚恐自殺。（中華點校本八三〇頁）

〔一〕（宋）歐陽修、宋祁《新唐書》，中華書局一九七五年版，第二九八六頁。

按：據《漢書・地理志上》，「池陽」是「左馮翊」下屬二十四縣之一。「薛宣爲左馮翊」指薛宣做左馮翊最高長官（《漢書》本傳「入守左馮翊」），就是標題的「太守」，而不是池陽令，下文「宣移書池陽」亦可證，故「漢薛宣爲左馮翊」爲一句，「池陽令舉廉吏獄掾玉立」爲一句。

又如《三鈔》卷十三《明季童試重府取》：

國朝光緒《蘇州府志》引《崑新志》云：明季童試最重府取，府取有名即可冀入彀，貧者以所取之名售人，令頂替陳墓。朱述善撰其妻周徇難始末，自敍幼年以府取售人，得葬其祖父三喪云。（中華點校本一一七八頁）

按：「貧者以所取之名售人」，「售人」則爲「頂替」，「令頂替陳墓」則不知所云。查「陳墓」爲地名，當屬下「陳墓朱述善撰其妻周徇難始末」一句。《蘇州府志》卷九五《人物》二十二《朱述善》引《崑新志稿》「朱述善字長庚，陳墓人」。「陳墓鎮」即今江蘇昆山錦溪鎮。

我們整理《茶香室叢鈔》，以鳳凰出版社二〇一〇年影印光緒末增訂重刊《春在堂全書》本爲底本，參校江蘇廣陵古籍刻印社一九八四年重印上海進步書局二十世紀二十年代《筆記小説大觀》本，參考中華書局點校本，努力遵照上述標準進行再點校，盡可能做到後出轉精，不辜負中華點校者的辛勤勞動。俞樾引文多憑記憶，並不嚴格，多有節引、意引，一般仍加引號，不出删節號；可改可不改的不改，如有出處錯誤或關鍵字詞差異則出校；異體字、古字、俗字不改；避諱字於首次出現時出校，缺筆避諱字補正，不出校。限於體例，遺憾未能標示人名、地名線。

責編汪允普糾正數處破句，葉書奇、張昕晨、張龍飛三位承擔一校，一並致謝。

本次重印有所修訂，並採納山東大學孫印金同學勘誤十條，謹此致謝。

茶香室叢鈔序

茶香室者，内子姚夫人所居室名也。余既葬夫人於右台山，自營生壙於其左，又於山中築右台仙館，即署此三字於卧室中。余每至杭州，或居湖樓，或居山館。其在山館，輒以茶香室爲寢處之所。因思夫人曩時每流覽書籍，遇有罕見罕聞之事，必以小紙録存之，積至六七十事。然以見書不多，不能時有采獲，且其所謂罕見罕聞者或實亦人所習見習聞焉。久之意倦，又久則拉雜摧燒之矣。余自夫人之亡，逾二年長子隕焉，其明年又有次女繡孫之變。骨肉凋零，老懷索寞；宿痾時作，精力益衰，不能復事著述。而塊然獨處，又不能不以書籍自娱。偶踵夫人故智，遇罕見罕聞之事，亦以小紙録出之。積歲餘，得千有餘事，不忍焚棄，編纂成書。嗟乎！余腹中之笥無以遠過乎夫人，安知吾所謂罕見罕聞者博雅之士不習見之而習聞之乎？書成，名之曰《茶香室叢鈔》，謂是吾之書可也，謂是夫人之遺書亦可也。光緒癸未端五日，曲園居士書。

茶香室叢鈔

汪少華 顔春峰 點校

茶香室叢鈔目録

茶香室叢鈔卷二

茶香室叢鈔卷四

茶香室叢鈔卷六……一五三

茶香室叢鈔卷八……………二一二

茶香室叢鈔卷九……二四一

茶香室叢鈔卷十一……二九四

茶香室叢鈔卷十三……三四八

茶香室叢鈔卷十四……三六八

茶香室叢鈔卷十五……三九九

茶香室叢鈔卷十七

茶香室叢鈔卷十九……五一五

茶香室叢鈔卷二十……五三〇

茶香室叢鈔卷二十一……五五六

****

茶香室叢鈔卷一

《箕子易》

宋方勺《泊宅編》云：「王昇字君儀，無書不讀，晚爲湖、婺二州學官。罷歸山中，杜門二十年，不赴調。一日，以《箕子易》筮之，始治裝西去，時年將六十矣。」

按：《箕子易》不知何書，國朝全祖望《讀易别録》所列圖緯、陰陽、災異、占驗諸家凡三百餘種，亦云備矣，無所謂《箕子易》者。

宋王銍《默記》云：「諸先生，失其名，杭州人。遇異僧慈上座，傳以《易》數，云《易》有三術：上者不可言，中者猶足了死生、證心地，下者知象數、休咎。遂授其術，盡驗。其書人猶得之，號《三宫易》《六遇易》。晁以道得其書，不可用。」然則宋時術家之書託之於《易》者，固不少也。

明代諸家擬《易》之書

國朝劉鑾《五石瓠》云：「吕柟《中經》、文在兹《天經》、文翔鳳《太微經》皆繼《潛虚》、溯《太玄》而擬《易》者也。鑾常讀《中經》板本一過，《天經》則未之見也。翔鳳守父之業，復作《太微》，以稟授某宗伯，不識果傳示否。」

愚謂楊子《太玄》〔一〕擬《易》，已無謂矣。《元包》《潛虚》陳陳相因，更可不作。宋時有余穜者，撰《蘒書》，以八起數，今僅見其名於樓鑰《攻媿集》，乃至明代尚有此等書，何也？

宋福建本《周易》

葉夢得《石林燕語》云：「有教官出《易》題云：『乾爲金，坤亦爲金，何也？』舉子不能曉，

〔一〕玄，原避諱作「元」，以下徑改不出校。

不免上請。則是出題時偶檢福建本『坤爲釜』字謬，忘其上兩點也。又嘗有秋試，問井卦何以無『彖』？亦是福建本所遺。」按：此則知宋時刻經書有如此草率者。今人得之，亦將以爲宋版書歟？

《石林燕語》又云：「今天下印書，以杭州爲上，蜀本次之，福建最下。京師比歲印版殆不減杭州，但紙不佳。蜀與福建多以柔木刻之，取其易成而速售，故不能工。福建本幾徧天下，正以其易成故也。」按：此可見宋刻之大概矣。

震卦有聲無形

《雲溪友議》云：「杜勝給事在杭州，問婁千寶曰：『勝爲宰相之事如何？』曰：『如筮得震卦，有聲而無形也。』」注曰：「《周易》卜得震卦，如聞雷不見其形，凡事皆不成遂也。」按：此殆當時術者之言，非古《周易》說。

占卦新法

占卦之法，古以蓍，今以錢。宋儲泳出新意，以木爲三彈丸，丸各六面，三面各刻三畫，三面各刻二畫，呵而擲之。皆三則成九，老陽數也；皆二則成六，老陰數也。兩二一三則成七，少陽數也；兩三一二則成八，少陰數也。三丸六擲而成卦。詳見其所著《祛疑説》。按：此法殊簡而有理，較勝用錢，而世無知之者，故表出之。

趙子昂《尚書集注序》

明焦竑《筆乘》載趙子昂《尚書序》云：「《詩》《書》《禮》《樂》《春秋》皆經孔子删定筆削，後世尊之以爲經。秦火之後，《樂》遂無復存。《詩》《書》《禮》《樂》《春秋》由漢以來，諸儒有意復古，殷勤收拾，而作僞者出焉。學者不察，尊僞爲真，俾得並行，以售其欺，《書》之古文是已。嗟夫！《書》之爲書，二帝三王之道於是乎在，不幸而至於亡。於不幸之中幸而有存者，忍使僞亂其閒邪？又幸而覺其僞，忍無述焉以明之，使天下後世常受其欺邪？余故分今文、古文，而爲之集注焉。嗟夫！可與知者道，難與俗人言也。余恐是書之作，知之者寡，而不知者之衆也。昔子雲作《法言》，時無知者，曰：『後世有子雲，必愛之矣。』庸詎知今之世無與我同志者哉？」按：趙子昂以書畫名後世，乃能灼知古文《尚書》之僞，著書以明之，是亦深於經學者矣。惜其書不傳，要是國朝攻古文《尚書》者之先聲也。

按：《序》中不及《周易》，未知何意，疑或有誤。然焦氏言得子昂真蹟，則又當不誤也。

卉服

晉王嘉《拾遺記》云：「冀州之西二萬里有孝養之國，其俗人年三百歲，而織茅爲衣，即《尚書》『島夷卉服』之類也。」

又云：「燕昭王七年，盧扶國來朝。其國人皆壽三百歲，結草爲衣，是爲『卉服』，至死不老，咸知孝讓。昔大禹隨山導川，乃旌其地爲『無老純孝之國』。」

按：此二條並言「卉服」，蓋即一國也。雖未足爲《禹貢》「卉服」之塙據，然後世木綿布之類，實此種爲之權輿。

《拾遺記》又云：「漢武帝天漢二年，渠搜國之西有析淪之國。其國人壽三百歲，綴草茅爲繩，結網爲衣，似今之羅紈也。」

菁茅

《水經·湘水篇注》引《晉書地道記》曰：「縣有香茅，氣甚芬香，言貢之以縮酒也。」按：縣謂泉陵縣。

宋朱輔《溪蠻叢笑》云：「麻陽苞茅山茅生三脊，齊桓責楚苞茅不入者，即此。」

宋劉敞《公是集·三脊茅記》云：「三脊茅出于江、淮之閒，皆楚、越國也。有王者則後服，無王者則先叛，故封禪者必以三脊茅，其意以爲能服楚、越，則三脊茅可致，而封禪乃宜矣。」按：得此説，則知古人制菁茅之貢，其意深遠，非貴異物也。

秬鬯

宋周密《癸辛褋識》云：「明堂所用鬱鬯，凡三十斤，取之信州。吏云實未嘗用，用之大毒，能殺人。」按：孔穎達云：「秬鬯者，釀秬爲酒，以鬱金之草和之，使之芳香條鬯，故謂之秬鬯。」然則安有大毒殺人之事？後人法古而不得古法，既失其真，遂以爲罪，皆秬鬯之類也。

湯征葛異說

《越絶書》云：「湯行仁義，敬鬼神，天下皆一心歸之。當是時，荆伯未從也，湯於是乃飾犧牛以事。荆伯乃媿然曰：『失事聖人禮。』乃委其誠心。此謂湯獻牛荆之伯也。」按：此或即葛伯事，傳聞異辭。

先大夫𫏐花府君《印雪軒隨筆》論葛伯事曰：《困學紀聞》云：「葛伯仇餉，非《孟子》詳載其事，則異説不勝其煩。」余謂《孟子》之説亦異説也。葛伯放而不祀，湯當以正理諭之，不必爲此委曲周旋之舉，且遺之牛羊尚易也。湯之國七十里，葛伯爵其國亦當七十里，相距遥遥，而使亳衆往耕。夫舍我穡事而割正夏，尚有怨言，湯之民其肯負耒耜出疆、舍其田而耘人之田乎？即爲之耕矣，炊之於家中，餉之於境外，健步尚不勝其勞，老弱安能任斯役乎？况葛伯固一國之君也，田家之黍肉幾何，劫於路而奪之，此鄉曲無賴子所不爲，而謂葛伯爲之乎？余謂書言仇餉，或者湯邊鄙之民有與葛接壤者適饁餉田中，葛伯挾私憤以殺之，如後世爭桑故事，湯遂緣此以興師耳，不當如《孟子》云云也。

血流漂杵

宋樓鑰《攻媿集·北行日録》云：「相即河亶甲所居，東南二十五里朝歌城，紂所都也。中出茜草最多，故相纈名天下，俗傳漂杵餘血所化也。」

關雎

宋王銍《默記》云：「李公弼字仲修，初任大名府同縣尉，因檢驗村落，見所謂魚鷹者飛翔水際，問小吏，曰：『此關雎也。』因言此禽有異，每棲宿，一窠中二室。仲修令探取其窠觀之，皆一窠二室，蓋雄雌各異居也。因悟所謂和而别者以此。」按：此可補傳、箋之説所未備。

有齊季女

國朝李超孫《詩氏族考》云：何楷《詩經世本古義》序《采蘋》：「美邑姜也。齊讀如字。『有齊季女』，齊，國名，太公之先所封也。太公本齊後，仍封于齊。當武王爲西伯時，以女邑姜妻武王。計其時太公年已老，則邑姜之爲季女無疑。《襄二十八年左傳》云：『濟澤之阿，行潦之蘋藻，寘諸宗室，季蘭尸之，敬也。』季蘭意即邑姜之名，其言『濟澤之阿』，則尤齊地之證據，讀『齊』爲『齋』，誤矣。」

按：此説殊新。以季蘭爲邑姜名，雖臆説無徵，而以濟澤證齊地，則爲有見。至以太公之先本封齊國，則尤有可證者。《國語》云：「我皇妣太姜之姪、伯陵之後，逢公之所憑神也。」韋注云：「伯陵，太姜之祖。逢公，伯陵之後，太姜之姪，殷之諸侯封於齊地者。」疑太公本逢公之後，與周本昏姻之國，故避紂而歸周，其後仍封之於齊，復其舊也。然則邑姜爲齊國之季女，正可無疑矣。

聊樂我員

宋楊敬仲著《詩解》解此句云：「我自有員姓者，我妻也。」見樓鑰《攻媿集》。按：此解亦甚新。樓氏以古無員姓非之，不知此員字若作姓解，當讀爲妘。《説文·女部》：「妘，祝融之後姓也。」韋昭注《鄭語》云：「陸終第四子曰求言，爲妘姓，封於鄶，今新鄭也。」然則鄭固有妘姓矣。妘通作云，《廣韻》二十《文》云：「古文雲字，亦姓，出自祝融之後。」而此經「員」字《釋文》曰「本亦作云」，則其通作「妘」有明證矣。

余嘗於詁經精舍命諸生作《越以鬷邁解》，或解云：「上章『穀旦于差，南方之原』，原大夫氏，則此章『穀旦于逝，越以鬷邁』，鬷亦大夫氏，言與鬷氏之女俱往也。」引《左傳》鬷夷氏證古有鬷氏。其説亦新，附識之。

從子于鵠

《水經注》云：「涑水又西南，逕左邑縣故城南，故曲沃也。晉武公自晉陽徙此，秦改爲左邑縣，《詩》所謂『從子于鵠』者也。」按：毛傳：「鵠，曲沃邑也。」正義曰：「曲沃非特一邑而已，其都在曲沃，其旁更有邑。」是鵠與曲沃非一地。乃如酈氏之説，鵠即曲沃也。疑「鵠」即「曲沃」之合音，「從子于鵠」，即從子于沃，非必有二地，酈説得之。

坎坎鼓我

漢應劭《風俗通》云：「空侯，漢武皇帝禱祠大一后土，始用樂人侯調，依琴作坎坎之樂，言其坎坎應節奏也。《詩》云『坎坎鼓我』，是其文也。」按：此知《詩》所謂「坎坎鼓我」者，鼓琴鼓瑟皆是。毛傳無文，鄭箋云「爲我擊鼓坎坎然」，非古義也。《詩》言「鼓我」，與「舞我」同，鼓非樂器也。琴瑟皆可鼓，何必擊鼓乃謂之鼓乎？

出自幽谷

明鄭仲夔《耳新》云：「李子田太史曾於秋冬之交見黄鶯就水次，以泥自裹，旋蟄水底，明年春又自浮出，剖泥飛去，始解『出自幽谷』之義。」按：此亦可備解經之一説，然《詩經》本文初不言鶯也。

勒少仲同年言：有人見桃樹上小蟲輒變成小鳥飛去，始悟「肇允彼桃蟲，拚飛惟鳥」之義，此亦以目驗者説經。少仲曾爲詳言其狀，惜不記憶也。

「亶不聰」宋神宗説

宋王得臣《麈史》云：「神宗皇帝聖學淵深，莫窺涯涘。黄安中履任崇政説書，一日講至《祈父》之卒章『祈父，亶不聰』，上曰：『獨言聰而不言明，何也？』黄曰：『臣未之思也。』上曰：『豈非軍事尚謀，聰作謀故邪？』侍臣莫不歎服。」

維帶維蛇

《詩》「維虺維蛇」，國朝蕭曇《經史管窺》引《詩推度災》作「維帶維蛇」。按：《莊子·齊物論》「蝍蛆甘帶」，司馬注：「小蛇也。」《國語》「爲虺弗摧，爲蛇將奈何」，韋注：「虺小蛇大。」是虺與帶音近義通。但案頭無《推度災》，宜更核之。

有北

晉王嘉《拾遺記》云：「軒轅去蚩尤之凶，遷其民善者於鄒屠之地，遷惡者於有北之鄉。」

按：《詩》言「投畀有北」，此或古詩説乎？不然四裔皆可投，何獨言北也？《拾遺記》引《皇娥之歌》「當其何所至窮桑」證《詩》「桑中」之義。此則附會，不足據。

躍躍㲋兔

國朝黎士弘〔一〕《仁恕堂筆記》云：「《小雅·巧言篇》『躍躍㲋兔』，注釋㲋爲狡。然塞上實有㲋兔一種，視山兔差小，足前長後短，走則輕首軒尾，與所謂躍躍者正似。」

按：明金幼孜《北征録》云：「二十七日，上令衛士掘沙穴中跳兔，與幼孜三人觀。大如鼠，其頭目毛色皆兔，爪足則鼠；尾長，其端有毛，或黑或白；前足短，後足長，行則跳躍；性狡如兔，犬不能獲之。疑即《詩》所謂『躍躍㲋兔』者也。」此與黎所記正是一種，惟足之前後長短兩説不同，葢記載之訛也。《詩》云「遇犬獲之」，而此兔犬不能獲，則非可據以説《詩》矣。

國朝范昭逵《征西紀略》云：「十八日抵噶里，從者獵得㲋兔四五，大如鼠，頭似兔，尾則類鼠，細毛，黑白色，足有長短，跳躍甚捷，犬不能獲，惟網可得，皮可爲裘，殊煖。」此但言足有長短，未别言其爲前爲後也。

〔一〕弘，原避諱作「宏」，以下徑改不出校。

嵩高維嶽

漢應劭《風俗通》云：「中央曰嵩高。嵩，高也。《詩》云：『嵩高維嶽，峻極于天。』」按：毛傳：「嵩，高貌。嶽，四嶽也。」不專言中嶽。應氏之説或本三家歟？

宋樓鑰《攻媿集·跋先大父嵩嶽圖》云：「『嵩高維嶽，峻極於天』，巍然居四嶽之中，蓋天下之絶境也。」亦以「嵩高維嶽」爲指中嶽。

《左傳》是太史氏之流

《北夢瑣言》云：「大中時，工部尚書陳商立《春秋左傳》學議，以孔聖修經，褒貶善惡，類例分明，法家流也。左丘〔一〕明爲魯史，載述時政，惜忠賢之泯滅，恐善惡之失墜，以日繫月，修其

〔一〕丘，原避諱作「邱」，以下人名地名徑改不出校。

職官，本非扶助聖言，緣飾經旨，蓋太史氏之流也。舉其《春秋》，則明白而有實；合之《左氏》，則叢襍而無徵。杜元凱曾不思夫子所以爲經當與《詩》《書》《周易》等列，丘明所以爲史當與司馬遷、班固等列，取二義乖剌不侔之語參而貫之，故微旨有所未周，宛章有所未一。」按：此即漢儒《左氏》不傳《春秋》之説。唐人猶及見之，宋以後不復知矣，本朝爲《公羊》學者乃始大暢其旨。

筮短龜長

《左傳》稱「筮短龜長」，後世乃歷歷有據。《水經·贛水篇注》云：「贛水又北，逕龍沙西，昔有人于此沙得故冢刻塼，題云：『西去江七里半，筮言其吉，卜言其凶。』而今此冢垂没于水，所謂筮短龜長也。」又《漸江水篇注》云：「穀水東逕獨松故冢下，冢爲水毁，其塼文云：『筮言吉，龜言凶，百年墮水中。』今則同龜繇矣。」又云：「浦陽江有琵琶圻，圻有古冢墮水，甓有隱起字云『筮吉龜凶，八百年落江中』。謝靈運取甓詣京，咸傳觀焉，乃如龜繇，故知冢已八百年矣。」按：此數事相類，疑一事而傳者異其地，且小異其辭。

昭王南征

楚屈完言「昭王南征而不復，君其問之水濱」，不過一時抵拒之辭，不謂真有可問者。《水經·沔水篇注》云：「沔水又東，逕左桑。昔昭王南征，死于是水。庾仲雍言：村老云百姓佐昭王喪事于此，成禮而行，故曰佐喪。『左桑』字失體耳。沔水又東，得合驛口。庾仲雍言：須導村耆舊云朝廷驛使合王喪于是，因以名焉。今須導村正有大斂口，言昭王于此殯斂矣。沔水又東，謂之横桑，言得昭王喪處也。沔水又東，謂之鄭公潭，言鄭武公與王同溺水于是。世數既懸，爲不近情矣。沔水又東，得死沔，言昭王濟沔自是死，故有『死沔』之稱。王尸豈逆流乎？」此皆昭王南征之故事，千載以下猶歷歷如見也。

鳶旗

晉王嘉《拾遺記》云：「武王伐紂，有大鳶狀如丹鳥，飛集王舟，因以鳥畫其旗。翌日而梟紂，名其船曰『艅舟』。魯哀公二年，鄭人擊趙簡子，得其艅旗，則其類也。」按：「艅旗」之義，注疏無聞，此亦可補杜注之遺。

爲人後者不入

國朝黄鑫《笭箵偶記》云：「唐陸廣微《吴地記》載『餘杭山有夫差義子墳十八所』，義子之名始見此。子路所稱『爲人後者不入』，或即謂此等乎？」

按：爲人後者，禮所不禁，而何以見絶於聖門，自來不得其説，鄭注亦迂迴難通。余著《羣經平議》，疑「後」字乃「役」字之誤，然亦臆説也。嘗命詁經精舍諸生解之，有樓君名觀者解云：「此與《喪服》所言『爲人後者』不同，猶言爲他人子耳。以今言之乃養子，非繼子也。養子不知起自何時，然《詩·王風》言『謂他人父，謂他人母』，則古固有之矣，以其背親從人，故與僨軍亡國者並斥之。」余取其説刻入《詁經精舍五集》中，今得黄氏説，復録於此。

余又思之，爲人後者不入，此蓋行古之道也。古者必無爲人後之説，周公制禮始有之，文王長子伯邑考早死無後，不以成王爲之後，可知當時尚無此禮也。試以殷制言之，大率有子即有後，如湯之子太丁卒，立其弟外丙、仲壬，而仍及太丁之子太甲是也。無子即無後，如沃丁崩，立其弟太庚，太庚崩，即立其子小甲，不以小甲爲沃丁後也。小甲崩，立其弟雍己、大戊；大戊崩，即立其子中丁，不以仲丁爲小甲後也。孔子作《春秋》，從殷之質，然則子路揚觶之言，或即孔子素王之制乎？孔子有兄孟皮早卒，孔子不以子思爲之後也。《禮》有「子思哭嫂」之文，則伯魚亦尚有長子，子思不以白也爲之後也。後人不達此意，而説此《記》者皆曲説不通矣。

「先進於禮樂」蘇子瞻説

《東坡集》有《孔子從先進論》，其略云：「君子欲有爲於天下，莫重乎其始進也。始進以正，猶且以不正繼之，況以不正進者乎？孔子之世，其諸侯、卿大夫視先王之禮樂猶方圓、冰炭之不相入也。進而先之以禮樂，其不合明矣。是人也，以道言之則聖人，以世言之則野人也。若夫君子之急於有功者則不然。其未合也，先之以世俗之所好；而其既合也，則繼以先王之禮樂。然其進不正，未有能繼以正者也，故孔子不從。」按：蘇氏解先進、後進與古説絶異，未詳所本。後儒説《論語》亦無引蘇氏此説者。

「孰謂微生高直」孫奕説

宋孫奕《示兒編》云：「此言微生高於乞醯之際盡其委曲之道。先儒解『乞諸其鄰』爲不直，是直情徑行而無委曲周旋之義，豈善與人交者哉？」按：此説可備一解。當時必有人譏微生高過於直遂者，故夫子以此解之耳。

日本國人物茂卿作《論語徵》，説此章云：「高，蓋孔子鄉人，以直見稱。孔子亦愛之，故反言以戲之，親之至也。意者孔子家乞醯，曰『或』者佯爲不知，皆戲言也。若他人乞之，則是瑣事，孔子何與聞其瑣事乎？」按：此説亦佳，不然則孔子轉似攻發人之陰私矣。

「有馬者借人乘之」劉元城説

宋陳鵠《耆舊續聞》云：「有問劉元城先生：『吾猶及史之闕文也，有馬者借人乘之，今亡矣夫』，先儒説此多矣，但難得經旨貫串。元城曰：『有馬者借人乘之』便是史之闕文，後人見此語頗無謂，遂從而削去之，故聖人歎曰『今亡矣夫』，蓋歎此句之不存也。聖人作《春秋》，於『郭公夏五』皆存之於經，蓋慮後人妄意去取，失古人忠厚之意。」

負版

宋葉夢得《石林燕語》云：「古喪服之制，前有衰，後有負版，左右有辟領，此禮不見於世久矣。翟内翰公巽嘗言：《論語》『式負版』非版籍之版，乃喪服之版，以『子見齊衰者必式』爲證。」按：如翟説，則上句已言「凶服者式之」，何必更出此文？余重表姪戴子高望作《論語注》，實用其説，而云凡與人相見，見其面則式，不然則否。負版者雖當車前，亦爲之式，所以重喪。頗足補翟説之所未盡。

長沮、桀溺語

梁元帝《金樓子·立言篇》云：「長沮浴，桀溺問焉：『今日浴佳邪？』曰：『佳。』長沮曰：

『浴須浴其内，然後其表。五藏六府尚有未潔，四支八體何爲者邪？夫浴者將使表裏潔也，内苟含瑕，何遽浴邪？』」按：此語不知出何書。

在陳絶糧

《荀子·宥坐篇》載孔子厄於陳、蔡之閒，曰：「女庸安知吾不得之桑落之下？」楊倞注云：「桑落，九月時也。夫子當時葢暴露居此樹之下。」按：孔子絶糧在九月時，他書未載。人知孔子絶糧，不知孟子亦嘗絶糧。漢應劭《風俗通》云：「孟子絶糧於鄒、薛，困殆甚，退與萬章之徒序《詩》、《書》、仲尼之意，作書中外十一篇。」是孟子亦嘗絶糧也。

刺孟諸書

《孟子》一書，至今上配六經。然北宋以前不甚重，自王充《論衡》有《刺孟篇》，後馮休著《删孟》，司馬公作《疑孟》，李泰伯作《非孟》，晁以道作《詆孟》，黄次伋作《評孟》，其書不盡傳，人亦不盡知，《齊東野語》曾臚舉之。

羅大經《鶴林玉露》云：「鄭叔文〔一〕著《崇正論》，亦非《孟子》曰：『軻忍人也，辯士也，儀、秦之流也。戰國縱横捭闔之士，皆發冢之人，而軻能以詩禮者也。』」其言尤悖。羅氏則云：「孟子以儀、秦之齒舌，明周、孔之肺腸，此何可非？泰伯所以非之者，謂其不當勸齊、梁之君以王耳。余謂孟子憂當世之無君者也，泰伯憂萬世之無君者也。」雖似持平之論，而亦不滿於孟子。

始作俑者

國朝馬驌《繹史》引王肅《喪服要記》云：「孔子曰：『寧〔二〕設桐人乎？』公曰：『齊人虞卿遇惡繼母，不得養父，死不能葬，自知有過，故作桐人。吾父生得供養，何桐人爲？』」按：《説文·人部》：「偶，桐人也。」《淮南子·繆稱篇》：「魯以偶人而孔子歎。」高注曰：「偶人，相人

〔一〕 文，《鶴林玉露》乙編卷一作「友」。

〔二〕 寧，原避諱作「甯」，以下徑改不出校。

也。」治《說文》者疑「桐人」是「相人」之誤，相人者象人也。乃觀此文，亦作「桐人」，疑其不誤。蓋古偶人以桐爲之耳。孔子曰：「始作俑者，其無後乎！」自來不知始作俑者爲何人，據此則齊人虞卿也。

吾我二字

國朝楊復吉《夢闌瑣筆》云：「元趙悳《四書箋義》曰：『吾、我二字，學者多以爲一義。殊不知就己而言則曰吾，因人而言則曰我。』『吾有知乎哉』，就己而言也；『有鄙夫問於我』，因人之問而言也。」按：此條分別甚明。「二三子以我爲隱乎」，「我」對二三子而言；「吾無隱乎爾」，「吾」就己而言也；「我善養吾浩然之氣」，「我」對公孫丑而言，「吾」就己而言也。以是推之，「予惟往求，朕攸濟」，「予」即「我」也，「朕」即「吾」也。「越予沖人，不卬〔一〕自恤」，「予」即「我」也，「卬」即「吾」也。其語似複，而實非複。

〔一〕卬，原訛「卭」，據《尚書·大誥》改。下同。

先聖先師

國朝喬松年《蘿摩亭札記》云：「凡始奠於先聖先師，鄭注謂『周公若孔子』，然計此禮尚在孔子之前。劉氏彝曰：『虞庠以舜爲先聖，夏學以禹爲先聖，殷學以湯爲先聖，東膠以文王爲先聖。』」

按：此雖臆説，而似有理。惟先聖既代有其人，則先師似亦宜然。《荀子・大略篇》曰：「舜學於務成昭，禹學於西王國。」《吕氏春秋・尊師篇》曰：「帝舜師許山，禹師大成贄，湯師小臣，文王、武王師吕望、周公旦。」《新序・雜事篇》曰：「舜學乎務成跗，禹學乎西王國，湯學乎威子伯，文王學乎鉸時子斯。」此皆先秦古書所傳，當有依據，或即三代時所謂先師乎？「西王國」未詳何人。楊倞注引或説曰：「大禹生於西羌。西王國，西羌之賢人也。」「小臣」高誘注以爲即伊尹。

經書删節本

宋周密《癸辛襍識》云：「賈師憲有《三禮節》《左傳節》《諸史要畧》，又欲節《十三經注疏》，未及入梓。」然則經史删節本，宋時已有之矣。

舍注疏立異論

蘇子由《龍川别志》云：「王文正公爲相，南省試《當仁不讓於師賦》。時賈邊、李迪皆有名場屋，及奏名，而邊、迪不與。迪以落韻，邊以師爲衆，與注疏異，特奏令就御試。王文正議：落韻失於不詳簡耳，若舍注疏而立異論，不可輒許，恐從今士子放蕩，無所準的。遂取迪而黜邊〔一〕。」按：今功令，場屋中不遵朱注者不取，亦此意也。

〔一〕 邊，原訛「選」，據《龍川别志》卷上改。

《農孝經》《酒孝經》

宋孫奕《示兒編》云：「《孝經》，孔子所論也，孰知郭良輔又變爲《武孝經》，原注：唐。鄭氏又易爲《女孝經》，原注：唐侯莫陳邈妻。以至《農孝經》原注：皇朝賈元道。《酒孝經》原注：不著撰人名氏。紛紛而出。」按：諸書今無傳，且莫知其名矣。

又按：《酒孝經》發端必云「其無加於酒乎」，當是游戲之作。余此書本非所以説經，而鈔撮所及亦偶有及經義者，遂合爲一卷。終以此條者，以見所説似經義而實非，亦猶《酒孝經》之徒有經名也。

茶香室叢鈔卷二

盤古即元始天尊

晉葛洪《枕中書》云：「昔二儀未分，已有盤古真人，天地之精，自號元始天王，遊乎其中。」按：任昉《述異記》：「吴楚閒説盤古氏夫妻，陰陽之始也。」而道家又有元始天尊，《隋書·經籍志》「云有元始天尊，生於太元之先」是也。今據《枕中書》，則盤古與元始天尊二而一矣。《枕中書》言元始天王與太元聖母通氣結精，元始君經一劫，乃一施太元母，天皇十三頭，地皇十一頭，人皇九頭，皆其所生。是即《述異記》所述「吴楚閒説盤古夫妻，陰陽之始」者也。荒誕之説，聊博異聞耳。胡五峯《皇王大紀》以盤古爲始，是直以元始天尊爲萬代帝王之鼻祖矣，可笑孰甚也。

許耳

梁元帝《金樓子》云：「許耳之子名曰由，字道開，一字武仲，黄白色，長八尺九寸，兄弟七人，十九而隱。堯欲禪之，由乃洗耳。」按：許由父名世所罕聞，并其儀狀亦僅見於此。

章鷃

梁元帝《金樓子》云：「商均，一名章鷃。」按：「鷃」疑「蠲」字之誤。「商」「章」同聲，「均」與「蠲」一聲之轉耳。然《金樓子》所載古人名字多詭異，如商湯七名，有「瘠肚」之名，亦不可解也。商湯七名，五云「天乙」，六云「地甲」。今人知有天乙，不知有地甲。

伯夷、叔齊

梁元帝《金樓子》云：「夷雍之子名伯夷、叔齊，不食周粟，餓於首陽，依麋鹿以爲羣。叔齊起害鹿，鹿死，伯夷恚之而死。」按：夷、齊之死，《文選》注引《古史考》云：「伯夷、叔齊隱於首陽山，采薇而食。野有婦人謂之曰：『子義不食周粟，此亦周之草木也。』於是餓死。」其事已屬異聞，而此乃云因害鹿而死，則又異矣。

又按：《列士傳》亦載此事云：「夷、齊隱於首陽山，王摩子入山，難之曰：『君不食周粟，而隱周山食周薇，奈何？』二人遂不食薇。經七日，天遣白鹿乳之，得數日，夷、齊私念此鹿肉食之必美。鹿知其意，不復來，二子遂餓而死。」小説家言，鄙俚可笑也。

又按：《困學紀聞》原注載陳彭年對真宗語：「夷、齊父名初，字子朝，見《春秋少陽篇》。」而《金樓子》謂之夷雍之子，亦異。

伯夷之弟

晉張華《博物志》云：「靈帝光和元年，遼西太守黄翻上言：『海邊有流屍，露冠絳衣，體貌完全，使翻感夢云：「我伯夷之弟，孤竹君也。海水壞我棺槨，求見掩藏」。』」按：《列士傳》云：「孤竹君薨，伯夷長子，當立，乃讓與弟叔齊，不受；乃讓與異母弟伯僚。」此屍其即伯僚歟？惟伯夷既字伯，此異母弟何以亦字伯，豈一母之子即自爲伯仲歟？《文選·辨命論》云：「夷叔斃淑媛之言。」注引崔瑋《七蠲》曰：「三王行化，夷叔隱己。」稱夷爲叔，抑又異聞。

《水經·濡水篇注》云：「漢靈帝時，遼西太守廉翻夢人謂曰：『余孤竹君之子、伯夷之弟。遼海漂吾棺槨，聞君仁善，願見藏覆。』明日視之，水上有浮棺，吏嗤笑者皆無疾而死，于是改葬之。」事與此同，惟太守之姓異，未詳孰是。

又按：此文疑有脱誤，本當云「余孤竹君之子，伯夷之弟伯遼，海水漂吾棺槨」。蓋伯遼即伯僚也，古字通耳。後人不知有伯遼之名，誤以「遼海」二字連讀，遂去「伯」字，并去「水」字。

比干心十二穴

梁元帝《金樓子》云：「殷帝紂淫虐，王子比干諫，弗聽，剖其心，十二穴，破而觀之。」按：《史記》但言有七竅，此云十二穴，亦異聞也。

以箕子爲風伯

明楊愼《藝林伐山》云：「顏之推賦『歲精仕漢，風伯朝周』，以箕子爲風伯，謂箕星好風也。」

按：《太公金匱》云：「武王伐紂，都洛邑。明年陰寒，雨雪十餘日。甲子平旦，五丈夫乘馬車從兩騎，止王門外。尚父曰：『四海之神與河伯、風伯、雨師耳。』使謁者各以其名召之，五神皆驚。」顏賦所稱「風伯朝周」當指此事，非必箕子。然上句「歲星」東方朔也，則下句「風伯」又似實有其人。升庵以爲指箕子，或亦一說。

慈童

日本人守屋元泰字伯亨，著有《東陽集》。集中有《題慈童畫》五言絶句一首，序云：「世傳慈童事周穆王有寵，嘗誤越王枕。王放諸酈縣山中，私憫焉，臨去，授以法語，曰：『朝朝誦之，可爲周身之防。』慈童恐遺忘，題諸菊葉。既而有露涔涔，滴於溪流，慈童飲之，極甘美，遂爲仙。下流之民三百餘家，飲者悉得上壽。」按：此事不知出何書，中國人但知有酈縣甘谷事，不知有慈童也，是真異聞矣。豈周秦閒相承有此説，由徐福輩傳述至彼乎？

《水經·湍水篇注》云：「湍水又南，菊水注之，水出西北石澗山芳菊溪，亦言出析谷，蓋溪澗之異名也。源旁悉生菊草，潭澗滋液，極成甘美，云此谷之水土餐挹長年。司空王暢、太傅袁隗、太尉胡廣並汲飲此水，以自綏養。」按：此亦即南陽酈縣甘谷也。世知有甘谷，不知有析谷，因慈童事并記之。

管仲父名

國朝程大中《四書逸箋》云：「管夷吾字仲，其父名山，亦字仲，見陳心叔《名疑》。」

先聖本名兵

宋周密《癸辛襍識別集》云：「陳召初名紹，欲改名。或言增損偏旁可也，昔先聖本名

『兵』，已乃去其下二筆。及問其語所本，則不能知，可謂異聞也。」按：此真無稽之談。以古文論，此二字亦不相似，乃謂去下二筆，則是孔子時已有今之正書矣。

國朝喬松年《蘿藦亭札記》云：「此所謂兵，乃古長字，非兵戈之兵，其字下從儿，不從八。」按：《説文》「長」篆下所載古文有如此者，然亦異説也。

孔子至吴越

《吴越春秋》云：「越王既已誅忠臣，霸於關東，從瑯琊起觀臺，周七里，以望東海。孔子聞之，從弟子奉先王雅琴禮樂奏於越。」按：《越絶書》亦有此文，是孔子嘗親見句踐矣。然此當在越王徙都瑯琊之後，孔子未必至吾浙也。

國朝馬驌《繹史》引《吴越春秋》云：「夫差聞孔子至吴，微服觀之。或人傷其指，王怒，欲索或而誅之，子胥諫而止。」按：此則孔子固嘗至吴矣，而今本《吴越春秋》無此文。

素相

國朝梁同書《日貫齋塗説》云：「孔子素王，丘明素臣，人習用之。素相未有用者。《論衡·超奇篇》：『孔子之《春秋》，素王之業也；諸子之傳書，素相之事也。』」

蘧伯玉軼事

晉王嘉《拾遺記》云：「師涓出於衛靈公之世，造新曲以代古樂。蘧伯玉諫曰：『此雖以發揚氣律，終爲沈湎淫漫之音，無合於風雅，非下臣宜薦於君也。』靈公乃去其聲而親政務。師涓退而隱跡，蘧伯玉焚其樂器於九達之衢。」按：此乃蘧大夫之軼事。

曾子子貢軼事

國朝程大中《四書逸箋》云：「人知子疾病，子路請禱；不知孔子病，子貢出卜。《太平御覽》引《莊子》云：『孔子病，子貢出卜。孔子曰：「子待也。吾坐席不敢先，居處若齋，飲食若祭，吾卜之久矣。」』

又云：「人知曾子不忍食羊棗，不知曾子不忍食生魚。《孝子傳》云：『曾參食生魚甚美，因吐之。人問其故，參曰：「母在之日，不知生魚味。今我食美，故吐之。」遂終身不食生魚。』」

宰我朝歌墮車

《水經·淇水篇注》引《論語比考讖》云：「邑名朝歌，顔淵不舍，七十弟子掩目，宰予獨顧，由蹷墮車。宋均曰：『子路患宰予顧視凶地，故以足蹷之，使墮車也。』」今人止知墨子迴車事，不知有宰予墮車事。

曾子沈水

《宋書·文九王傳》：「建元初，故景素秀才劉璡上書曰：『臣聞曾子孝於其親而沈乎水，介生忠於其主而焚於火。』」按：《困學紀聞》引《顏氏家訓》「曾子七十乃學」，謂「未詳所出」。若曾子沈水事，更千古奇聞矣。

按：《琴操》載：「尹伯奇無罪，爲後母讒而見逐，援琴作操曰『履朝霜兮採晨寒』云云，曲終投河而死。」然則孝於親而沈乎水，當用伯奇事。或本作尹子，後人誤作曾子耳。

子韋

晉王嘉《拾遺記》云：「宋景公之世，有野人被草負笈，扣門而進曰：『聞君愛陰陽之衛，好象緯之祕，請見。』語及未來之兆，次及已往之事，萬不失一。景公賜姓曰子氏，名之曰韋，即子韋也。」按：子乃宋姓，此後世人君以國姓賜人臣之始。

華子期

《謝康樂集·遊名山志》云：「華子岡，麻山第三谷。故老相傳華子期者，禄里先生弟子，翔集此頂，故華子爲稱也。」按：禄里先生即四皓之一，華子期蓋四皓之徒矣。

毛萇

唐陸廣微《吴地記》云：「《洞庭山記》曰：『洞庭有二穴，昔闔閭使龍威丈人尋洞，遇一石室，石几上有素書三卷，持回。孔子曰：「此夏禹之書，並神仙之事，言大道也。」丈人姓毛，名萇，號曰毛公。』今洞庭有毛公宅。」按：此與傳《詩》之毛公同姓名，是又一毛萇也。

周貞實

宋曾敏行《獨醒雜志》云：「零陵淡山有石巖，秦時有隱者曰周貞實，嘗隱於巖中。始皇好神仙方士，或薦貞實。始皇召之，使凡三往，貞實不起，遂化爲石。」按：此秦之隱君子，更在淮陽應曜之前，而世無知者。

時亮

後魏酈道元《水經·河水篇注》引《秦川記》云："河峽崖傍有二窟，一曰唐述窟，高四十丈；西二里有時亮窟，高百丈，廣二十丈，深三十丈，藏古書五笥。亮，南安人也。"按：時亮不知何時人，必古之隱君子也。

按："唐述"者，據上文云："羌目鬼曰唐述，因時見神人往還，因名之爲唐述山，指其堂密之居，謂之唐述窟。"然以"時亮"例之，安知"唐述"非亦人姓名乎？

寇先

《水經·睢水篇注》云："睢水又東，逕睢陽縣故城，城西門即寇先鼓琴處也。先好釣，居睢水旁，宋景公問道，不告，殺之。後十年，止此門鼓琴而去，宋人家家奉事之。"按：此則寇先者，亦近乎仙矣。

孫什

又《濟水篇注》云：「《濟水》又逕什城北，祝阿人孫什將家居之，以避時難，因謂之什城焉。」是孫什亦必隱居避世之士。

卜成

又《洛水篇注》云：「又東北，九山溪水入焉，水出百稱山東谷。仲長統曰：『昔密有卜成者，身遊九山之上，放心不拘之境。』謂是山也。」卜成未知何時人，亦一高士。

謝允

又《沔水篇注》云：「曾水導源縣南武當山，一曰太和山，亦曰嵾上山，又曰仙室。晉咸和中，歷陽謝允舍羅邑宰，隱遁斯山，故亦曰謝羅山焉。」然則謝允去官高隱，亦一陶淵明矣。

所輔

又《河水篇》：「東北過漯陽縣北。」注云：「漢安帝永初二年，劇賊畢豪等數百乘船寇平原。縣令劉雄、門下小吏所輔浮舟追至厭次津，與賊合戰，並爲賊禽。求代雄，豪縱雄于此津。所輔可謂孝盡愛敬，義極君臣矣。」按：所姓罕見，世徒知漢有「所忠」，不知又有「所輔」。

《水經注》中所載古人姓名多湮没不著，因表出數人，尚友者儻有取乎？

虞詡字定安

《水經・陰溝水篇注》云：「武平縣故城西南七里許，有漢尚書令虞詡碑，碑題云：『虞君之碑，諱詡，字定安。』」按：范蔚宗《漢書》詡字升卿，定安蓋其幼字也。

杜周三子名

宋王楙《野客叢書》云：「《唐世系表》杜周三子：延壽、延考、延年，則知本傳所謂『二子夾河爲郡』者，即延壽、延考。本傳但載少子延年，而不載前二子名，因表出之。」按：《日知録》言兄弟二名而同其一字，世謂之排行，起於晉末，漢人無有。然杜氏三子皆以延字爲名，則西漢已有之矣。或譜牒所言多出後人僞造，未盡可據乎？

盧白頭

後魏楊衒之《伽藍記》云：「國子博士盧白頭，字景裕，范陽人也。性愛恬静，邱園放傲，學極六經，流通百氏。晉泰初起家爲國子博士，雖在朱門，以注述爲事，注《周易》行於世。」按：盧白頭之爲人，知者尠矣，宜表出之。

開元中十八學士

元白珽《湛淵静語》云：「玄宗開元中，於上陽宫含象亭，以張説、徐堅、賀知章、趙冬曦、馮朝隱、康子元、侯行果、韋述、敬會真、趙玄默、毋煚、吕向、咸廣業、李子釗、東方顥、陸去泰、余欽、孫季良爲十八學士，命董萼畫像，御製贊，爲千載翰苑盛事。」按：太宗時，以杜如晦、房玄齡等爲十八學士，至今豔稱之。而不知開元時又有此十八學士。

都督閻公壻

《滕王閣序》，都督閻伯璵欲其壻吴子章爲之，此事人所共知也。王定保《摭言》云：「王勃著《滕王閣序》，而閻公意屬子壻孟學士者爲之，已宿搆矣。」則閻公之壻是孟學士，而非吴子章，未詳孰是。

王子安《序》云：「騰蛟起鳳，孟學士之詞宗；紫電青霜，王將軍之武庫。」孟與王必坐中上客，猶「都督閻公、宇文新州」，皆實言當時之人，非古人也。後人不達此，而異説蠭起矣。閻公之壻當是吴子章，而非孟學士。孟學士必當時負文望者，或閻公欲揚其壻之名，使孟學士宿搆一文，俾其壻冒爲己作，以誇坐客耳。王定保知此文爲孟學士作，葢傳聞之得實者；而以孟學士即閻壻，則又誤矣。余于千載下發古人之覆，未知然否。

晉羊球《登西樓賦》云：「畫棟浮細細之輕雲，朱栱濕濛濛之飛雨。」王子安《滕王閣詩》「畫棟」「珠簾」一聯即本此，不獨「落霞」「秋水」兩句有所沿襲也。

吴嶠

唐柳宗元《龍城録》云：「吴嶠，霅溪人，年十三作道士。煬帝元年過鄴中，告其令曰：『中星不守太微，而旺氣流萃於秦地。』令不之信，至神堯即位，方知不誣。嶠精明天文，即袁天綱之師也。」至今人知有袁天綱，不知有其師吴嶠。霅溪人，則吾郡人也，宜表出之。

房玄齡名字

宋張淏《雲谷襍記》云：「《舊唐書》房喬字玄齡，《新書》玄齡字喬。歐陽公《集古録》中有玄齡墓碑，亦云字喬。隋人多以字爲名，玄齡實本名喬，後來即以字行，卻以名爲字也。竇苹《唐書音訓》云：《唐十八學士圖贊》皆當時墨迹，云房玄齡字喬年。豈以單稱不類表德，遂添一年字乎？《宰相世系表》又以玄齡字喬松，未知何據。」按：喬年、喬松人所罕知，宜表出之。

張龜齡

唐顔真卿撰《浪跡先生玄真子張志和碑》云：「玄真子姓張氏，本名龜齡，改名志和，字子同。」按：張志和原名世罕知者。志和兄松齡有《答弟志和漁父歌》，見《全唐詩》。

温庭雲

《北夢瑣言》曰：「温庭雲字飛卿，或云作筠字。」今庭筠之名行而庭雲之名廢矣。

枯松太保

明謝肇淛《文海披沙》云：「唐王建平東川，諸將莫不爭功，獨王宗裕立枯松下，未嘗自言，時人謂之『枯松太保』。與馮異稱『大樹將軍』可謂的對。」

衞遜

唐許渾《題衞將軍廟詩序》云：「將軍名遜，陽羨人，少習詩書，學弓劍。二十七游并、汾間，遇神堯皇帝，始建義旗。天下既定，録其功，拜將軍宿衞。以母老病，乞歸侍殘年，詔許之。

既而以孝敬睦閨門，以然信居鄉里。及卒，邑人懷其賢，廟宇荆溪之湄，以平生弓甲縣東西廡下，歲時祠祭，頗福其土焉。文士王敖撰碑，辭實詳備。惜乎國史闕書其人，因題是詩於廟壁。」按：此則逖亦唐初一名將，而名氏翳然，記此以補唐史之遺。

韓瞠〔一〕眼

即韓通也。《齊東野語》云：「焦千之學於歐陽公。一日，造劉貢父。劉問：『《五代史》成邪？』焦對：『將脱藁。』劉問：『爲韓瞠眼立傳否？』焦默然。劉笑曰：『如是亦是第二等文字。』」

馮道不知生日

明朱國楨《湧幢小品》云：「馮道自幼涉亂離，不知生日。在天福中爲上相。晉帝問之，欲

〔一〕瞠，原訛「膛」，據《齊東野語》卷十三、《茶香室續鈔》卷三改。下同。

致賀，道對以實。」是馮道終身無生日也，然不知出何書。據《舊五代史》，道官至户部侍郎，始丁父憂，不當不知有生日。

陶穀本姓唐

宋王闢之《澠水燕談録》云：「陶穀姓唐，唐宰相莒公儉之後。祖彦謙，有詩名，號鹿門先生。穀避留〔一〕祖名改姓陶，後歷事累朝，不復還本姓，士大夫譏之。」宋錢易《南部新書》云：「陶穀小名鐵牛，李濤嘗有書與之曰：『每至河源，即思令德。』唐彦謙之孫也，以石晉諱改姓焉。」

〔一〕留，《澠水燕談録》卷九作「晉」。

八大王

宋王闢之《澠水燕談録》云：「慶曆中，皇叔燕王元儼薨。仁宗追悼尤深，詔有司擇立號之尤尊美者，乃特贈天策大將軍。王性嚴毅，威望著于天下。士民識與不識，呼之曰『八大王』，犬戎尤憚之。」按：今小説中説宋仁宗時事有所謂「八大王」者，當時乃真有此稱也。

宋沈淑《諧史》云：「富鄭公《上河北守禦十二策》曰：燕王威望著于北虜，燕薊小兒每遇夜啼，其家必驚之曰：『八大王來也！』每牽馬牛渡河，必曰：『莫大王在海裏。』其畏之如此。」《癸辛襍識》載：羅壽可遊汴梁，書所見云：登雲樓俗呼「八大王樓」，蓋初爲燕王元儼所居。

八大王之子

歐陽文忠公《歸田録》曰：「華元郡王允良，燕王子也。好坐木馬子，坐則不下。或饑，則便就其上飲食，往往乘輿奏樂於前，酣飲終日，亦其性之異也。」木馬子不知何物。宋沈淑《諧史》云：「周王元儼慶曆四年封燕王，好坐木馬，遇饑則於其上飲食，仍奏樂於前，或終日在上酣飲。」是又以爲燕王事，不應父子同好木馬，殆傳者誤也。

按：宋周密《志雅堂雜鈔》云：「劉貢父書，燕王小子元安，年三十餘，不知人事。每食必置糞少許於食中。世傳党進之事似之。」據此可知八大王英武，而其子愚蠢。所謂木馬子者，竟是便溺之器。考《新唐書·回鶻列傳》云：「突厥三部落乘木馬馳冰上，以版藉足，屈木支腋，蹴輒百步。」此言木馬，不言木馬子，殆猶今之冰牀，非可用之於居家者也。元吴自牧《夢粱録》有項桶、浴桶、馬子桶之名。此言馬子，不言木，然曰桶，則固以木爲之，即今所謂馬桶也。在宋時已有馬子桶之稱，則允良所坐木馬子必是此物。因坐其上進食，傳聞過實，乃有食必置糞之言，亦可見其清狂不慧，不足紹其父之遺風矣。

宋周煇《清波别志》云：「吴虎臣《漫録》言某王幼子年三十餘不知人，每食必置糞少許於食中。」按：此亦即允良之事。惟允良與元安有二名，未詳孰是。至《諧史》謂是燕王元儼事，則失之。

蘇杲

元白珽《湛淵静語》云：「眉州蘇先生杲，老泉之祖，輕財好施，濟人之急，孜孜若不及。歲凶，賣田賑濟其鄉里。逮秋熟，人將償之，終憐其窶，辭不受。久致破業，厄於饑寒，然未嘗以爲悔，而好施益甚。後三蘇以文章名天下。」按：蘇杲之行誼，略見於蘇明允《族譜後録》。今人但讀其《族譜序》，而《族譜後録》上下兩篇罕有讀者，故其先世事實知者鮮耳。

林和靖祖

國朝崔應榴《攤飯續談》云：「《十國春秋》：『林克己，錢唐人，忠懿王時官通儒院學士，博學善文章。』宋隱士逋即其孫也。」

司馬公實、王介卿

國朝崔應榴《攤飯續談》載司馬温公曾字公實，見瞿耆年《籀史》注；王荆公初字介卿，見曾子固《懷友》詩。按：今人知有君實不知有公實，知有介甫不知有介卿也。又引《後村詩話》云石曼卿舊字安仁，亦人所罕知者。

蘇明允謚

元劉壎《隱居通議》云：「三蘇皆得謚文：老泉文安，東坡文忠，潁濱文定，森然鼎峙，爲一代文宗。」余按：老蘇之謚，本傳不載。據本傳云「乃以爲霸州文安縣主簿」，豈後人稱其官曰蘇文安，而劉氏誤以爲謚乎？

東坡一字子平

國朝陳錫路《黄嬭餘話》云：「蘇子瞻，一字子平。文與可《月嵒齋》詩云：『子平一見初動心，輂致東齋自摩洗。』又云：『子平謂我同所嗜，萬里書之特相寄。』注云：『子平即子瞻也。』」余按：軾者，車前横版也，則名軾字平，義葢相稱。

國朝沈濤《銅熨斗齋隨筆》云：「陸深《玉堂漫筆》云：『子瞻一字和仲，子由一字同叔。懷素《自敍帖》近刻石於蘇州，蘇欒城一跋云「予兄和仲」，自題曰「蘇轍同叔」。』案：俞德鄰《佩韋齋輯聞》：『東坡一字仲和。《洗玉池銘》末云「仲和甫銘之，維以識德」。』是字『仲和』，非『和仲』也。」余謂「和仲」或作「仲和」，此無足異，惟與「子平」之字又不同，何東坡先生舊字之多也？

老泉山人

宋葉夢得《石林燕語》云：「蘇子瞻謫黄州，號東坡居士，晚又號老泉山人，以眉山先塋有老翁泉故云。」然則世稱蘇明允爲「老泉」，誤矣。

袁綯

宋蔡絛《鐵圍山叢談》云：「歌者袁綯乃天寶之李龜年也，宣和閒供奉九重。嘗爲吾言：東坡公昔與客遊金山，適中秋夕，共登金山妙高臺，命綯歌其《水調歌頭》，坡爲起舞，曰：『此便是神仙矣。』」按：袁綯爲東坡客，知者鮮矣，是宜與赤壁舟中之楊世昌同表襮之也。

邵餗

《負暄野録》無撰人姓名云：「邵居士餗工爲釵股篆，范文正公作《嚴先生祠堂記》，欲求其書而刻之石，余嘗傳得范公書云云。余又於巴陵登岳陽樓，乃滕宗諒子京知郡日所脩，《記》亦范文正公所撰，蘇舜欽書，邵餗篆額，時號『四絶』。」按：范文正公兩文至今膾炙人口，而邵餗之名稍晦。范公與邵書云：「非託之奇人，則不足傳於後世。先生篆高出四海，誠能枉神筆於片石，則子陵之風後千百年未泯，其高尚之爲教也亦大矣哉！」是文正公之意欲己文託邵書以傳，邵之見重於當時可見矣。

章望之

《癸辛雜識》曰：「正閏之説尚矣，歐公作《正統論》，章望之著《明統論》以非之。」蘇長公《正統論》引章子之説，章子即望之也。

蘇佛兒

《東坡志林》載：「合浦老人蘇佛兒，年八十二。有兄二人，長九十二，次者九十。」按：父子兄弟俱長壽者，宋王闢之《澠水燕談録》云：「開寶中，鄢陵許永爲鄆州盧縣尉，七十五歲，其父瓊九十九歲，長兄八十一，次兄七十七。藝祖召瓊問唐季事，賜衣幣鞍馬。」

老申

《癸辛褋識》載：「羅壽可再遊汴梁，書所見云：『相國寺有石刻云：蘇子瞻、子由、孫子發、秦少游同來觀晉卿墨竹，申先生亦來。元祐三年八月五日，老申一百一歲。』」惜老申不知何人也。

張百杯、張百篇

宋蔡絛《鐵圍山叢談》云：「張端公伯玉，仁廟朝人也，名重當時，號『張百杯』，又曰『張百篇』，言一飲酒百杯，一掃詩百篇也。」按：李太白斗酒百篇，人人知之，不知又有張伯玉也。

四清

元揭傒斯曼碩詩有《題四清圖》詩，「一清曰王右軍」「二清曰軒轅彌明」「三清曰玉川子」「四清曰林和靖」。按：四子似不相類，不知何以合爲四清也。

黃子久名靜堅

國朝葉廷琯《鷗波漁話》云：「康熙間吴中顧來侯復纂《書畫壯觀録》，載黃子久水墨山水，署欵大癡道人静堅，此名不經見。」余按：「堅」與「久」義相應，名「静堅」，故字「子久」也。

海鷗

明楊慎《藝林伐山》云：「柳公權僕名海鷗，竊銀杯者。」

鄧馱

宋周羽沖《三楚新録》云：「鄧詢美，連郡人也，背傴，時謂之鄧馱。」按：今人以傴者爲駝子，其字實當作「馱」。

張小舍

國朝王應奎《柳南隨筆》云：「前明成、弘間，吴郡東北夷亭鎮有張小舍者，善捕賊盗，百無一遺。盜賊爲之語曰：『天不怕，地不怕，只怕夷亭張小舍。』里巷至今傳之。張小舍名浩，字彦廣，號南坡，沈石田之外祖。徐武功爲誌其墓。」按：張小舍一捕盜之人，而亦以成名後世，何途無人才乎？

陳濟

國朝張爾岐《蒿庵閒語》云：「明修《永樂大典》，以武進布衣陳濟爲總裁。」按：陳濟之名，今知者罕矣。

又按：吴長元《宸垣識餘》云：「《永樂大典》二萬二千八百七十卷，一萬一千九十五本，目録六十卷，湖廣王洪編纂。」

南翔八老

國朝王漁洋《香祖筆記》云：「唐時升《三易集》有《南翔八老人詩序》云：『南翔里有八老

人爲社，徐爵九十六，趙陸九十四，陸淙八十五，徐勳、張樂俱八十四，董儒八十三，朱梓八十二，陸球八十一。居止不一二里，以杯酒談笑相娱樂，誠太平盛事也。」按：此八老人當在明正德、嘉靖閒，故詩云：「正嘉遺事多訛謬，欲問鑾輿南幸年。」

吴門四才子

國朝王應奎《柳南隨筆》云：「徐博士昌穀在前明成、弘閒與唐解元伯虎、祝京兆希哲、文待詔徵明稱吴門四才子，而昌穀實吾邑梅里鎮人也。」按：唐、祝、文三君婦孺皆知，而徐稍晦。今盲詞家乃以唐、祝、文、周爲四才子，周爲周美成，北宋人也，大可一噱矣。

又按：明神宗時秦淮四美人爲朱無瑕、鄭無美、馬湘蘭、趙今燕，見無名氏所著《秦淮畫舫餘談》。

吴雨田

國朝李斗《揚州畫舫録》云：「鄭版〔一〕橋工隸書，自成一派，關帝廟道士吴雨田從之學字，可以亂真。」然則世所傳版橋道人書，安知非出吴雨田筆邪？

朱太平

明都穆《都公譚纂》云：「沈石田僮朱太平，亦善山水。」

〔一〕版，《揚州畫舫録》卷二作「板」。

馮玉瑛

國朝楊復吉《夢闌瑣筆》云：「馬士英善繪山水，得之者改其名曰馮玉瑛。」余幼時有詩云：「君子雖爭没世名，流芳貽臭要分明。曹蜍李志皆千古，莫使人更馮玉瑛。」

茶香室叢鈔卷三

公冶長書梅嶺碑

國朝章有謨《景船齋雜記》云：「有莊癡者，萬曆時人，言事多奇中。有張某將之官，叩莊曰：『此行有險乎？』莊曰：『梅嶺最險。』中途遇風濤，舟幾覆，登岸，見有梅嶺碑，乃公冶長筆也。」按：梅嶺未知何地，似非江西之大庾嶺，乃有公冶長所題碑，真異聞也。

畫臧文仲於卞和之傍

晉《傅咸集》有《卞和畫像賦》，其序云：「臧文仲知柳下惠之賢而不與立，卞和自刖以相證，相去遠矣。戲畫其像於卞子之傍，特赤其面，以示猶有慚色。」

楚僚卧冰

晉干寶《搜神記》云：「楚僚至孝，敬事後母。母患癰，夢一小兒語母曰：『若得鯉魚食之即瘥。』僚聞之，嘆曰：『今是十二月，凝結之日，何處求之？』乃脱衣上冰卧。有一童子決僚卧處，水開，送鯉一雙，母食之即愈。」按：人知王祥事，不知有楚僚事。

趙仲讓

漢應劭《風俗通》云：「江夏太守河内趙仲讓舉司隸茂材，爲高唐令。不乘鞶輿，徑至高唐。變易姓名，止都亭十餘日，默入市里，觀省風俗。已，呼亭長問：『新令爲誰？從何官來？何時到也？』曰：『縣已遣吏迎，垂有起居。』曰：『正我是也。』亭長怖，遽拜謁，竟，使具吏。其日入舍，乃謁府，數十日無故便去。爲郡功曹所選，因稱狂，亂首走出府門。太守以其舊有重名，忍而不罪。後爲大將軍梁冀從事中郎將，冬月坐庭中，向日解衣裘捕蝨。已，因傾卧，厥形悉表露。將軍夫人襄城君云：『不潔清，當亟推問。』將軍嘆曰：『是趙從事，絶高士也。』他事若此非一。」按：此等事已開魏晉竹林諸賢風氣矣。然襄城君即孫壽也，趙君玩之，薄其人耳，應仲遠但執禮法以議之，似未識其雅意。

五世公

漢應劭《風俗通》載：「南陽五世公爲廣漢太守，與司徒長史段遼叔同歲。遼叔大子名舊，才操鹵鈍，世公竟舉舊孝廉。世公轉换南陽，與東萊太守蔡伯起同歲，欲舉其子。伯起自乞子瓚尚弱，而弟琰幸成人。是歲舉琰，明年復舉瓚。瓚十四，未可見衆，常稱病，到十八乃始出治劇平春長。上書：『臣甫弱冠，未任宰御，乞留宿衛。』尚書劾奏：『增年受選，減年避劇，請免瓚官。』詔書：『左遷武當左衛。』會車騎將軍馮緄南征武陵蠻夷，緄與伯起同時公府辟，瓚爲軍曲候。瓚歸卧家，軍功除新陽長，官至下邳相。」按：此一事可見漢時弊政不減後世。五世公所到之處，其舉孝廉但舉其年家子耳，甚者子弟蟬聯而及，乳臭之兒亦忝名器，斯今人所不至此也。至於增年減年以意爲之，當時文籍漫無稽考，可以想見。及爲尚書所劾，乃又夤緣戎幕，叨冒軍功，高卧家中，策勳幕府。然則近代軍功保舉之濫，亦猶行古之道矣。又按：五世公當姓伍氏，「五」與「伍」古字通也。

李郭同車

《太平廣記》引《商芸小説》云：「郭林宗來游京師，當還鄉里，送車千乘，李膺亦在焉。衆人皆詣大槐客舍而别，獨膺與林宗共載簿笨車，上大槐坂。觀者數百人，引領望之，眇若松喬之在霄漢。」按：世知有同舟事，不知有同車事，宜表出之。

天寶改元

唐韋絢《劉賓客嘉話録》云：「李丞相泌謂德宗曰：『陛下天寶元年生，玄宗皇帝以天降至寶，因改年號爲天寶也。』」按：天寶改元，自因弘農函谷關得寶符之故，當時天下傳有弘農得寶之歌。鄴侯乃謂因德宗誕生，何也？殆一時飾説耳。

快活三郎

宋羅大經《鶴林玉露》云：「時俗所謂『快活三郎』者，即唐明皇也。魏鶴山《天寶遺事》詩：『弄成晚歲郎當曲，正是三郎快活時。』」

李輔國爲高力士所殺

唐蘇鶚《杜陽雜編》云：「李輔國恣横，上切齒久矣。因夢登樓，見高力士領兵數百鐵騎，以戟刺輔國首，流血灑地。遣謁者問其故，力士曰：『明皇之令也。』上覺，亦不敢言。輔國尋爲盜所殺，上異之，方以夢語左右。」按：《杜陽雜編》語多悠謬，然載此等事未始不足以快人心而警姦邪也。

李林甫像

唐高彦休《闕史》云：「長安重建太清宫，琢玉石爲玄元皇帝真像，又雕玄宗、肅宗二聖真容于殿之東室，又琢左右丞相李林甫、陳希烈於東西序。至代宗朝，人有以爲言者，詔除去，瘞於殿陰。至廣明庚子歲，丞相范陽公爲太清宫使，因葺修穨廢，掘地得玉石人，林甫官銜銘于其背。因具奏其事，輦送京兆府擊碎之。」按：人知林甫有斵棺之戮，不知又有碎像之事也。

按：《舊唐書·禮儀志》：「太清宫成，命工人於太白山采白石，爲玄元聖容，又采白石爲玄宗聖容，又刻白石爲李林甫、陳希烈之形。及林甫犯事，又刻石爲楊國忠之形，而瘞林甫之石。及希烈、國忠貶，盡毁瘞之。」是林甫之像瘞而不毁，故得復出；希烈、國忠則毁而後瘞，故不復見矣。史但言林甫像之瘞，不言其毁，此可以補史缺。

荔枝之禍

《三輔黄圖》云：「漢武帝元鼎六年，起扶荔宫。荔枝自交趾移植百株於庭，無一生者，連年猶移植不息。後數歲，偶一株稍茂，終無華實，帝亦珍惜之。一旦萎死，守吏坐誅數十人。」按：荔枝爲南中尤物，人知紅塵一騎勞人害馬，爲荔枝之禍，不知又有此事。

又云：「其實則歲貢焉，郵傳者疲斃於道，極爲生民之害。至後漢安帝時，交趾郡守極言其弊，遂罷其貢。」按：東坡《荔枝歎》自注云：「唐羌字伯游，爲林武長，上書言狀，和帝罷之。」此云交趾守，當時言者不止伯游矣。

僧一行寄蜀當歸

宋錢易《南部新書》云：「一行臨終，留一物令弟子進上。發之，乃蜀當歸。上初不喻，及西幸，方悟微旨。」按：此事人知有羅公遠，不知有僧一行也。

柏封大夫

國朝陳錫路《黄嬭餘話》云：「人知松封大夫，不知柏亦封大夫。《河南志》：『嵩山天封觀有古柏三株，武后封五品大夫。』可見古事未嘗無對。」

竇家槐

國朝查慎行《人海記》云：「昌平州天壽山古槐，相傳竇禹鈞家物，樹中枵，可布三五席，稱『竇家槐』。」按：靈椿、丹桂久爲竇家佳話，不意二千年後猶存此老槐也。

柳公權畫竹

國朝宋長白《柳亭詩話》云：「《黄文節集》有《謝斌老送墨竹十二韵》，注云：『世傳江南李王〔一〕作竹，自根至梢一一鈎勒成，謂之鐵鉤鎖，自云惟柳公權有此筆法。』」按：柳誠懸以書法名千古，不謂其又工畫墨竹也。

〔一〕王，《柳亭詩話》卷十一作「主」。

武肅射潮

錢武肅王射潮事，人所習知也，然其詳人或未知。按：錢儼《吴越備史》云：「武肅以梁開平四年八月築捍海塘，怒潮急湍，版築不就，表告於天，禱胥山祠，函詩一章置海門云：『傳語龍王并水府，錢塘借與築錢城。』因采山陽之竹，造箭三千隻，羽以鴻鷺之羽，飾以丹珠，鍊剛火之鐵爲鏃。既成，用葦敷地，分箭六處。幣，東方青九十丈，南方赤三十丈，西方白七十丈，北方黑八十丈，中央黄二十丈。鹿脯、煎餅、時果、清酒、棗脯、茅香、淨水各六分，香鑪布置。以丙夜三更子時屬丁日，上酒三行，禱云：『六丁神君，玉女陰神，從官兵六千萬人，繆以此丹羽之矢射蛟滅怪，竭海枯淵，千精百怪勿使妄干。唯願神君佐我助我，令我功行早就。』禱訖，明日募强弩五百人以射濤頭，人用六矢，每潮一至，射以一矢。射至五矢，潮乃退。」

辨皮日休事

《老學庵筆記》云：「《該聞録》言皮日休陷黄巢，爲翰林學士，巢敗被誅。今《唐書》取其事。尹師魯作《大理寺丞皮子良墓誌》,稱『曾祖日休避廣明之難,徙籍會稽,依錢氏,官太常博士,贈禮部尚書。祖光業爲吳越丞相,父粲爲元帥府判官,三世皆以文雄江東』。據此則日休未嘗陷賊被誅也。」愚按:《北夢瑣言》稱皮日休「官至國子博士,寓蘇州,與陸龜蒙爲文友,著《文藪》十卷、《皮子》三卷,人多傳之,爲錢鏐判官」,則皮日休之終於吳越,固彰彰在記載矣。

宋錢易《南部新書》載:「黄巢令皮日休作讖詞,云:『欲知聖人姓,田八二十一;欲知聖人名,果頭三屈律。』巢大怒。蓋巢頭醜,掠鬢不盡,疑三屈律之言是其譏也,遂及禍。」皮、陸齊名,而皮之晚節乃至於是,常以爲憾,故録此以辨其誣。

王逸老

國朝陳錫路《黄嬭餘話》云:「南唐王文秉工小篆,自號王逸老,欲與逸少相抗。」按:此與張碧字太碧、黄居難字樂地取法太白、樂天同一可笑,惜未知出何書。

國朝鄭方坤删補《五代詩話》引《留青日札》云:「梁園有富家杜四郎,號杜荀鴨,比杜荀鶴。」

《唐餘録》

《齊東野語》云：「《唐餘録》，直集賢院王皞子融所撰，寶元二年上之。時惟有薛居正《五代史》，歐陽書未出也。此書有紀、志、傳，又博采諸家之説，倣裴松之《三國志注》附見下方，表韓通於忠義，且冠以國初褒贈之典，新舊《史》皆所不及。皞乃王沂公曾之弟。」今薛、歐兩《史》盛行，而此書遂佚，亦可惜也。

火宋

元李治《敬齋古今黈》云：「予家舊蓄米帖四十有五，一幅前有圖書印章十餘枚，有曰『天水米芾』者，有曰『米芾元章』者，有曰『火宋米芾』者。後有數十語云：『正人端士名字皆正，至于所紀歲時，亦莫不正。前有水宋，故有火宋别之。』」按：「水宋」謂劉宋也。漢火德，魏土德，晉金德，宋水德，故謂之「水宋」。至趙宋，則以火德王，故謂之「火宋」。「火宋」之稱甚奇，世罕有用者。

慎火停水

宋葉夢得《石林燕語》云：「陳希夷將終，密封一緘付其弟子，使候其死上之。真宗發視，無他言，但有『慎火停水』四字而已。祥符閒禁中數有大火，遂以爲先告之驗，上以軍營尤所當戒，乃命諸校悉書之門，故今軍營皆揭此四字。」

瀧岡阡

宋羅大經《鶴林玉露》云：「歐陽公居永豐縣之沙溪，其考崇公葬焉，所謂瀧岡阡是也。厥後奉母鄭夫人合葬，載青州石鐫阡表。石緑色，高丈餘，光可鑑。阡近沙山太守廟，襄事禱于廟，祝版猶存，曰：『大事有日，陰雲屢興，假以三日之晴，則拜神之賜，其敢忘報！』」按：歐公《瀧岡阡表》人人讀之，至此等瑣事則世罕知也。

張齊賢語

宋王闢之《澠水閒談録》：「張僕射齊賢以吏部尚書知青州。或謗其居官弛慢，公語人曰：『向作宰相，幸無大過；今典一郡，乃招物議。正如監御厨三十年，臨老反煮粥不了也。』」按：張公此言正與「倒綳孩兒」同一意義。

成都繪像

宋吕陶《淨德集·巡撫謝公畫像記》云：「成都舊風，凡奉使者繪像天慶之仙遊閣。」按：此知《老蘇集·張益州畫像記》葢亦蜀之舊例使然。《淨德集》又有《薛文恭公真像記》：「公華陽人，其諸孫某按刑總兵，留蜀五稔，于是繪公真像於玉局觀之西室。」此亦蜀中繪像之故事。文恭乃蜀人，故繪于玉局觀，不於仙游閣，示與奉使者有别。惟張益州不於仙游閣，而於淨衆寺，或示尊異歟？

不解南音

宋陳鵠《耆舊續聞》云：「劉昌言太宗時爲起居郎，未幾以諫議知密院。一日，上眷忽解，曰：『劉某奏對皆操南音，朕理會一字不得。』」按：南人不習北音，往往爲仕途之累，蓋自昔然矣。

宋開封府題名

《癸辛雜識》云：「舊開封府尹題名，獨包孝肅公姓名爲人所指，指痕甚深。」

包順

宋王鞏《甲申雜記》云：「西羌于龍呵既歸朝，至闕下引見，謂押伴使曰：『平生聞包中丞拯朝廷忠臣，某既歸漢，乞賜姓包。』神宗遂如其請，名順。其後熙河極罄忠力。」按：包公在當日已名動蠻貊如此，今小說家〔一〕喜演說包公事，而不知有此。

青沙爛

宋周煇《清波雜志》云：「狄武襄赴陳州，不懌，語所親曰：『青此行必死。』問其然，曰：『陳州出一梨子，號青沙爛，今去本州，青必爛死。』未幾果死。」按：今人喜言狄武襄故事，而罕知此。

伊川不作生日

宋俞元德《螢雪叢說》云：「伊川生日致齋恭肅，不事飲燕歌樂，蓋念劬勞之力。」按：人於

〔一〕小說家，原訛「小家說」，據文意乙。

生日，宜以此爲法。

蘇子瞻、章子厚遇虎事

宋陳鵠《耆舊續聞》云：「子厚爲商州推官，子瞻爲鳳翔幕僉，小飲山寺。聞報有虎者，二人酒狂，因勒馬同往觀之。去虎數十步，馬驚不敢前。子瞻云：『馬猶如此，著甚來由！』乃轉去。子厚獨鞭馬向前去，曰：『我自有道理。』既近，取銅沙羅於石上攧響，虎即驚竄。歸謂子瞻曰：『子定不如我。』」按：此亦所謂能拌命者能殺人也，而此事罕知者。

趙清獻琴鶴龜

宋胡仔《漁隱叢話》引《石林詩話》云：「趙清獻以清德服一世，平生畜雷氏琴一張、鶴與白龜各一，所向與之俱。始除帥成都，以琴、鶴、龜自隨。元豐閒，既罷政事，守越，再移蜀，公將老矣。過泗州，渡淮，前已放鶴，至是復以龜投淮中。既入見，先帝問：『卿前以匹馬入蜀，所攜獨琴、鶴，廉者固如是乎？』公頓首謝。故其詩有言：『馬尋舊路知歸去，龜放長淮不再來。』自紀其實也。」

按：趙清獻一琴一鶴，人皆知之，不知其又有龜也。始而放鶴，繼而投龜，至晚年則止存雷氏琴矣。

司馬温公《涑水紀聞》云：「趙閲道爲人清素，好養生。知成都，獨與一道人及大龜偕行。」則又并不言琴也。

東坡像

國朝葉廷琯《鷗波漁話》云：「吾郡陸氏舊藏宋本東坡畫像，貌秀偉而髯不甚豐，不類世所傳者。」按：葉字調生，吴縣人。

國朝毛奇齡《西河雜箋》云：「萊陽姜仲子出貞毅先生所藏東坡像示予，則儼予像也，腆頤賁顴，黄白其色，鼻垂圜根細，而鬚朗然。或謂坡髯，仲子曰：『汪户部曰髯不必鬛，即關壯侯可驗也。』」

國朝王櫟《讀畫録》有大瓢先生《是我非我圖》，云：「吴門陸紫逸燮游林屋，見此圖於道士許，以爲大瓢楊先生貌也。道士曰：『此海上仙人，是某祖所遺，葢二百餘年矣，不識所謂楊先生者。』陸大奇之，遂購還，並紀其事，以貽先生。」觀此則知人之容貌固有相似者，因東坡事附識之。

石曼卿受杖

宋元懷《拊掌録》云：「石曼卿爲集賢校理，微行倡館，爲街司所録。曼卿謂主者曰：『乞祇就本厢科決，欲詰旦歸館供職。』厢帥不喻其謔，曰：『此必三館僕人也。』杖而遣之。」按：曼卿雖以詭詞免，然不免受杖，亦可爲文士輕佻者之戒。

鐵蛤蜊

宋王得臣《麈史》云：「丞相吕大防性凝重，寡言。及秉政，客多干祈，但危坐相對，不發一談。時人謂之鐵蛤蜊。」

雞肘博士

宋張知甫《可書》云：「張鼎爲大常博士，用鷄肋爲鷄肘，時輩譏曰『鷄肘博士』。」按：此亦「伏獵」「弄獐」之比，而世罕知之。

洗面、濯足

明謝肇淛《文海披沙》云：「宋資政蒲傳正有大洗面、小洗面，大濯足、小濯足，大澡浴、小澡浴。小洗面，一易湯，用二人，頮面而已。大洗面，三易湯，用五人，肩頸及焉。小濯足，一易湯，用二人，踵踝而已。大濯足，三易湯，用四人，膝股及焉。小澡浴，湯用三斛，人用五六。大澡浴，湯用五斛，人用八九。每日兩洗面，兩濯足。間日一小浴，又間日一大浴。」按：洗濯常事，乃有如許章程，亦可謂不憚煩矣。

丁仙現

宋蔡絛《鐵圍山叢談》云：「熙寧初，介甫當軸，神廟一切委聽。以君相之威權不能有所帖服者，獨一教坊使丁仙現，遇介甫法制適一行，必因燕設於戲場中作爲嘲諢，肆其誚難。介甫不堪，然無如之何也。故一時諺語有云『臺官不如伶官』。」

元吴自牧《夢粱録》云：「向者汴京教坊大使孟角毬曾做雜劇本子，葛守城撰四十大曲，丁仙現捷才知音。」

祭姦臣首級

宋無名氏《古杭雜記》云：「舊傳三歲拜郊，或明堂大禮，所有在前誤國姦臣首級在大理寺者，必以文祭，云：『國家於三年恩霈，汝雖誤國，然今亦不忘汝之舊，特用以祭。』」按：此亦見宋代之厚，但不知所謂姦臣者何許人也。

蔡京、蔡卞

宋朱弁《曲洧舊聞》云：「晁之道嘗言：蔡侍郎準少年時，出入常有二人見於馬前或肩輿之前，或前或卻。問之從者，皆無所見。準甚懼，謂有寃魂，百方禳禬，皆不能遣。既久，亦不以爲事。慶曆四年生京，而一人不見。又二年生卞，乃遂俱滅。然則準所見果爲蔡氏福邪否邪？」

秦檜生於舟中

宋范成大《吴船録》云：「黄州棲霞樓規製甚工，問其人，則曰：『故相秦申王生於臨臯舟中，黄人作慶瑞堂於其處，近年撤而作棲霞云。』」

韓蘄王騎騾

世人習用蘄王騎驢事。《齊東野語》云：「韓忠武王世忠以元樞就第，絶口不言兵，自號

『清涼居士』。時乘小騾，放浪西湖泉石間。」則是騎騾，而非騎驢也。

王厚齋爲言路所論

宋周密《齊東野語》〔一〕云：「王厚齋應麟爲右史、兩制時，劉黻在言路，常論之云：『識局於形，志奪於藝，惟務諛説以釣爵位，遂使文體日就委靡。』」

文信國頂有拳髮

《癸辛雜識》云：「有金鉤相士，遍閲諸館職，云：『末坐一少年最不佳，官雖極穹，然當受極刑。』扣其何以知之，曰：『頂有拳髮，此受刑之相也。』蓋文宋瑞時爲正字，居末坐也。」

〔一〕齊東野語，當作「癸辛雜識」。

田時秀

元鮮于樞《困學齋雜録》云：「轉運田時秀字彦實，所居里名半十，行第五；以五月五日生，小字五兒；二十五歲，鄉、府、省、御四試皆中第五；年五十五，八月十五日卒。造物之戲人如此。」

按：余《右台仙館筆記》載廣東韶州人李繩武，字肯堂，生平所值皆是九數。可謂無獨必有偶矣。

原年

國朝王應奎《柳南隨筆》云：「明太祖既登極，避勝朝國號，遂以元年爲原年。民閒相傳如此，而史書不載。」

按：《日知録》云：「本官曰元官。洪武中，臣下有稱元任官者，嫌於元朝之官，改原字。」

然則「元年」之稱「原年」，亦其宜矣。

明永樂時西域人至中國

明都穆《都公談纂》云：「朝廷庫藏内一銅人，不知其何年，然亦壞其半，人莫能修。永樂閒，有西域人至，自云善此。太宗命修之，豪髮不差。又南京渾天儀亦此人所修。」明包汝楫《南中紀聞》云：「西洋國鳥銃，能及六百步外。初放無聲，著人體方發響，所擊立斃。天啟初，宣彼國三十人至京，教軍士銃法。甲子春，遣回至杭州，見之，其人色黑似墨，顛毛不及寸，皆團結如螺，兩旁髭鬚亦然。」按：此則明時已以西洋鳥銃教軍士矣。

永樂朝待詞臣之酷

國朝王應奎《柳南續筆》云：「永樂朝教習庶吉士甚嚴，曾子啟等二十八人不能背誦《捕蛇説》，詔戍邊。復貸之，令挽大木。啟等書訴執政，執政極陳辛苦狀，得釋歸。」

明仁宗不善終

明祝允明《野史〔一〕》云：「仁宗一日謂三楊公曰：『見夜來乾象否？紫薇垣有事甚急，不可解矣。』沈思久之，長歎拊髀而起。明日，郭妃以中宮誕辰，邀過其宮上壽，上亦往。妃進卮於后，后不即飲。上曰：『爾又爲疑乎？』遂取飲之。妃失色，已無及矣。俄而上崩，妃自經死，時適雷。」按：《明史·仁宗紀》：「五月庚辰，帝不豫，遣使召皇太子於南京。辛巳，崩於欽安殿。」不知《野史》何以有此説，亦異聞也。

王振由教官出身

國朝黎士弘《仁恕堂筆記》云：「黄溥《今古録》載永樂末詔取學官考滿乏功績者，審有子

〔一〕 史，當爲「記」。下同。

女，願自淨身，許入宫中訓女官。時有十餘人，後獨王振官至太監。王振之惡備具史册，而云出身教官，此事未經聞見。至奉詔以教官淨身供奉内庭，尤從古未有之事。」

選侍

明宦官劉若愚《酌中志》云：「萬曆三十一年，神廟命光廟多選淑媛，以侍左右。三十三年十一月十四日人定後，先帝誕生。時先帝生母孝和王后未有名封，先監曰：『前曾有旨多選淑媛，不好稱别樣名色，今可稱曰欽命選侍某氏出。』」按：「選侍」二字蓋出於此。其後李選侍事官府交鬨，傳之史册，然莫知「選侍」二字所自始也。

《酌中志》又云：「禮臣林堯俞〔一〕題覆皇妹選婚，要將光廟選侍傅氏先擬封，其選侍李氏候皇八妹年長選婚時再封。先帝曰：『一時封罷了，何故另作一起？』」是光宗李選侍外又有傅選侍，皆當時所謂「多選淑女，以侍左右」者也。《明史》有趙選侍，無傅選侍，此可補《明史》之闕。

〔一〕俞，原訛「封」，據《酌中志》卷三改。

客氏名刺〔一〕

國朝吴長元《宸垣識餘》云：「順治乙亥，京師慈仁寺市有鬻故書者，賣一敝刺，大書『客氏拜』三字。寶應朱國楨先生以三錢得之，賦《客氏行》。」

明季流寇起釁於婦人

《秋鐙録》云：「御史毛羽健娶妾甚嬖，其妻乘傳至，立遣之，來速，不及豫防。羽健恚極，遷怒於馹遞，倡爲裁馹夫之説。馹遞一裁，倚馹遞爲生者無從得食，相率爲盜。闖賊得以招集之，流毒宗邦，覆滅宗社，而實釀於一婦人。女禍之酷，伏于衽席，可不慎哉！」按：《秋鐙録》不知何人所撰，刻入吴江沈氏《昭代叢書》，署云「釣雪灘主人沈元欽鈔」。

〔一〕 刺，原訛「剌」，據蔡啟盛《校勘記》改。下同。

由柏

國朝劉鑾《五石瓠》云：「劉若寵妻周氏語康僧曰：『福世子名由松，今弘光本名由柏，乃世子弟也。以逃難潛於淮上，聞士英擁戴，因冒兄名。士英雖昔任河南府知府，亦不能辨其真僞。』」按：史載福王名由崧，此或其初名也。

又云：「張懋德，青陽人，崇禎甲戌年爲福府長史。丁丑謝官歸，語人曰：『福國王自生世子外，不許更有一子，凡宫中生一子即令没之水，其異於常人之性如此。』懋德以癸未春死於左兵，而甲申乃有弘光之事。弘光敗後，周氏始以由松、由柏之説密語所私。今就二説審定之，則福王止有一世子由松，恐由柏者亦非福宗正支也。」

宦官八字

《癸辛雜識别集》云：「凡宦官初閹，名曰服藥，則以名字申兵部。看命則看服藥日，可不用始生日時，故常擇善良日時乃腐。」

呼吏爲都

唐王定保《摭言》云：「許棠，宣州涇縣人，早修舉業。鄉人汪遵幼爲小吏，一旦辭役就貢。會棠送客至灞、滻，忽遇遵於途，訊之曰：『汪都何事至京？』對曰：『此來就貢。』棠怒曰：『小吏無禮！』後遵成名五年，棠始及第。」按：原注云：「都者吏之呼也。」然則呼吏爲「都」，本唐人語。小説中有「都頭」之呼，非無本矣。

亭長

宋王楙《野客叢書》云：「《懶真子》曰：『唐祕書省吏六十七人，典書四人，亭長六人。世但知鄉村之長謂之亭長，不知唐諸司皆有之。尚書省，《唐志》曰「以亭長啟閉、傳禁約」，則三省亦有也。』晉時特進光禄大夫，亦有門亭長、門下書佐一人。」

按：《兩龔傳》注曰：「白衣，給使官府趨走賤人，若今諸司亭長、掌内之屬。」

唐人更點擊鐘

宋孔平仲《雜説》云：「今之更點擊鉦，《唐六典》皆擊鐘也。太史門有典鐘二百八十人，常擊編鐘。」

唐人猶尚右

唐趙璘《因話録》云：「人道尚右，以右爲尊。禮先賓客，故西讓客，主人在東，蓋自卑也。今人或以東讓客，非禮也。」據此則唐人賓主之位猶以西爲上。

舉人流落教坊

宋范公稱《過庭録》云：「丁石，舉人也，與劉莘老同里。發貢，莘老第一，丁第四。丁亦才子也，後失途在教坊中。莘老拜相，與丁線見教坊之長同賀莘老。莘老引見于書室中，再三慰勞。丁石曰：『某憶昔與相公同貢，今貴賤相去如此。』線見因啟相公：『石被相公南巷口頭擲下，至今趕逐不上。』劉爲大笑。」按：宋時舉人未爲科目，然既列士流，且負才名，乃至流落伶官，亦可異矣。

國朝李斗《揚州畫舫録》云：「廣東劉八工文詞，因赴京兆試，流落京腔，成小丑絶技，如演《廣舉》一齣、《毛把總到任》一齣，曲曲如繪。」按：此亦丁石之流亞矣。

游士持書干謁

王楙《野客叢書》有《游士持書干謁》一條，引《沈亞之集·與路鄜州書》言：「某自某方來，以某執事書，視書爲之輕重。書多者館善宇，飽善味，書之次者又次之。其有無因而至者，雖辨智過人，猶以爲狂。退棲陋室，與百姓雜處，飯惡味云云。」可見此風亦古矣。

盜賊自號仙君

《水經·渭水篇注》云：「漢成帝鴻嘉三年，天水冀南山有大石自鳴。民俗名曰石鼓，石鼓鳴則有兵。是歲，廣漢鉗子攻死囚，盜庫兵，略吏民，衣繡衣，自號爲『仙君』，黨與漫廣。明年冬，伏誅。」

按：近世盜賊往往託於神物之説，以簧鼓愚民。觀「仙君」之號，則知此風由來古矣。

顧舟契

宋張邦基《墨莊漫録》云：「崔公度伯易赴宣州守。江行，夜見一舟相隨而行，寂然無聲。遣人視之，乃空舟也。舟中有血痕，於舟尾得皂條一條，繫文字一紙。取視之，乃顧舟契也。因得其人姓名及牙保之屬。至郡，檄巡尉緝捕，盡獲其人。蓋船主殺顧舟之商，取其物而棄其舟。遂伏於法。」按：今時顧船必有船票，即宋時之顧舟契也。

算盜絹數

唐高彦休《闕史》云：「青州楊尚書損觀風陝郊。一日，使院有專兵籍者闕，有吏兩人，衆推合授，從事掾不能決。公曰：『有夕道於叢林閒者，聆羣跖評竊賄之數，曰：人六匹，則長五匹；人七匹，則短八匹，不知幾人幾匹？』令籌之，先達者勝。少頃，一吏果以狀先，遂授良闕。」按：此術在《孫子算經》，《經》云：「今有人盜庫絹，不知所失幾何，但聞草中分絹，人得六匹盈六匹，人得七匹不足七匹，問人絹各幾何？答曰賊一十三人、絹八十四匹。其術先置人得六匹于右上，盈六匹於右下，人得七匹于左上，不足七匹于左下，維乘之所得，并之爲絹數，并盈不足爲人數。」楊公所説本此。此吏能得之，亦以此術也。但依此算之，微有不同，蓋人數猶是十三，而絹數則八十三耳。

拔釘錢

唐馮贄《雲仙雜記》云：「趙在禮在宋州，所爲不法。一日制下，移鎮永興，百姓相賀曰：

『眼中拔卻釘矣！』在禮聞之，上表乞還鎮，朝廷許之。在禮每日率錢一千，號『拔釘錢』。」

按：《江南餘載》云：「張崇帥廬州，人苦其不法，因其入覲，相謂曰：『渠伊必不復來矣。』崇聞之，計口徵『渠伊錢』。明年，又入覲，州人不敢交語，唯捋鬚爲慶而已。崇歸，又徵『捋鬚錢』。」此二事抑何相類。

單名空格

國朝梁章鉅《浪跡叢談》云：「今人題名，凡單名者每於姓下空一格書，令與二名者齊，或以爲不典。」按：唐梁昇卿書《御史臺精舍碑》，其碑額、碑陰、碑側題名者一千一百餘人，凡單名者中皆空一格書，是唐已有此例也。

書疏別紙

《北夢瑣言》云：「盧光啟策名後，揚歷臺省，受知租庸張濬。濬出征并汾，盧每致書疏，凡一事别爲一幅，朝士至今斅之。蓋重叠别紙，自光啟始也。」按：今人書札亦多如此，至章奏有所謂附片者，亦權輿於此也。

勒姓

國朝宋長白《柳亭詩話》云：「勒，僻姓也。唐有勒思齊，歷陽人，與張説、郭元振爲十友。李供奉詩：『特生勒將軍，神力百夫倍。』刻本誤作『勤』。又自注云：『漢有勒尊，晉有勒滿』。」按：余同年勒少仲河帥，自言其先本劉姓，漢之宗室，封勒侯，至吴越時避諱改姓勒。然古自有勒姓，少仲此説或其譜牒相傳如此耳。

茶香室叢鈔卷四

中山夫人

《水經·瓠子河篇注》云：「成陽城西二里有堯陵，陵南二里有堯母慶都陵。堯陵東城西五十餘步中山夫人祠，堯妃也。」按：《帝王世紀》：「堯取散宜氏女，曰女皇，生丹朱。」「中山夫人」豈即「女皇」邪？《帝王世紀》云：「帝堯始封於唐。」今中山唐縣是也。「中山夫人」之名起於此，殆後世之俗稱矣。

褒姒事異説

梁元帝《金樓子》云：「周幽王嬖愛褒姒，生子白服，廢太子而立之。褒姒者，周宣王時歌云『曒曒白服，實亡周國』，宣王下國内有白服者殺之。時褒姒初生，父母不養而棄。白服者聞嬰兒啼，因取以奔褒。後褒人以姒贖罪，因名褒姒焉。」按：此與《史記》所載「檿弧箕服」之歌異。

妲己

國朝劉廷璣《在園雜記》云：「妲己姓鍾，名妲，字己。」此説未知所本。按：《晉語》云：「殷辛伐有蘇，有蘇氏以妲己女焉。」韋注曰：「有蘇，己姓之國，妲己其女也。」《史記索隱》亦云「妲字己姓」。然則姓鍾之説當是俗傳，不足據也。

《説文》女部：「改，女字，從女己聲。」此似即「妲己」之「己」。乃許君以爲女字，則又不以爲姓矣。

曩聞人言有用老杜《北征》詩韵者，於妲字竟無他義可用。余按：宋周密《武林舊事》元夕大小全棚傀儡有「鼂妲」「細妲」，又官本襍劇段數有「婼賣妲」「長壽仙妲」，又有「老姑遣妲」「襤哮店休妲」「雙賣妲」，但未詳其名義。

明王志堅《表異録》云：「後唐瓊花公主有二貓，一白而口銜花朵，一烏而白尾，主呼爲『銜蟬奴』『崑崙妲己』。」按：「妲己」之名施之於貓，義亦未詳。

衛靈公女

國朝馬驌《繹史》引王肅《喪服要記》云：「桃湯起於衛靈公，有女嫁楚，乳母送之，道聞夫死，欲將新婦還。婦曰：『女有三從，今屬於人，死當卒哀。』因素車白馬進到夫家，治三桃湯以沐死者，出東北隅，禮三終，使死者不恨。」按：《列女傳》：「衛寡夫人者齊侯之女也，嫁於衛。至城門而衛君死，入行三年之喪，作詩曰：『我心匪石，不可轉也。我心匪席，不可卷也。』」余嘗據其説，以爲古有守貞之女之證。今觀此則衛靈公女亦一貞女矣。桃湯之禮與《柏舟》之詩，可以並傳。

魯班妻雲氏

國朝錢曾《讀書敏求記》：「魯班《營造正式》六卷，《略説》云：『班，周時人，妻雲氏，居江西隆興府，地名市縱。』」按：此不知所據，亦異聞也。

絡慕

唐魏徵《羣書治要》引《淮南子·齊俗篇》云：「待西施、絡慕而爲配。」注云：「西施、絡慕，古好女也。」按：今本作「西施、毛嬙」，遂無知有「絡慕」者。《御覽》八百九十六卷引作「西施、落纂」。落、絡音同，纂、慕形似，未知孰是。

文珠

唐馮贄《記事珠》云：「徐福爲始皇作自然之簾，縣於宮門。始皇抱文珠置膝上，其簾便下；去之，則簾自捲，不事鉤也，故又名『不鉤』。」按：文珠不知何人，豈秦宮女之名邪？

邢三姑

元王逢《梧溪集》有《題邢三姑廟》詩云：「祖龍之世邢三姑，事跡缺載鬼董狐。相傳有功瀓山湖，百媪畚鍤當先驅。至今雕櫳映銅鋪，祈祥弭患無日無。」按：邢三姑事惜未得其詳，然讀此亦可見梗概，故表出之。「百媪」句有原注云「地有百婆橋」。

秦始皇美人

《水經注·沔水篇注》引《太康地道記》：「吴有鹽官縣。」又引樂資《九州志》曰：「縣有秦延山，秦始皇逕此，美人死，葬山上，山下有美人廟。」按：此美人惜不傳其名也。

項王妾

國朝陳錫路《黄嬭餘話》云：「唐傅奕考覈《道德經》衆本，有項羽妾本，齊武平五年彭城人開項羽妾冢得之。羽美人之見幸者人知有虞耳，乃復有耽嗜玄虚、整理鉛槧如此一侍兒，亦是大奇。」

戚夫人

《水經·沔水篇注》云：「洋川者漢戚夫人所生處也，高祖得而寵之。夫人思慕本鄉，追求洋川米。帝爲驛致長安，蠲復其鄉。」按：洋川道源巴山，東北流逕平陽城。據此知夫人本巴蜀之産，必高祖王漢中時所得也。可與文君、薛濤並爲彼中之秀矣。

姚精二女

《水經·江水篇注》:「江水又東,逕鄨縣下。縣民有姚精者,爲叛夷所殺,掠其二女。二女見夢其兄,當以明日自沈江中,喪後日當至,可伺侯之。果如所夢,得二女之尸於水。郡縣表異焉。」

張帛

《水經·江水篇注》引《益都耆舊傳》曰:「張貞妻,黄氏女也,名帛。貞乘船覆没,求尸不得。帛至没處灘頭,仰天而歎,遂自沈淵。積十四日,帛持貞手於灘下出。時人爲之語曰:『符有先絡,僰道有張帛。』」按:「先絡」即孝女叔先雄,見於范《史》,至今以比曹娥,而張帛事則不甚著。然賴張帛事猶可考正范《史》「雄」字之誤。「絡」與「帛」爲韵,可知其名「先絡」不名「先雄」也。

蔡伯喈母

晉張華《博物志》云：「蔡伯喈母，袁公妹、曜卿姑也。」按：蔡中郎父名棱，見本傳。其母之姓則見此。

彪袁

元白珽《湛淵静語》云：「古之婦人以夫之姓氏冠於己姓之上，然亦有冠夫名於己姓之上者。曹操卞夫人《與楊太尉夫人袁氏書》云『卞頓首』，及楊夫人荅書，乃云『彪袁頓首』。豈以卑荅尊當爾邪？」按：以夫姓冠己姓，如李夫人自稱李衛，人所知也。至以夫名冠己姓，則人罕知之，且後世亦未有循用者，故表出之。又卞、袁二夫人皆稱「頓首」，然則婦人亦可稱「頓首」也。

又按：李夫人自稱李衛，而《湛淵静語》云：「絳州東庫本一帖云『衛稽首和南』，尾云『弟子李氏衛和南』。」今世婦人以夫姓冠己姓，輒曰某某氏，不如曰某氏某爲近古也。

木蘭

《水經·沔水篇注》云：「漢水又東，逕木蘭塞南石岸，有城名伎陵城，周迴數里，左岸壘石數十行，重壘數十里中，謂是處爲木蘭塞云。」按：《木蘭》一詩，世莫知爲何許人。而此亦有「木蘭」之名，更莫可考矣。

本篇又云：「沔水又東，逕豬蘭橋，橋本名木蘭橋，橋東劉季和大養豬。襄陽太守曰：『此中作豬屎臭，可易名豬蘭橋。』」按：「木蘭橋」亦不知以何得名。

《烈女貞節圖》

宋蔡絛《鐵圍山叢談》云：「御府所祕古來丹青以曹不興《玄女授黄帝兵符圖》爲第一，曹髦《卞莊子刺虎圖》第二，謝雉《烈女貞節圖》第三。謝雉西晉人，烈女謂緑珠。」按：此則緑珠事在當時已流布丹青矣。謝雉名蹟稍晦，賴此圖而見。

玉奴

明鄺露《赤雅》云：「楊妃井在容州雲凌里，妃姓楊，名玉奴，别字玉環，號太真。」按：玉奴之名，人所罕知；即其爲雲凌里人，亦自來歌咏楊妃所未及也。

又云：「母葉氏，懷孕十三月而生。」

國朝陳蓮塘《唐代叢書》陳鴻《長恨歌傳》後附玄虚子志云：「太真生而有玉環在其左臂，環上有墳起『太真』二字，故小名玉環。馬嵬變後，明皇朝夕思維。有道士以少君術使上見之，曲盡綢繆，脱臂上玉環納上臂。天未明，道士啓扉曰：『宜别矣。』上出帳，回視不復見，惟玉環宛然在臂耳。」按：楊妃取名之故，亦世人所罕知者。又云道士姓王名舟，未知即臨卭道士否。

國朝錢曾《讀書敏求記》云：「《唐大詔令》一百三十卷。余考之，開元二十三年乙亥十二月壬子朔二十四日乙亥，册河南府士曹參軍楊元璬長女爲壽皇妃。蓋妃之父爲蜀州司户元琰，生而早孤，養于叔父元璬家，故册稱元璬女也。開元二十八年十月，玄宗幸温泉宫，使高力士取楊氏女于壽邸，命孫逖撰敕，度爲女道士，號太真，住内太真宫。天寶四載乙酉七月丁巳朔二十六日壬辰，册左勳衛二府右郎將韋昭訓弟二女爲壽王妃，是月即於鳳皇園册太真宫女道士楊氏爲貴妃。壽王妃前後二册文及楊妃入道敕，時日皆班班可考。千載而下，覽者能不失笑乎？」

楊妃粉

國朝趙學敏《本草拾遺》云：「楊妃粉産馬嵬坡上。取之者必先祭然後掘之，去浮土三尺，有土如粉，膩滑光潔，於女子最宜，澤肌有效。」

按：馬嵬是人姓名。《元和郡縣志》云：「馬嵬故城在興平縣西北二十三里。馬嵬于此築城以避難，未詳何代人也。」今楊妃豔蹟千載猶新，而馬嵬則無有知者矣。

嬌陳

唐趙璘《因話録》云：「柳氏奕葉貴盛，睦州刺史諱齊物，嘗因調集至京師。有名娼嬌陳者，爲士子所奔走，睦州君悦焉。嬌陳曰：『第中有錦帳三十重，即奉事終身。』葢戲之耳。翌日，如數載席帳以行。嬌陳大驚，且賞其奇特，竟如約，入柳氏之門，執僕媵之禮，爲中表所推。玄宗聞嬌陳名，召入宮，涕泣稱痼疾且老，上知不可絶也，許其歸。」按：嬌陳以風塵中人爲貴游家妾，而不貪妃嬙之位，涕泣辭歸，亦可謂賢矣。此事知者鮮，故表出之。

瀟溪女史

國朝景星杓《山齋客談》云：「瀟溪女史姓顏氏，名初元，字待月，年十九歸白樂天，後爲蠻、素所譖，失寵。樂天召還京師，以病不復隨。會昌六年閏七月初九日，卒于西湖之靈隱山女真庵中。臨歿曰：『白尚書已爲海山院主，先妾五月逝矣。今來相召，妾當赴也。』端坐而逝。吾友汪子宏居方伯里，其家偶于乩上遇女史，粗述其事。」按：此事好事者爲之，不足信，姑存作談助耳。

辨金鑾子事

唐馮贄《雲仙襍記》云：「樂天女金鑾十歲，忽書《北山移文》示家人。樂天方買終南紫石，欲開文字傳，遂輟以勒之。」按：《長慶集·念金鑾子》詩云「衰病四十身，嬌癡三歲女」，又云「與爾爲父子，八十有六旬」，則金鑾子未周三歲而夭，安有十歲書《北山移文》之事？

杜仲陽

宋錢易《南部新書》云：「杜仲陽即杜秋也，始爲李錡侍人，錡敗填宫後爲漳王養母。漳王黜，放歸浙西。杜牧有《杜秋》詩稱於時。」按：人知杜秋，不知杜仲陽，豈其名乎？

劉將軍

唐崔致遠《桂苑筆耕集·報滁州許勍》云：「得狀知妻劉氏將從征討，願效勤勞，嘉尚之懷，諭言不及。吾嘗覽《後魏書》，見楊大眼者武伎絶倫，戰功居最。其妻潘氏頗善騎射，至於攻戰遊獵之際，潘亦戎裝，齊鑣並驅。大眼時指諸人曰：『此潘將軍也。』吾思見若人爲日已久，不期今夕得舉妙才，此亦可謂劉將軍矣。」按：此事世所罕知，特表出之，庶劉將軍之姓氏不泯也。

又有《許勍妻劉氏封彭城郡君牒》云：「滁州刺史許勍妻劉氏，英才天授，貞節日彰。一昨專命良夫，討除叛卒，遽陳丹赤，固願同征。手驅組練之羣，遠攻城壘；身脆〔一〕綺羅之色，久犯氛埃。四德有餘，六韜可試。豈獨家之肥也，實爲邦之媛兮。夫既冠其銀璫，婦宜榮於石窌云云。」可見劉氏在當時亦必著有戰功矣。

包孝肅公子婦崔氏

宋韓元吉《南澗甲乙〔二〕集·廬州重建包馬二公祠堂記》云：「宋有直臣曰包孝肅公，廬之

〔一〕脆，《桂苑筆耕集》卷十三作「脱」。
〔二〕乙，原訛「子」，據《南澗甲乙稿》改。

合肥人也。其鄉人至今祠公於節婦臺下。節婦者，亦公之子婦崔也。始公之子誕通判潭州而卒，崔守志以事舅姑。公哀傷之甚，以爲無子。崔則告曰：『公有幼子，尚可棄乎？』公駭而問所以，崔曰：『公嚢所黜媵妾生子於父母家，貌甚類公，能誦詩書，今七歲矣。』公喜，顧其夫人取之以歸，拊之曰：『汝非崔氏不得爲吾子也。』及公没，他日，崔氏一子亦死。其母自荆州來，欲奪而嫁之，誓而弗許。既鄉人上其事，朝廷爲賜封邑，旌表其門。故公之舊宅燬于兵火，而表臺巋然獨在，號爲節婦臺。」按：孝肅之名，婦豎皆知，而節婦姓氏知者鮮矣，宜表出之。

按：《宋史》本傳：「初，有子名繶，娶崔氏，通判潭州，卒。崔守死，不更嫁。拯嘗出其媵，在父母家生子。崔密撫其母，使謹視之。繶死後，取媵子歸，名曰綖。」據此則公長子名繶，而綖則媵所生之子也，與韓《記》不同。《宋史》修於元，或不如韓《記》之得實乎？

東坡妾碧桃

國朝葉廷琯《鷗波漁話》云：「江右都昌縣有坡翁詩石刻云：『鄱陽湖上都昌縣，燈火樓臺一萬家。水隔南山人不渡，東風吹老碧桃花。』署眉山蘇軾書。嘉慶中，杭人王文誥撰《蘇集編注》云：『其友人衡山王泉之作令江西，嘗以事至都昌，見《都昌志》稱坡公南遷時遣妾碧桃於縣，因爲此詩。』按：東坡果有此事，宋人必應紀載。《都昌志》不知從何書采入，姑志以廣異聞。」余謂即因此石刻而附會耳。

東坡妾榴花

宋陳鵠《耆舊續聞》云：「陸辰州子逸嘗謂余曰：『東坡《賀新郎》詞後攧用榴花事，人少知其意。某嘗於晁以道家見東坡真蹟。晁云：東坡有妾，名曰朝雲、榴花。朝雲死於嶺外，東坡嘗作《西江月》一闋，寓意於梅，所謂「高情已逐曉雲空」是也。惟榴花獨存，故其詞多及之。觀「浮花浪蕊都盡，伴君幽獨」，可見其意矣。』」

鶯鶯、燕燕

宋陳世崇《隨隱漫録》云：「錢唐范十二郎二女爲富民陸氏妾，長曰鶯鶯，次曰燕燕。陸氏貧，羣妾散，燕燕獨不忍去。」按：「鶯鶯」「燕燕」見坡公詩，皆用張氏故實也。至陸氏之「鶯鶯」「燕燕」，人罕知之矣。

韓蘄王妻妾

國朝楊復吉《夢闌瑣筆》引錢蒙叟《韓蘄王墓碑記》載王娶白氏秦國夫人、梁氏楊國夫人、茅氏秦國夫人、周氏蘄國夫人。按：世止知有梁夫人，觀此知蘄王正妻乃白氏，餘皆妾也，以王功大，故並受封。周氏亦妓女，見王明清《揮麈三録》，茅則未聞。

秦檜妻

世知秦檜妻王氏，不知亦名家女也。《老學庵筆記》云：「秦太師娶王禹玉孫女。」

女秀才

國朝董恂《宫閨聯名譜》引《静志居詩話》云：「明初，識字婦女得舉女秀才，入尚功局。《萬載縣志》載縣民敖用敬妻易淵碧洪武二十六年舉女秀才，以疾還鄉。」

按：《遼史》：「邢簡妻陳氏通經義，尤好吟詠，時以女秀才名之。」此乃虚稱耳，不謂明初乃實有女秀才也。

翁夫人石像

明鄭仲夔《耳新》云：「建業僧於秦淮得一石像，儼然大士也。置一龕奉之，夜見夢曰：『吾本翁氏，爲黄侍中觀妻。侍中殉國難，吾并二女投淮河死，淚血漬石，遂成此像。今以大士崇奉我，踧踖不安，曷正之？』人始知其像乃黄侍中夫人翁氏也。」漬血成像，其理難明。以此觀之，則萇弘之血三年化碧，殆非虚語。

楊九娘

國朝王應奎《柳南續筆》云：「嘉定縣之東南有楊氏女，名九娘。父命夜守桔槔，爲蚊所齧，不易其處，竟以羸死。故其里至今名孝女里，里人立廟祀之。」按：高郵之露筋祠，其説不一。此則真可謂「露筋祠」矣。

碧虬

國朝鈕玉樵《觚賸》云：「湖州白雀寺菉竹盈園，有女子刻詩於上云：『閒拔金釵撥翠筠，尋春人自惜殘春。幽情無限誰能見，疏雨東風總未真。』後書吴門蘇氏碧虬題。」按：女子以碧虬爲名，亦殊奇豔。

一丈白

宋吴自牧《夢粱録》私妓有「一丈白楊三媽」。按：人知有《水滸傳》之「一丈青」，不知更有此「一丈白」也；又有「十般大胡憐憐」「屐片張三娘」「半把繖朱七姊」，殆亦當時相傳之混名邪？

《十四鹽》

國朝董恂《宫閨聯名譜》引《續幽異録》云：「黄妍麗，河朔閒女子也，與蕭玉涵以詩唱和，遂成配偶。好事者爲撰《十四鹽》傳奇，以唱和詩皆用鹽韵也。」

記日本二女子

日本人原善著《先哲叢談》云：「二山義長字伯養，妻垂水氏，名三字省君，貞正有操。伯養將出而有火，謂省君曰：『火遠必不及，若逼，吾歸攜汝。』少焉風急，燒及鄰，弟子謂曰：『盍早去？』省君曰：『夫臨出，謂妾曰「火逼必歸其行」，不待夫而去，此不奉夫之言也。不奉夫言以求苟生，不如死。』時火益熾，而守死不變。已而伯養歸，乃俱去。」又載五井純禎《烈婦傳》曰：「烈婦栗氏，甲斐國田中村農家女也，嫁同村安兵衛，有惡疾，栗事之無厭心。享保十三年七月八日，大風暴雨，川流沸騰，田中村在其下流，夜中人相呼曰水至，夫四肢爛潰，不可起，謂栗曰：『我罹此惡病，死水幸也，汝則避矣。』栗泣曰：『相親數年，臨難委之，不祥。』乃扶舅出門外，託人曰：『乞救此翁命。』舅曰：『汝與夫來，不然我不獨生。』栗曰：『敬諾。大人步遲，請先行。』乃以舅副衣及田地典契油紙裹之，以託其人遺之。入室侍夫側，與夫同死。」此二婦，一幸而免，一不幸而死，均可謂賢矣。

虔婆

宋周密《武林舊事・元夕》一條云：「十二、十三兩日國忌，禁樂，則爲喬經紀人如賣蜂糖餅小八塊、風子賣字本、虔婆賣旗兒之類，以資一笑。」按：《輟耕録・三姑六婆》「虔婆」爲六婆之一，未知何指。國朝褚人穫《堅瓠集》述沈留侯之説，曰《方言》「謂賊爲虔」，猶言「賊婆」也。此亦强作解事，《方言》之義乃「賊殺」之「賊」，非「賊盗」之「賊」也。

姬人爭物

梁《劉孝綽集》有一詩題云《遥見鄰舟主人投一物，衆姬爭之，有客請余爲詠》。按：此瑣事亦入吟咏，足見古人好事不减今人也。

茶香室叢鈔卷五

元氣重十六兩

蘇子由《龍川别志》云：「張安道知成都日，以一醫官自隨。重九日，請出觀藥市，見一道人。道人曰：『凡人元氣重十六兩，漸老而秏。張公所秏過半矣。吾與之夙相好，今見子，非偶然也。』解衣裾出藥兩圓，曰：『一圓可補一兩氣。』然服之亦無他異。」

鼻中氣

宋俞琰《席上腐談》云：「欲知時辰陰陽，當别以鼻。鼻中氣陽時在左，陰時在右，亥子之交兩鼻俱通，丹家謂玉洞雙開是也。」

一世二世有順數逆數二例

國朝駢葉道人《薑露庵襍記》云：「譜牒之法，由始祖順數而下，行文亦可由本身逆數而上。或謂無此例，予證以韓文《石君墓誌》《韋公墓誌》，皆不服；又翻《晉書·賀循傳》論毀廟一節示之，乃服。」

按：《賀循傳》云：「七廟之義，出於王氏。從禰以上至於高祖，親廟四世，高祖以上復有五世六世無服之祖，故爲三昭三穆并太祖而七。」按：此則高祖之父爲五世，高祖之祖爲六世，蓋數從禰起，非從己身逆數而上也。今人以高祖之父爲六世祖，非是。

義居

宋韓元吉《南澗甲乙稿·鉛山周氏義居記》云：「周氏家鵝峯之下，蓋三百年矣。至處士欽若，字彦恭，始欲與其伯仲同居而不異籍，自以身在季不得專，切切爲恨。逮其病亟，索紙書字二百餘，以戒其四子。其配虞氏賢而守義，慟哭而藏其書。淳熙四年，其子曰藻、曰芸、曰苾、曰芾稍長矣，虞乃以遺命陳於民部，祈給之憑。蓋國家之制，顧以財産不許子孫分割典賣者，官爲給據，子孫不得追改也。而虞又自請異時子孫或違父母命，各居異業，許外人告而聞於朝省，坐於不孝之罪。鄉人莫不欽歎。」按：此即後世所謂「義門」者，惜周氏子孫能守其訓至幾世，不可考矣。

《記》又云：「我朝至道中，南康洪氏累葉聚舍，期功百口，建塾館於雷塘，以誨子弟。太宗皇帝嘉之，賜以御書百軸。其弟文舉入謝，天子又書『義居』之字以爲寵，且命之官。」按：累世同居者遠則唐初張氏，近則明初鄭氏最著。至宋之洪氏，知者鮮矣。

義莊

宋王闢之《澠水燕談》云：「鉛山劉輝嘉祐中連冠國庠，崇政殿試又爲天下第一，得大理評事，簽書建康軍判官。哀族人之不能爲生者，買田數百畝以養之。四方之人從輝學者甚衆，乃擇山溪勝處處之。縣大夫易其里曰『義榮社』，名其館曰『義榮館』。初，范文正、吴文肅皆有志義田，及後登兩府，方能成其志。而輝於初仕，家無餘資，能力爲之，士君子以爲難。」按：范氏義莊甚著，而劉氏事世無知者，不可不表出之也。

宋韓元吉《南澗甲乙稿・鉛山周氏義居記》云：「處士周欽若，字彦恭，慕其舅祖里儒劉煇之義，嘗曰：『劉公舉進士，天下第一也。』其祖妣之喪，有二季父，而公自以嫡孫而爲之重服。買田聚書，教養其族之貧者，邑令[一]名其社曰『義榮』。」然則周氏與劉氏有連，薰德善良，有自來矣。

榮侍下

宋樓鑰《攻媿集・跋金花帖子綾本小録》云：「祖、父俱存者，今曰重慶，而第四人張景書榮侍下。」按：「重慶」之名今尚沿之，而「榮侍」則無此名矣，且亦未詳何義。

[一] 令，原訛「今」，據《南澗甲乙稿》卷十六改。

宋宋祁《景文集》有《送保定張員外》詩，自注云：「君榮侍二親而行。」意「榮侍」亦宋人常語，猶「具慶」也。

元微之《酬哥舒大少府寄同年科第》詩：「八人同著綵衣裳。」自注云：「同年科第，宏詞吕二炅、王十一起，拔萃白二十二居易，平判〔一〕李十一復禮、吕四頻、哥舒大頲、崔十八玄亮，逮不肖八人，皆奉榮養。」此宋人「榮侍」之説所自始也。

重侍下

宋吕本中《師友襍志》云：「往年在重侍下，每夜侍滎〔二〕陽公與祖母張夫人極論學問及出世法，至二更方罷。」按：滎陽公名希哲，乃公著之子，本中之祖父也。

〔一〕判，原訛「刊」，據《元稹集》卷十六改。
〔二〕滎，原訛「榮」，據《師友襍志》改。下同。

宰相具慶

明朱國楨《湧幢小品〔一〕》云：「唐至玄宗，宰相二親具存者惟郭元振一人。國朝則常熟嚴養齋訥、興化李石麓春芳、江陵張太岳居正。」

宋王得臣《麈史》云：「世言國初史館王丞相溥作相日在具慶下，安厚卿爲樞密日亦然，蓋繼母也。」

宰相母喪

歐陽公《歸田録》：「富丞相弼入中書時年五十二，太夫人在堂。後三年，太夫人薨。有司議贈卹之典云：『無見任宰相丁憂例。』是歲三月十七日春宴，百司已具，前一夕有旨：『富某

〔一〕品，原訛「録」，據蔡啟盛《校勘記》改。

母喪在殯，特罷宴。』」

上諱下諱

今人稱其先世之名，每曰「上諱某」「下諱某」。此語宋人已然，宋王楙《野客叢書》有《髯奴事》一條云：「炳之，僕曾大父也，上字諱伯，下字諱虎。」又宋張世南《遊宦紀聞》云：「先伯諱上大下正。」

父憂母難

元白珽《湛淵静語》云：「劉極齋宏濟，蜀人，遇誕日必齋沐焚香端坐，曰：『父憂母難之日也。』」按：今人於生日曰「母難日」，不知有「父憂母難」之說。《孫子算經》云：「今有孕婦行年二十九，難九月，未知所生，答曰生男。術曰：置四十九，加難月，減行年，所餘以天除一，地除二，人除三，四時除四，五行除五，六律除六，七星除七，八風除八，九州除九，其不盡者奇則爲男，耦則爲女。」按：此於理殊不可解，而其以孕月爲「難月」，則「母難」之説由來久矣。

男用女嬭、女用[一]男嬭

明宦官劉若愚《酌中志》云：「每年四仲月選乳媪，生男十口，生女十口，月給食料，在嬭子府居住。生皇子則用生女嬭口，皇女則用生男嬭口。」按：此俗今人猶然，民閒雇乳母，雖不能拘此，然初次與乳，男必以女，女必以男，初不知其何義也。

過房

今俗無子而以兄弟之子爲後，曰過房。朱子《言行録前集·王沂公事》第七條云：「曾無

〔一〕女用，原訛「女月」，據蔡啟盛《校勘記》改。

子，欲令弟子過房。」是宋時已有「過房」之語。

添房

《癸辛襍志》云：「周漢國公主下降，諸閫及權貴各送添房之物。」按：今人送嫁女家曰「添箱」，即古人所謂「添房」也。

女年二十不待父母服除而嫁

宋龔明之《中吴紀聞》載其祖姑許嫁顧沂大夫，在曾王父服中，顧以欲之官，促其期，遂引「女年二十不待父母服除」法聞之朝，得旨成禮。按：「有故，二十三年而嫁」，載在《内則》。古無「女年二十不待服除」之説，殆宋時見行之法邪？

畫父母像

梁元帝《金樓子・立言篇》云：「《王沈集》稱『日磾垂泣於甘泉之畫，揚雄顯頌於麒麟之圖』，遂畫先君先妣之像。傅〔一〕咸《畫讚》曰：『敬圖先君先妣之容像，畫之丹青。』曹休畫其父像，對之流泣。陸機有《丞相像讚》《大司馬夫人像讚》。」按：此乃後人畫先代遺像、歲時奉祀之所自始也。顧氏《日知録》言始於戰國之時，然其所引《招魂》「像設君室」之文，似非本意，恐未足據。

詠《蓼莪》泣涕

《水經・沔水篇注》云：「沔水西又有孝子墓，河南秦氏性至孝，親没之後，負土成墳，常泣血墓側。人有咏《蓼莪》者，氏爲泣涕，悲不自勝。于墓所得病，不能食，虎常乳之，百餘日卒。

〔一〕傅，原訛「傳」，據蔡啟盛《校勘記》改。

今林木幽茂，號曰孝子墓也。」按：讀《蓼莪》詩三復流涕者，世知有王裒事，不知又有此事也。又按：「秦氏」者失其名，而稱之爲「秦氏」也。下云「氏爲泣涕」，即以氏字代其名矣。今世俗於婦女有此稱，不知并可施之男子。國朝顧炎武《菰中隨筆》云：「南齊顧歡早孤，讀書至『哀哀父母，生我劬勞』，輒執書慟泣，受學者廢《蓼莪篇》不復講焉。世但知爲王偉元事耳。」

減算延母壽

宋樓鑰《攻媿集·跋劉師文昆仲乞增母壽疏稿》云：「劉氏兄弟以母暴得病欲絶，各乞減算三年增母之壽，而母後六年乃卒。」按：此乃今俗所謂「借壽」也，古人已有之。

子死捐生

宋周煇《清波褋志》云：「端拱二年，河南府言前郢州刺史穆彦璋以愛子死，不願生，挺身入山林，飼餓虎。見《太宗實録》。」按：喪明之痛，賢者不免，然何至以身殉之？視宋呼延贊割股療子之疾，更爲異聞矣。

七女造墎

《水經·汭水篇注》：「㴸水又東，逕七女冢，冢夾水羅布如七星。元嘉六年，大水破墳，墳崩，得一塼，刻云『項氏伯無子，七女造墎』。世人疑是項伯冢，水北有七女池。」

《水經·淯水篇注》云：「道側有二石樓，妙絶人工，題言：蜀郡太守姓王字子雅，南陽西鄂人。有二女，無男，而家累千金。父没當葬，女相謂曰：『先君生我姊妹，無男兄弟，今當安神玄宅，翳靈后土，冥冥絶後，何以彰吾君之德？』各出錢五百萬，一女築墓，一女建樓，以表孝思。」

五女激

《水經·沔水篇注》云：「沔水北岸數里有大石激，名曰五女激。或言女父爲人所害，居固城，五女思復父怨，故立激以攻城，今淪於水。亦云有人葬沔北，墓宅將爲水毁，其人五女無男，皆悉巨富，共脩此激，以全墳宅。」按：此可與七女造塚並傳矣。

又云：「女嫁爲陰縣佷子婦，家貲萬金，而自少小不從父語。父臨亡，意欲葬山上，恐兒不從，故倒言葬我著渚下石磧上。佷子曰：『我由來不奉教，今從語。』遂盡散家財，作石冢，積土繞之成一洲，長數百步。元康中，始爲水所壞。佷子是前漢人。」按：此事俗諺有之，不知其本此也。

又按：《沔水篇注》云：「漢水又東，爲佷子潭。潭中有石磧洲，長六十丈，廣十八丈。世亦以此洲爲佷子葬父于斯，故潭得厥目焉。」可知俗語相傳非止一地矣。

女爲父立碑

《水經·沔水篇注》云：「沔水又南，逕闞林山東，有二碑，其一《郭先生碑》。先生名輔，字甫成，有孝友悦學之美。其女爲立碑于此，不知何代人也。」按：女爲父立碑，金石家所罕見。酈注多載古碑文，惜此碑之不載也。

一產三十六子

國朝朱象賢《聞見偶録》云：「康熙五十四年，蘇州民郭庭桂妻一胎産三十六子，其大如鼠，見風即與凡兒等。巡撫趙弘爕雇乳母三十五人并其母以哺之。」按：此可謂人痾矣，惜未載其究竟，不知其皆長大否。又載：「國初徐州民閒一子，産時齒即盈口，長能讀書，爲貢生而卒。」此則尚不爲大異也。

東金西木

宋陳郁《藏一話腴》載金人李國棟詩云：「東金西木兩睽違，由此生男不足依。」自注云：「《珞琭子》曰：『東金西木，定生五逆之男。』僕命庚申日甲申時，政爲此耳。」

冰玉

宋張耒《柯山集・冰玉堂記》云：「熙寧中，予爲臨淮主簿，始得拜劉公道原於汴上。公之父諱涣，字凝之，有詞學，爲小官，數以事屈在勢者，節高不能容于世。元符中，予謫官廬陵。道原之子義仲曰：『頃眉山蘇子由嘗道廬山，拜我大父于牀下。其卒，爲詞以哭曰：「凝之爲父與道原之爲子，潔廉不撓，冰清而玉剛。」鄉人是其言，名吾大父故居之堂曰冰玉。』」按：世知「冰清玉潤」爲翁壻事，不知「冰清玉剛」爲父子事，故表出之。

男子亦稱歸寧

宋趙湘《南陽集》有《送周湜下第歸寧序》，其文言「周君進不以文自勝，退不以文自負，今將駕舟東歸，慰慈母。」是男子亦可言「歸寧」也。

作伐

世謂與人作媒曰「執柯」，又變其文曰「作伐」，似不成語。宋郭彖《睽車志》載傅霖事曰：「霖夜坐，見姊壻林家二亡婢自前行過，其妻及女云適見其婢自外來，云與小娘子作伐。」則宋時已有此語。

「郎罷」之「罷」可讀平聲

宋陳隨隱《漫録》載吴石翁句：「新詩卻要多拈出，突過郎罷張我軍。」則「郎罷」之「罷」可讀平聲。

阿茶

唐李匡乂《資暇集》云：「公、郡、縣主，宫禁呼爲宅家子。蓋至尊曰宅家，公主以下加子字，亦猶帝子也。又爲阿宅家子。阿，助詞也。急語乃以宅家子爲茶子，亦云阿茶子；或削其子，遂云阿茶。」

按：元好問詩：「牙牙姣女總堪誇，學念新詩似小茶。」注云：「唐人以茶爲小女美稱。」嘗不得其解，李氏説或近之矣。此書所載如「奴爲邦」「如厠爲屋頭」，頗足存古之遺言。至其所説，則皆穿鑿無理。

姐姐

宋葉紹翁《四朝聞見録》云：「上嘗語憲聖曰：『極知相同勞苦，反與後進者齒，朕甚有媿。俟姐姐歸，爾其選矣。』憲聖再拜對曰：『大姐姐遠在北方，臣妾缺於定省。每遇天日清美，侍上宴集，纔一思之，肚裏淚下。臣妾誠夢不到此。』」原注曰：「姐姐謂太后。」

按：蔡絛《鐵圍山叢談》載太祖賜后詔云：「錢三貫與娘娘充作劇錢。」「娘娘」即昭憲杜太后也；又載宣仁高后與慈聖曹后言稱「奏知娘娘」，是宋宮禁中帝后呼其母與姑皆曰「娘娘」，不知高宗何以有「姐姐」之稱。

白囡

國朝王應奎《柳南續筆》云：「吾友吴友篁著《太湖漁風》載漁家日在湖中，自無不肌粗面黑。有生女瑩白者名曰『白囡』，以誌其異。漁人户口册中兩見之。」按：吴人呼女爲囡，據《集韵》二十六《緝》有「囡」字，即「囜」之異文，訓爲「私取物」，則非所以稱女。余謂吴人呼女爲「囡」實因「囝」字而製此字，變從子爲從女耳。

稱謂之異

國朝黎士弘《仁恕堂筆記》云：「甘州人謂姊妹之夫曰挑擔，其異父之昆曰隔山，名其子女多曰倉、曰庫，不慧之子曰瓜子，殊不解所謂。」

元周達觀《真臘風土記》云：「國中呼父爲巴駞，叔伯亦呼巴駞；呼母爲米，姑姨嬸姆亦呼爲米；呼兄爲邦，姊亦呼爲邦；呼弟爲補温，呼舅爲吃賴，姑夫爲孛賴。」愚按：「母」之爲

「米」、「兄」之爲「邦」，猶有古音之遺。

國朝顧炎武《明季實録》附載《酉陽雜筆》云：「呼外父曰家公、外母曰家婆。呼叔曰晚晚，亦有稱父曰晚晚者，言認爲叔之子易長養，無刑剋也。尋常稱父母爲哀爺、哀娘，又有稱哀姐者。」按：此所紀乃湖南辰州府俗也。

國朝吴振臣《寧古塔紀畧》云：「彼此稱呼曰阿哥，父曰阿馬，母曰葛娘，大伯曰昂邦阿馬，叔曰曷克赤，子曰濟，女曰叉而漢濟，甥曰濟頒即哈，夫曰畏根，妻曰叉而漢，男人曰哈哈，女人曰赫赫，兄曰阿烘，弟曰多，嫂曰阿什，姊曰格格，妹曰那，小厮曰哈哈朱子，丫〔一〕頭曰叉而漢朱子。」國朝印光任《澳門紀略》載西洋語：「父爲擺，母爲買，子爲非盧，女爲非喇，孫爲列度，兄爲意利猛架蘭的，弟爲意利孟庇記呢奴，姊爲萬邦，妹爲意利孟，叔伯爲即是撓，嫂爲冠也打，妻爲共辦惹盧，子婦爲懦喇，外父爲疏古盧，外母爲疏架喇，舅爲冠也度。」外國之語譯音無定，姑記之，以廣異聞。

〔一〕丫，原訛「了」，據蔡啟盛《校勘記》改。

麼些人名

國朝余慶遠《維西見聞記》云：「麼些，即《唐書》所載『麼些兵』是也。無姓氏，以祖名末一字、父名末一字加一字爲名。遞承而下，以誌親疏。」愚謂此即古人以王父字爲氏之遺意也。

姑姑

《東坡志林》云：「温成皇后乳母賈氏，宮中謂之賈婆婆。賈昌朝連結之，謂之姑姑。」今姪呼其姑曰「姑姑」，宋人已有此稱。

嬸

俗呼叔母爲「嬸」，北宋人已然。王楙《野客叢書》云：「僕家有富鄭公一帖，前後皆書弼百拜幾叔幾嬸。」

稱妻父爲岳

蜀何光遠《鑑戒録》云：「劉仁遇行伍出身，語多方拙。時梁太祖方據四鎮，仁遇復在偏裨，雖是親家，太祖竟爲記忌。」「親家」句下原注曰：「復王太岳。」蓋劉乃復王妻父，故云「太岳」。

按：梁太祖第五子友璋封福王，「復王」疑「福王」之誤。

尊夫人

宋韓元吉《南澗甲乙稿》有《答朱元晦書》云：「聞尊夫人已畢大事，比日秋冷，孝履何如云云。」按：「尊夫人」之稱，今人以稱其妻，不知古人以稱其母也。

上下同門

唐趙璘《因話録》「楊家上下門生」一條注云：「代有姑之壻與姪之壻，謂之上下同門。」此亦古今稱謂之異者。以此推之，又知古人僚壻得稱「同門」矣。

稱人曰老兄

《朝野僉載》來俊臣謂周興〔一〕曰：「有内狀勘老兄，請兄入此甕。」「老兄」之稱，唐人已有之。史作「公」者，史家所改也。

〔一〕「興」下，原衍「嗣」，據《太平廣記》卷一二一引《朝野僉載》删。

仁弟

宋樓鑰《攻媿集·跋從子深所藏書畫》云：「徐東湖與了翁家相厚如家人，通判郎中即了翁次子止之也，呼以仁弟，情義可知。」按：今人或以「仁弟」之稱施之卑幼，宋人已有然矣。

年兄

宋馬永卿《嬾真子》云：「紹興六年夏，僕與年兄何元章會於錢唐江上。」是宋人已有「年兄」之稱。

鄉弟

宋王闢之《澠水燕談録》云：「張忠定公詠爲御史中丞，一日於行香所，宰相張齊賢呼參知政事温仲舒爲鄉弟，及他語尤鄙。公以失人臣體，遂彈奏之。」

晚友生

國朝吴應箕《續觚不觚録》云：「南京都御史張固，宜興之房師也。宜興大拜後，張投刺書『晚友生』。」

同門

唐王定保《摭言》云：「李摯與李敏同姓、同歲、同門、同年登第。摯詩曰：『因緣三紀異，契分四般同。』」然則同門之誼唐人已與同年並重矣。

同學

國朝王應奎《柳南隨筆》云：「自前明崇禎至本朝順治末，東南社事甚盛，士人往來投刺，無不稱社盟者。後忽改稱同學，自黄太沖始也。太沖《題張魯山後貧交行》云：『社盟誰變稱同學，慚愧弇州記不龢。』自注云：『同學之稱，余與沈眉生、陸文虎始也。』」今「社盟」之稱久絶，「同學」則有之，然亦惟師施之於弟子，平交則否矣。

門孫、鄉祖

明都穆《都公談纂》云：「張公元楨居翰林久，其門生之子又有出門下者。其人不敢稱門生，通狀曰『門孫』。冢宰馬公文升齒德並尊，鄉人以書通者不敢稱鄉尊，而曰『鄉祖』，此可作對也。」按：「鄉尊」之稱今亦未聞。

致政大夫

宋張世南《游宦紀聞》云：「朱文公移簡輔漢卿云：『得趙昌父書，以致政大夫見呼。此甚真實，而又雅馴，可爲報同社諸人，今後請依此例也。』」按：此四字未知所出，雖朱文公有此說，後世亦無循用之者。

老爺

國朝王應奎《柳南隨筆》云：「前明惟九卿稱老爺，詞林稱老爺，外任司道以上稱老爺，餘止稱爺，鄉稱老爹而已。其父既稱老爺，其子貴亦稱大爺。吾邑陳莊靖之子少參抱沖公，顧太常雲程之子副使塵客公終身稱大爺，不敢衡其父也。今則内而九卿、外而司道俱稱大老爺，自知府至知縣俱稱太老爺，舉人、貢生並稱大爺矣。」按：稱謂之變，諸書亦有載之者，而此最詳備，可證國初稱謂與近時迥異也。

又云：「江陰湯廷尉《公餘日録》云：明初，閭里稱呼有二等，一曰秀，一曰郎。秀則故家右族穎出之人，郎則微裔末流羣小之輩。稱秀曰某幾秀，稱郎則曰某幾郎。」按：此稱今久不聞矣。

大人

國朝王應奎《柳南隨筆》云：「稱謂亦隨時爲重輕，如大人之稱至尊也，而在前明時則不以爲重。有嘉定縣丞李玉森呼直指爲大人，直指怒。玉森抗言：『大人之名，美而未易踐。若不典之稱，丞雖至卑，亦能得此於下隸，不足重也。』直指乃改容禮之。又吾邦夏玉麟垂髫時呼縣令爲大人，令不悦，命歷數書册中大人，以百爲率。玉麟對以孔門七十二賢、雲臺二十八將，令乃笑而遣之。今數十年來，内而大小九卿，外而司道以上，無不以此爲稱，此亦弇州先生所謂『不觚而觚』之一端也。」

按：如上一條則國初時九卿及司道以上俱稱「大老爺」，據此條則又稱「大人」矣。一人之書而有不同，何也？

自稱卑末

宋王楙《野客叢書》云：「子由代兄作中書舍人啟『伏念某艸茅下士、蓬蓽書生』，子瞻自以筆圈『伏念某』，用『但卑末』三字。」

唐王定保《摭言》載裴思謙以仇士良書求狀元，侍郎高鍇欲見之，曰：「卑吏便是。」然則唐人已有此稱矣。

宋袁桷《清容集》有《修遼金宋史搜訪遺書條列事狀》云：「卑職生長南方，遼、金舊事鮮所知聞。」

院君

宋周密《武林舊事》官本襍劇段數有《醉院君瀛府》，《知不足齋》本有注云：「陳刻『院』作『縣』。」

按：今世小説家有「員外」「院君」之稱，不知「院君」爲何義。今觀此，乃知是「縣君」之誤，蓋古婦人有郡君、縣君之封，稱「縣君」猶今稱「孺人」也。

鴉鬟

宋人《異聞褋録》無作者姓名載：「建康楊二郎遇一婦人，稱爲鬼母，遣小鴉鬟出探，又分付鴉鬟爲置一室。」今人呼婢爲「鴉鬟」，亦宋人舊語也。

《雲萍録》

《齊東野語》云：「趙忠肅開京西閫日，鄭忠定丞相清之初任夷陵教官。趙一見即異人待之，出三子，俾執師弟子禮，復命諸子餞之前途，且各出《雲萍録》書之而去。」按：《雲萍録》當是記載師友姓名之書。

清甲

國朝喬松年《蘿摩亭札記》云：「《孔紓墓志》：『娶京兆韋氏，山東清甲家也。』王蘭泉不得其解。清甲謂清門甲族耳。」

鴈泊人户

宋趙蕃《章泉稿》有一詩題云：「艤舟楊口，叩居人以何時縳〔一〕屋於此，何時復去。云我乃鴈泊人户，冬來春乃去。」按：此等户名甚新，世知有「鴈臣」，不知有「鴈泊人户」也。

貴壽無後

宋王楙《野客叢書》云：「晉魏舒司徒年八十二，官非不尊，壽非不高。然惟一子一孫，皆先逝，煢然獨處。天子於是下詔以安之，賜陽燧安車，出入觀省以散憂。寵則寵矣，樂安在哉？」余謂此與宋喬行簡相似。周密《齊東野語》云：「嘉熙之末，行簡自相位拜平章軍國重

〔一〕縳，《章泉稿》卷二作「縛」。

事，年八袠矣，時皆以官貴長年羡之，而公晚年子孫淪落，嘗作上梁文云：『有園有沼，聊爲卒歲之謀；無子無孫，盡是他人之物。』又《乞歸田里表》云：『少壯老百年，已踰八袠；祖子孫三世，僅存一身。』聞者憐之。」此兩公皆極貴壽而無後，何歟？然則富貴壽考而又多子孫如郭汾陽者，宜爲千古僅見矣。

家乘

宋羅〔一〕大經《鶴林玉露》云：「山谷晚年作日録，題曰《家乘》，取《孟子》『晉之乘』之義。」

按：今世士大夫作家譜，或文其名曰《家乘》，本此。

百歲以上人

國朝孔尚任《人瑞録》載：「康熙二十七年十月二十三日恩詔：『八十以上者給絹一疋、棉

〔一〕羅，原訛「岳」，據蔡啟盛《校勘記》改。

一斤、米一石、肉十斤，九十以上倍之。』以給過民數上司農。」其時百歲以上者二十一人：山東九，河南五，江南三，湖廣四。

社公兒

宋郭彖《睽車志》云：「劉知常，襄陽人。知常始生，皓首赭面，俗謂之社公兒。」

周密《癸辛襍識》云：「近時社公多爲回回所買，或言其胸中有珠，過二十以後則在滕，必鑿之，過三十以往則無之。此妄傳也，縱有之，回回焉敢殺人而取珠乎？」按：此所云「社公」亦即謂「社公兒」也。腹珠妄説今不聞矣。

唐大漢

宋岳珂《桯史》云：「淳熙時，姑蘇有民家姓唐，一兄二妹，其長皆丈有二尺，里人謂之『唐大漢』。不復能嫁娶，日啗斗餘，無所得食。有璫見之大驚，遂入奏，詔廩之殿前司。」余按：近日有長人詹五，蓋亦此類。

唐張鷟《龍筋鳳髓判》有一條云：「衞狀稱揚州貢大人魯敬身長九尺，力敵十夫，配上押門，兖龎酗酒，不堪宿衞，請退還本邑。」是唐時諸州有貢大人之事。

明朱國楨《湧幢小品》云：「胡梅林在浙，選長大人列轎前示威。我湖有陳姓者與焉，長丈餘，倚屋箸食。」

人物化石

《水經·澧水篇注》云：「水之南岸，白石雙立，厥狀類人。古老傳言，昔充縣尉與零陽尉共論封境，因相傷害，化而爲石。」

又《涯水篇注》云：「嶠水出都橋之溪，溪水下流，歷峽南，是峽謂之貞女峽。峽西岸高巖名貞女山。山下際有石如人形，高七尺，狀如女子，故名貞女峽。古來相傳有數女取螺于此，遇風雨晝晦，忽化爲石。斯誠巨異，難以聞信。但啟生石中，摯呱空桑，抑斯類矣。」

又《若水篇注》云：「青蛉縣有石豬圻，長谷中有石豬子母數千頭。長老傳言夷昔牧此，一朝化爲石，迄今夷人不敢往牧。」

茶香室叢鈔卷六

古金價

宋王楙《野客叢書》云：「《漢·食貨志》『黃金一斤直萬錢』，後漢何休注《公羊》『百金之魚』亦謂一金萬錢，《緗素襍記》引『一金萬錢』證晉王導所市練布之價，則是一金萬錢自三代至晉皆然。」按：戰國時金價，余別有説，詳見《諸子平議》。

漢田畝價

宋王楙《野客叢書》云：「東方朔曰：『豐鎬之閒號爲土膏，其價畝一金。』杜篤曰：『厥土之膏，畝價一金。』《費鳳碑》曰：『祖業良田，畝值一金。』漢金一斤爲錢十千，是知漢田每畝十千。」按：《惠帝紀》注：「四十金，四十斤金也。」是一金爲一斤。而高誘注《國策》云「二十兩爲一金」，則又有異。如其説，則畝直十二千五百。

十分税一

《隋書·食貨志》云：「都西有石頭津，東有方山津，各置津主一人，賊曹一人，直水五人，以檢察禁物及亡叛者。其荻炭魚薪之類過津者，並十分税一以入官。」按：此則今所謂「抽釐」之法，古亦有之矣。偶見國朝李賡芸《炳燭編》引《隋·食貨志》證税契之始，余因其下文所云，并以證「抽釐」之始也。

宋印歲易

宋張舜民《畫墁録》云：「唐印文如絲髮，今印文如筯，開封文、三司印文尤麤，猶且歲易，可見事之繁簡。」按：此則宋三司及開封印歲歲易之。今郡縣事更繁於宋，而印不易，無怪印文之刓敝也。

周煇《清波襍志》有一條與此大略相同。又云：「學士院印乃景德年鑄，在京百司所用無如此久者。」

印鬮書

宋袁采《世範》云：「縣道貪污，遇有析户印鬮則厚有所需。人户憚於所費，皆匿而不印，私自割析。經年既深，或至爭訟。凡析户之書〔一〕，宜即印鬮書，以杜後患。」按：此知宋時分家必以鬮書呈官鈐印，其制自較今爲周密也。

〔一〕 書，《袁氏世範》卷三作「家」。

金字牌

宋沈括《夢溪筆談》云：「驛傳舊有三等，曰步遞、馬遞、急脚遞。急脚遞最遽，日行四百里。熙寧中，又有金字牌急脚遞，以木牌朱漆黄金字，光明眩目，過如飛電，望之者無不避路，日行五百餘里。有軍前機速處分，則自御前發下，三省樞密院莫得與也。」按：岳忠武奉金字牌班師，即此。

宋樓鑰《攻媿集·北行日録》云：「金法，金牌走八騎，銀牌三，木牌二，皆鋪馬也。木牌最急，日行七百里，軍期則用之。」此金法與宋異，金牌反遲，木牌反速，不知其故，余疑文或有誤也。

飛鳥使

宋錢易《南部新書》云：「蕃中飛鳥使，中國之驛騎也。」

家書許附遞

宋盛如梓《老學叢談》云：「景祐三年五月，詔中外臣僚，許以家書附遞，明告中外，下進奏院。後以爲法。」

舉人給來往公券

國朝王士禛[一]《夫于亭襍録》云：「宋開寶二年，詔西川、山南、荆湖等道舉人皆給來往公券，自初起程以至還鄉費皆給於公家，不獨右文盛典，亦忠厚之至也。」按：今雲貴舉人亦然，官給輿夫二名、擔夫一名。

舉人著青衫

國朝查慎行《人海記》云：「新舉人朝見著青衫，不著襴衫，始于宣宗朝，謂其異於歲貢生耳。及其下第，送國子監，仍著襴衫。」今生員著襴衫，舉人著青衫，猶沿明制。

〔一〕 禛，原避諱作「禎」，全書均回改。

禁服黄自唐始

宋王楙《野客叢書》云：「唐高祖武德初，用隋制，天子常服黄袍，遂禁士庶不得服，服黄有禁自此始。至明皇天寶間，因韋韜奏御案牀褥去紫用黄，而臣下一切不得用黄矣。」紫爲閒色，聖人不服。而唐、宋以來朝服尚之，不知其義。偶見宋王逵《蠡海集》有一條云：「天垣稱紫微者，紫之爲色，赤與黑相合而成也，水火相交，陰陽相感，而後萬物以生，故爲萬物之主宰。」觀此則尚紫亦非無義。今黄色猶重，而紫則不尚矣。

忌純白

宋蔡絛《鐵圍山叢談》云：「掖庭宫嬙歲給帛多色綵爾。遇支賜俸稍，絹應生白者多，即一束十端，必閒有一端爲紅生絹，蓋忌其純白故也。」按：此知宋人已以純白爲忌。

以著靴爲敬

《太平廣記》引《乾𦠆子》云：「郎中李丹典濠州，蕭復處士謁之，無傭保，惟領一丱歲女僮。時方寒，女僮門外求火燎手，且持其靴去。客吏忽云：『郎中屈處士。』復即芒屩而入，丹揖之坐。復忽悟足禮之闕，矍然乃起。丹曰：『靴與履皆一時之禮。古者解韈登席，即徒跣以爲禮。靴，胡服也，始自趙武靈王，有何典據？此不足介懷。』」按：此則唐人已以著靴爲敬矣。蕭復後爲宰相，氣度宜必不凡。乃以不靴而履，遂至矍然，其時靴之重可見；而李丹所以解之者，則又甚婉切矣。

背胸

國朝劉廷璣《在園襍識》云：「朝衣公服俱用補子，繡仙鶴錦雞之類，即以鳥紀官之義。常見福清葉相國向高《集》內有欽賜大紅紵絲斗牛背胸一襲。背胸或即補子也。」按：「補子」之名殊無意義，宜稱「背胸」爲是。

石位

宋蔡絛《鐵圍山叢談》云：「國朝垂拱殿常朝班有定制，故庭下皆著石位。日日引班，則各有行綴，首尾而趨就石位。既謁罷，必直身立，俟本班之班首先行，因以次迆邐而去，謂之卷班。」按：石位之制即今品級山所由昉歟？

紫花墩賜坐

宋張邦基《墨莊漫録》云：「王禹玉爲翰苑，治平三年二月十五日召對蕋珠殿時，賜紫花墩令坐。明年，英廟上仙，珪作挽詞，有云：『曾陪蕋珠殿，獨賜紫花墩。』蓋謂是也。」按：「紫花墩」未詳何物，或即今所謂凳子乎？

乘馬至殿門

宋葉夢得《石林燕語》云：「慶曆初，吕許公在相位，以疾甚求罷。仁宗疑其辭疾，欲親視之，乃使乘馬至殿門，坐椅子輿至殿陛。」按：此今制賞朝馬之始。又今時賜朝馬者率坐椅子輿，觀此知宋時亦已有之也。

當廳下轎

宋范公稱《過庭録》云：「許將沖元以前執政知大名府，時同官曹蒙銜命察訪至大名，見沖元，當廳下轎。沖元呼法司曰：『不知前執政作守監司得當廳下轎否？』復令白曹曰：『請就賓次，以全國體。』」按：今制敵體之客大堂降輿，降等之客就官廳候見，正與宋制同。宋時所謂「賓次」即今時官廳也。

禁武官乘轎

宋周煇《清波雜志》云：「政和間，詔非品官之家不許乘暖轎。武臣任主兵差遣、緣邊安撫官走馬承受，並不得乘轎。」今功令禁武官乘轎，猶宋制也。

禁謁

宋趙升《朝野類要》云：「百司門首謁禁者，不許接客也。若大理寺官，則又加禁謁及不許出謁也。」按：此條似「謁禁」「禁謁」有别。「謁禁」者人來謁見則有禁，「禁謁」者禁其謁人也。今京官都察院，輒署門曰「文武官員私宅免見」，似即「謁禁」之遺制。

儀鸞司

宋江休復《雜識》云：「陳執中館伴虜使，問隨行『儀鸞司』緣何有此名，不能對。或云隋大業中鸞集于供張庫，遂名此。」按：今「鑾儀衛」即古「儀鸞司」，而字變作「鑾」矣。

宋時儀鸞司在禁中，高文虎《蓼花洲閒録》載大中祥符八年四月禁中之火云：「火至承天門西，燒儀鸞司。」

選人家狀

宋錢易《南部新書》云：「吏部常式，舉選人家狀須云『中形，黄白色，少有髭』，或武選人家狀云『長形，紫黑色，多有髭』。」按：今制文生輒云「身中面白」，武生則云「身長面紫」，蓋唐制已然矣。

宋時見任官得應舉

宋葉夢得《石林燕語》云：「祖宗時，見任官應進士舉，謂之鏁廳，雖中選，止令遷官，而不賜科第，不中者則停見任。其愛惜科名如此。淳化三年，滁州軍事推官鮑當等應舉合格，始各賜進士及第，自是遂皆賜第。」是宋時見任官得應舉也。

宋高宗御書玉堂字

宋洪遵《翰苑遺事》云：「紹興三十年正月，太上皇帝御書『玉堂』二大字，賜學士周麟之，得旨於都省宣示宰執，刻石院中，仍以石本分賜。」按：宋太宗飛白書「玉堂之署」賜蘇易簡，遂爲翰苑故事。此人所知也，而不知南渡後又有高宗御書，故表出之。

《翰苑遺事》又云：「太宗以紅羅飛白『玉堂之署』四字賜蘇易簡。紹聖閒，蔡魯公始奏乞摹，就杭州刻榜揭之，以避英廟諱去二字，止曰『玉堂』。」此事人多知之，但不知何以必就杭州刻榜，豈其時杭州刻工勝他處邪？

學士非具員吏

唐裴庭裕《東觀奏記》載：「集賢大學士馬植奏論：開元中，幸麗正殿賜酒，大學士張説、學士副知院事徐堅以下十八人不知先舉酒者。說言：『學士以德行相先，非具員吏。』遂十八爵齊舉。」按：今制翰林院官不分堂屬，猶存此意。

校書官日課

宋沈括《夢溪筆談》云：「舊校書官多不恤職事，但取舊書，以墨漫一字，復注舊字於其側，以爲日課。自置編校局，只得以朱圍之，乃於卷末書校官姓名。」按：宋人校書已鹵莽滅裂如此，宜古書之不可讀矣。

宋時史官

《老學庵筆記》云：「史院吏有竊議史官者曰：『史官筆削有定本，箇箇一樣。』或問：『何也？』曰：『將吏人編出日曆中，「臣僚上言」字塗去「上」字，其後「奉聖旨依」字亦塗去，而從旁注「從之」二字，即一日筆削了矣。』」史官之不能其職，在宋時已可笑如此。

除擢侍從先命日者推算

宋周煇《清波雜志》云：「政、宣間，除擢侍從以上，皆先命日者推步其五行休咎，然後出命。故一時日者謂：『士大夫窮達，在我可否之間。』」

僧爲州學博士

宋周密《癸辛雜識》云：「柳子厚《道州文宣廟記》云『《春秋》師晉陵蔣堅、《易》師沙門凝』，安有先聖之宫而可使桑門横經於講筵哉！然《樊川集》亦有《燉煌郡僧正除州學博士僧慧苑除臨壇大德制》，則知當時此事不以爲異也。」

小兒官

漢衛宏《漢官舊儀》云：「中官、小兒官及門户四尚、中黄門持兵，三百人侍宿。《漢書·百官公卿表》《百官志》皆不載小兒官及門户四尚官名。」愚按：「小兒官」之名甚奇，豈羽林孤兒之比乎？

害肚、感風

宋陳鵠《耆舊續聞》云：「館閣每夜輪校官一人直宿。如有故不宿，謂之豁宿。遇豁宿，歷名下書『腸肚不安，免宿』。故館閣宿歷相傳謂之『害肚歷』。余爲太學諸生，請假出宿，前廊置一簿，書云『感風』，則害肚歷可對感風簿。」按：今制官員請假輒以感冒爲辭，當即宋時「感風簿」之遺意。

開印、封印

明田汝成《西湖游覽志》云：「除夕，官府封印，不復簽押，至新正三日始開。」按：田乃明嘉靖時人，然則是時封印止此四日也。今制未知何時更定。

國朝查慎行《人海志》云：「壬午十二月二十三日，各衙門已封印兩日，有旨，召各省新授督學臣八南書房候考。」按：壬午爲康熙九年，據此知是歲於十二月二十日封印，已與今制同也。

臧否奏

宋趙升《朝野類要》云：「監司歲具所部官美惡奏上，謂之『臧否奏』。若某員功過俱無者，不具。」按：今制年終考語似本此。

薪俸

國朝查慎行《人海記》云：「本朝初年，滿洲官員支俸不支薪，漢官則薪俸並支。薪侈於俸，如四品官季給薪三十金，俸纔二十金。順治甲午，停秋冬二季俸，明年漢官但給俸不給薪。」按：此知國初官員有給薪之例，故至今「薪俸」之名猶在人口，而近來各局委員有薪水之給，亦本此也。

辟謫籍人

宋葉夢得《石林燕語》云：「范文正爲帥府，辟置多謫籍未牽敍人。或以問公，公曰：『人之有才能無瑕纇者，自應用於宰相。惟實有可用不幸陷於過失者，不因事起之，則遂爲廢人矣。』世咸多公此意。」

將帶隨行

宋《歐陽文忠公集》有《辟郭固隨行劄子》云：「臣準敕差往河東路，計置經久利害。伏見新授寧州軍事推官郭固，熟知沿邊兵民利害。臣今欲乞暫將帶本人隨行，候臣回日，令一面發赴本任。」按：此即今奏帶隨員所自始也。

通事

《癸辛襍識》云：「譯者之稱見《禮記》：『東方曰寄，南方曰象，西方曰狄鞮，北方曰譯。』今北方謂之通事，南蕃海船謂之唐帕，西方蠻徭謂之蒲叉去聲，皆譯之名。」按：「通事」之名至今猶然，「唐帕」「蒲叉」則無此名矣。

彤騶

明楊慎《藝林伐山》云：「褚亮詩『彤騶出禁中』，葢五伯戴紅帽以唱騶，自唐已然矣。」

公牘書行字

國朝沈濤《銅熨斗齋隨筆》云：「周益公奏議《論依字》云：『臣下凡有奏議，或自内批降，或三省批答，其可從者皆謂之「依」。六部文案凡所施行，長貳例皆判「依」。臣愚欲乞明降指揮，日後六部所判文案並以「行」字代「依」字，庶幾稍嚴上下之辨。』是奏在淳熙六年十月十一日，『奉聖旨依』。然則今牘尾判『行』，始於南宋也。」

欽此欽遵

明劉基《誠意伯集》附録《禮部會議》有云：「奉聖旨：這本所奏誠意伯劉基襲爵配享事宜，著吏、禮二部會議停當，具奏定奪，欽此欽遵。抄出送司，案呈到部云云。」是公牘中用「欽此欽遵」字明時已然矣。

又載禮部題：「臣等謹將前項封爵贈謚書曰『開國翊運守正文臣、資善大夫、贈太師、謚文成、護軍、誠意伯』牌位一座刊完，已令太常寺官於本月二十九日捧赴太廟兩廡，列於六王之下奉安訖，謹具題知。嘉靖十年三月二十九日具題。次日奉聖旨：『知道了。』」是「知道了」三字亦明代已然也。

今公牘中有「准此」二字，惟上司行屬員用之。《誠意伯集》所載《御史中丞誥》《弘文館學士誥》《誠意伯誥》，末皆云「宜令劉基准此」，則此二字明代用之誥命。

照得

《癸辛襍識》云：「鑑湖天長觀有道士爲僧，獻楊總攝所，云：『照得賀知章者，本是小人，倚託史越王聲勢，將寺改爲道觀，今欲乞復元寺地。』楊髠遂從其請，真可發笑也。」按：今時公牘文字每用「照得」二字冠首，觀此則宋、元時已然矣。然今時所用多自上行下者，此乃自下行上，微有不同。明時臣僚有於奏牘中用「照得」字獲咎者，可知明人於「照得」字已不敢輕用矣。

宋《許國公吴潛奏議·乞賞功以興起人心》云：「照得去冬韃爲不道，既不得志於廬，遂併力於滁。」又《奏論海道内外二洋利害》云：「照得新舊海州凡發兵船欲入海道，其水路有三。」是宋時奏議固用「照得」二字。

前三後四

宋王楙《野客叢書》云：「國家官私以冬至、元正、寒食三大節爲七日假，所謂前三後四。

觀《通典》論《冬夏至日寢鼓兵》一條，鄭瑶曰：『二至之義，否泰道異，宜其不同。若以夏至，俗人所重，則文武官可息一日，不宜前三後四，等於冬至。』乃知七日之假隋唐已然。」按：今遇聖節及元旦，尚有前三後四之説。

大狀、小狀

《癸辛襍識》云：「昔日投門狀有大狀、小狀，大狀則全紙，小狀則半紙。今時之刺大不盈掌，足見禮之薄矣。」按：今制翰林院官具柬見前輩，有大啟、中啟、小啟之别，蓋亦宋時大狀、小狀之遺意。

忌用大行字

宋孫升《孫公談圃》載崔公度伯易作《太行山賦》，以「太行」近時忌，改作《感山賦》。按：太、大二字通用，忌「太行」實即忌「大行」也。觀孫公此條上載蘇明允作《權書》，永叔爲改書中所用「崩」「亂」十餘字，可知其意矣。是「大行」二字爲時忌，宋世已然也。

國朝劉廷璣《在園雜志》云：「元時，進賀表文觸忌諱者凡一百六十七字：極、盡、歸、化、亡、播、晏、徂、哀、奄、昧、駕、遐、仙、死、病、苦、泯、没、滅、囚、禍、傾、穨、毀、偃、仆、壞、破、晦、刑、傷、孤、墜、隳、服、布、孝、短、夭、折、災、困、危、亂、暴、虐、昏、迷、愚、老、邁、改、替、敗、廢、寢、殺、絶、忌、憂、切、患、衰、囚、枉、棄、喪、戾、空、陷、厄、艱、忽、除、掃、擯、缺、落、典、憲、法、奔、崩、摧、殄、隕、墓、槁、出、祭、奠、饗、享、鬼、狂、藏、怪、漸、愁、夢、幻、弊、疾、遷、塵、亢、蒙、隔、離、去、辭、追、考、板、蕩、荒、古、屯、師、剥、革、睽、違、尸、叛、散、慘、怨、剋、反、逆、害、戕、殘、偏、枯、眇、靈、幽、沉、埋、挽、升、退、换、移、暗、了、休、罷、覆、弔、斷、收、誅、厭、諱、恤、罪、辜、愆、土、别、逝、泉、陵。」按：「晏駕」二字、「升遐」二字連用，誠宜避之。今分列二處，不相連屬，豈單用亦不可邪？「典、憲、法」等字亦在所避，不知何故。

唐時回贈之例

宋王楙《野客叢書》云：「唐制封贈，雖宰相止及其父。若以恩回贈，不但其祖，雖異姓亦及之。如權德輿以檢校尚書恩乞及其祖贈禮部郎中，户部尚書楊於陵請回贈祖贈吏部郎中，是以恩回贈其祖也；又如劉總外祖故瀛州刺史張懿贈工部尚書，制曰：『有外孝孫爲吾賢帥，自義率祖，推恩外族。』是以恩回贈其外祖也。」按：此今「貤封」「貤贈」之例所自始。

贈本生父母

國朝王漁洋山人《夫于亭襍録》云：「李文正昉爲相，爲本生父故工部郎中超、母陳留郡君謝氏，請以郊祀覃恩追贈。太宗嘉之，詔贈超太子太師、謝氏鄭國太夫人。此封贈本生父母之始。」

按：此條未詳備。《容齋隨筆》云：「昉幼出繼於叔，昉入相，表求贈所生父母。詔贈其本生祖温太子太傅、祖母權氏莒國太夫人、本生父超太子太師、母謝氏鄭國太夫人。」則并贈其祖父母，非止父母也。

又按：《舊唐書·崔祐甫傳》：「祐甫遺命猶子植爲嗣。植字公修，祐甫弟廬江令嬰甫子。植既爲相，上言出繼伯父，推恩不及於父，詔贈嬰甫吏部侍郎。」則唐時已有贈本生父之例，非始於宋李文正也。

國朝查慎行《人海記》云：「出繼之子離任爲本生父母治喪，自北平朱右君之弼始。時先生官户部侍郎，其後大臣遂援爲例。」

古人親在不居丁憂之闕

宋錢易《南部新書》云：「杜佑自户部侍郎判度支，爲盧杞所惡，出爲蘇刺。時佑母在，杞以憂闕授之，佑不行，换饒州。」

按：《南部新書》又云：「三銓之士，具慶之下多避憂闕，除則皆不受，對易於他人。」

父祖未葬不析居

宋李元綱《厚德録》云：「馬少保亮爲御史中丞，上言：『近歲以來，父祖未葬而多别財異爨，甚傷風教，請自今未葬者不得析居。』」按：此議甚是，惜後世不能申明此禁也。

《癸辛襍識》云：「或謂停父母之喪久而不葬者，則其子孫每歲縮小。近見錢達可、康自修二子之事皆然，此其異也。

嫡孫承重服始於宋劉輝

宋王闢之《澠水燕談録》云：「鉛山劉輝喪祖母，乞辭官，以嫡孫承重服。國朝有諸叔而嫡孫承重服者，自輝始。」是宋初有諸叔，嫡孫不承重也。

古人忌日亦受弔

唐鄭處誨《明皇襍録》云：「張説謫岳州，鬱鬱不樂。蘇頲方當大用，而説與瓌善，因爲《五君詠》以遺頲，戒其使曰：『候忌日近暮送之。』使者既至，因忌日齎書至頲門下。近暮弔客至，多説先公僚舊，頲覽詩嗚咽流涕。翌日上封，大陳説忠貞謇諤，不宜淪滯遐方。遷荆州刺史。」

按：此知古人於忌日亦受弔也。

又唐韋絢《劉賓客嘉話録》載崔丞相事云：「某日私忌，洪州諸僚悉之江亭，將慰崔忌。」是亦忌日受弔之證。

問疾攜紙錢

宋王銍《默記》云：「晏元獻病既革，上將臨問之。甥楊文仲謀謂：『凡問疾大臣者，車駕既出，必攜紙錢。蓋已膏肓，或遂不起，即以弔之，免萬乘再臨也。』遂奏：『臣病稍安，不足仰煩臨問。』仁宗然之。後數日即薨。」按：問疾而以紙錢行，宋時制度如此，真可笑也。

人臣祭皇后

唐趙璘《因話録》云：「代宗獨孤妃薨，贈貞懿皇后。將葬，尚父汾陽王在邠州，以其子尚主之故，欲致祭。遍問諸從事，皆云自古無人臣祭皇后之儀。汾陽曰：『此事須得柳侍御裁之。』柳名芳，字伯存。以書急召之。既至，初亦對如諸人，既而曰：『禮緣人情，令公勳德不同常人，且又爲國姻戚，自令公始，亦爲得宜。』汾陽曰：『正合子儀本意。』祭文云：『某年月日，駙馬都尉郭曖父、關内河東副元帥、司徒、兼中書令、汾陽郡王臣子儀，謹遣上都進奏院官傅濤，敢昭告於貞懿皇后行宫云云。』」按：以人臣祭皇后，非禮也；且以駙馬都尉父列官銜之首，亦無此體。蓋出一時之意，不可爲典要。

人臣女封郡縣主

宋王闢之《澠水燕談録》云：「故事，親王女皆封郡、縣主。趙普以元勳，諸女封郡主，高懷德二女特封縣主。此典禮之誤也。」

制誥封贈字句之數

國朝查慎行《人海記》云：「順治甲午正月，始頒文武諸臣制誥封贈，擇坊局史官十六人分撰，自一二品始，一品限十二句，二品十句，三品八句，句各四字，不用故實。」按：此則國初制誥之制與今不同。今用四六體，不知又始於何時也。

室人

宋蔡絛《鐵圍山叢談》載：「政和中，改郡縣君號爲七等：郡君爲淑人、碩人、令人、恭人，縣君爲室人、安人、孺人。俄又避太室人之目，因又改曰宜人。」按：今制淑人、恭人、宜人、安人、孺人即始於此，然莫知宜人之始之本爲室人矣。

公生明坊舊是立石

國朝朱象賢《聞見偶録》云：「今凡府州縣衙署於大堂之前正中俱立一石，南向刻『公生明』三字，北向刻『爾俸爾禄，民膏民脂。下民易虐，上天難欺』十六字。官每升堂，即對此石也。或惡其中立，出入必須旁行，意欲去之，而不敢擅動；欲駕言稟於上臺，又難措詞。曾見易以牌坊者，南北兩向照依石刻字樣書寫，以代立石。」按：此知公生明坊舊時本是立石，猶有古人中庭立碑之遺制。今則無不易以牌坊，無復有立石者矣。非觀此，幾不知舊制之爲立石也。

宋馬永卿《嬾真子》云：「温公私第在縣宇之西北數十里，諸處牓額皆公染指書。字亦尺許大，如世所見『公生明』字。」然則官署「公生明」三字宋時已有之。

私債以恩詔免

宋永亨《搜采異聞録》云：「淳熙二月登極赦：『凡民間所欠債負，不以久近多少，一切除放。』遂有方出錢旬日未得一息，而并本盡失之者。何澹爲諫大夫，嘗論其事，遂令只償本錢。紹興五年七月覃赦云：『蠲三年以前者。』晉高祖天福六年八月赦文云：『私下債負取利及一倍者並放。』此最爲得。」按：私家逋負以恩詔免，其事殊不便於民，雖前代有此事，宜後世莫之行也。

侵竊之弊

宋張淏《雲谷雜記》云：「先朝脩内司，方團木計用三千三百條。再差職方員外郎陳昭素計之，只用三百條。京城侵竊之弊如此。雷大簡判設案，御厨每日支麪一萬斤，後點檢，每日賸支六千斤；先宰羊二百八十，後只宰四十頭。夫二事，在國家一歲用度，特瑣瑣不足言者，其弊已如此。」

關防

明劉辰《國初事蹟》云：「各布政司用使空印紙於各部，查得或錢糧軍需緞匹有差錯改正，卻將空印紙填寫，咨呈補卷。事發，太祖怒曰：『如此作弊瞞我，尚書與布政司官盡誅之。』議用半印勘合行移關防。」

按：今制有印有關防，印方，關防長方，不知何義。讀此條，則知關防之初本是半印，故其式長方也，用以勘合行移，所以謂之關防。今習焉而不察其義矣。

又：據此條，知明制各布政司行六部用咨呈。今各衙門亦有用咨呈者，沿明制也。

枷分三等

宋王闢之《澠水燕談録》云：「舊制枷惟二等，以二十五觔、二十觔爲限。景德初，陳綱提點河北路刑獄，上言請制杖罪枷十五觔爲三等，遂爲常法。」

金人婦女亦纏足

《楓窗小牘》有《汴京閨閣妝抹》一條，末云：「今聞虜中閨飾復爾，如瘦金蓮方、瑩面丸、偏體香，皆自北傳南也。」按：此書作於宋南渡初，所云「虜中」即謂金也。而有「瘦金蓮方」，是金人〔一〕婦女亦纏足矣。

余曾據宋湯璹《建炎德安守禦録》，知金人亦剃頭辮髮，已載之《小繁露》矣，《曲園褉纂》弟三十六。今讀此條，乃知金人男女裝飾約略與今同也。

〔一〕人，原訛「女」，據蔡啟盛《校勘記》改。

茶香室叢鈔卷七

唐時江浙進士明經人數

唐王定保《摭言》載《會昌五年舉格》云：「浙西、浙東、江南、江西等道所送進士不得過一十五人，明經不得過二十人。」按：唐時舉額之少如此，宜有「五十少進士」之諺矣。

宋龔明之《中吴紀聞》云：「姑蘇自祥符間定制，秋舉以四人爲額，視他藩爲最寡。熙寧、元豐間，增爲六人。三舍既行，歲貢四人。舍法罷，乃合三年之數爲十二人。紹興丙子，又增流寓一名。今終場者幾二千人，其額又不勝其窄矣。」是宋時舉額亦甚隘也。

進士題名記

唐裴庭裕《東觀奏記》云：「上雅尚文學。大中十年，鄭顥知舉後，宣索《科名記》。顥表云：『自武德以後，便有進士諸科，所傳前代姓名皆是私家記録。虔承聖旨，敢不討論。臣尋委當行祠部員外趙璘採訪《諸家科目記》，撰成十三卷。』宜付翰林，自今放榜後，並寫及第人姓名及所試詩賦題目進入内，仍仰所司逐年編次。」按：此進士題名記之始也。

張安道論科第

蘇穎濱《龍川别志》載張安道云：「真宗以前，朝廷尊嚴，天下私説不行。天下之士知爲詩賦以取科第，不知其他。諺云『水到魚行』，既已官之，不患其不知政也。」按：此説與子産論尹何全别，然亦有理。後世紛紛别求取士之術，其實可不必也。

杜荀鶴及第試卷

宋葉夢得《石林燕語》云：「王禹玉作《龐潁公神道碑》，其家送潤筆金帛外，參以古書名畫三十種，杜荀鶴及第時試卷亦是一種。」是杜荀鶴試卷至宋猶存也。

宋錢易《南部新書》云：「杜荀鶴，大順二年正月十日裴贄下第八人。其年放榜日即荀鶴生日，故王希羽贈詩云：『金榜曉懸生世日，玉書潛記上昇時。九華山色高千尺，未必高於第八枝。』因試卷事并記此，亦名場佳話也。」

咸淳七年同年小録

元劉壎《隱居通議》載《咸淳七年同年小録》，第一甲第一名張鎮孫，第二名杜文甫，第三名陳鉞。每人之下載本貫某州縣、曾祖某、祖某、父某、年若干歲、某月某日某時生，或具慶下，或永感下，略如今制。惟不載曾祖母、祖母某氏。内有一行云外氏某，娶某，兄弟某某。所謂「外氏某」者，殆即其母之姓乎？是今制所謂男女三代者宋制猶未備也。

殿試策〔一〕

國朝查慎行《人海記》云：「殿試策進呈必取書法整齊、無舛譌者。隆慶戊辰科，閣臣擬進，上疑首卷有私，於二甲卷首得羅萬化，置第一，其卷字多塗抹者。」按：此知明時殿試卷已重書法矣。

《人海記》又云：「廷試策偶誤筆，以塗注不便，例多任之。萬曆己未科狀元莊際昌『醪』誤『膠』，崇禎辛未狀元陳于泰『陽』誤『昜』，榜眼吴偉業『礦』誤『鑛』。」

不寫策題

《老學庵筆記》云：「國初舉人對策皆先寫策題，然策題多不過一二十句。其後策題寖多，

〔一〕策，原訛「筞」，據蔡啟盛《校勘記》改。下同。

而寫題如初，舉〔一〕人甚以爲苦。慶曆初，賈文元公爲中丞，始奏罷之。」今世不寫策題，蓋自此始也。

試卷中許添注塗改

《太平廣記》引《前定録》載李揆事云：「乃宣命宰臣試文詞，時陳黄門爲題目三篇，其一曰《紫絲盛露囊賦》，二曰《答吐蕃書》，三曰《代南越獻白孔雀表》。揆自午及酉而成。既封，請曰：『前二首無所遺恨，後一首或有所疑，願得詳之。』乃許拆其緘，塗八字，旁注兩句。」

塗注乙

宋孫奕《示兒編》云：「今進士書試卷，末云塗注乙共計若干字。唐時已有此語。韓愈《讀

〔一〕 舉，原訛「學」，據《老學庵筆記》卷六改。

〈鶡冠子〉》有曰：『爲之正三十有五字，乙者三，滅者二十有二，注者十有二。』劉蛻《文冢銘序》云：『有塗者、乙者，有注揩者，有覆背者，有朱墨圍者。』」

按：此知宋時試卷已須計塗、注、乙字數矣。「塗」即今所謂塗改，「注」即今所謂添注，「乙」者倒轉其字也。今制有塗、注而無乙。

晉干寶《搜神記》敍南斗增壽事：「南邊坐人曰：『借文書看之。』見趙子壽可十九歲，曰：『易矣，可改之。』乃取筆挑上，語顏曰：『救汝至九十年活。』」是將「十九」二字用筆挑上作「九十」。即可知晉人作書已如此也。

試卷以針穿爲記

宋曾敏行《獨醒雜志》云：「紹興庚辰殿試，上取特奏名進士試卷閲之。一日，御小殿，召對讀問云：『鶴鳴却寫作鶴鳴，嗚呼却寫作嗚呼，何也？』臨川人李德遠浩時以删定官充對讀，啟云：『臣讀至此，亦竊疑之。然以其正本如此，不敢改易。嘗以針穿記其側，乞宣正本審驗。』上令取視，果如其言。」按：今殿廷試凡書有譌者，以小黄紙籤黏其上，視以針穿爲記更瞭然矣。

殿試卷以紅圈斷句

國朝錢大昕《十駕齋養新録》云：「文文肅公震孟天啟二年殿試卷，今藏吴中袁氏。讀卷官於文之佳者，以紅圈斷句，與今式異。」

御試進士先宣示十人卷

宋王銍《默記》云：「慶曆三年，御試進士，時晏元獻爲樞密使。楊察，晏壻也。察之弟寘時就試畢。未放榜閒，將先宣示兩府，上十人卷子。寘因以小賦求察問晏公已之高下。晏公明日入對，見寘之賦已考定第四人，出以語察，密以報寘。不久唱名，再三考定第一人卷子進御。賦中有『孺子其朋』之言，不懌曰：『此語忌，不可魁天下。』即王荆公卷子。第二人卷子即王珪，以故事有官人不爲狀元。令取第三人，即殿中丞韓絳。遂取第四人卷子進呈，上欣然曰：『若楊寘可矣。』復以第一人爲第四人。」按：此知宋殿試進士先宣示上十人卷，即今制殿試前十本之例之權輿也。荆公曾擬狀元而失之，亦人所罕知者。

懷挾文字

宋《歐陽文忠公集》有《條約舉人懷挾文字劄子》云：「竊聞近年舉人公然懷挾文字，皆是小紙細書，抄節甚備。每寫一本，筆工獲錢三二十千。」宋時懷挾之風已盛行如此。

唐禮部試不禁懷挾

宋羅大經《鶴林玉露》引「白樂天奏狀云：『禮部試進士，例許用書册，兼得通宵。』蓋不禁懷挾」。

狀元

宋朱弁《曲洧舊聞》云：「狀元之目，始自辟召。本朝科舉取士之法，合以省試正奏第一名當之，今呼廷試第一名爲狀元，非也。元祐閒潞公在朝，因馬涓來謝，嘗言其事。自此人莫不知，而莫能改也。」

按：唐時狀元皆主試者所定。如《摭言》所載，「杜黄門第一榜，尹樞爲狀元」，「高楷〔一〕侍郎第一榜，裴思謙以仇中尉關節取狀頭」，又貞元中，楊於陵得李程賦藁，攜詣主文，請擢爲狀元。皆其證也。至宋乃以廷試第一人爲狀元。天子臨軒稱制，何狀之有？然至今因而不改。宋時猶有人知其非，今則并無知者矣。

以今制準之古制，今之「解元」古之「解頭」也，今之「會元」古之「狀頭」也，今之「狀元」其古之「敕頭」乎？《摭言》云：「張又新時號三頭，進士狀頭，宏詞敕頭，京兆解頭。」「敕頭」之名似廷對第一人可以借用也。

〔一〕楷，《唐摭言》卷九作「鍇」。

印賣狀元賦

宋高文虎《蓼花洲閒録》載：「祥符中，西蜀二舉人至劍門張惡子廟祈夢。夢神授以來歲狀元賦，以『鑄鼎象物』爲題。至御試，御題果出《鑄鼎象物賦》，韵腳盡同。思廟中所書，一字不能上口，草草信筆而出。及唱名，皆被黜，狀元乃徐奭也。既見印賣賦，比廟中所見者，無一字異。」按：宋時狀元所作賦已印買於市，此即今鄉會試墨卷之權輿也。

出狀元

宋樓鑰《攻媿集·跋劉資政遊縣學留題》云：「龍游有石，面鋭。古記有之曰：『尖石圜，出狀元。』紹興十有四年，歲在甲子，大水去其鋭，次年乙丑，公遂魁天下。」

宋郭彖《睽車志》云：「平江里俗舊傳讖云：『潮過唯亭出狀元。』又云：『西山石移，狀元南歸。』淳熙庚子三月二十二日，吴縣穹隆山大石自麓移立山半。八月十八日夜，海潮大至過唯亭。明年省試，平江黄由以國學解中選，廷試魁天下。國學發薦，南歸之驗也。」按：潮過唯亭之説，今尚有之；西山石移，則罕知之矣。

賜出身

宋趙升《朝野類要》云：「元非科舉人仕而特蒙大用，或賜同進士出身，方可執政。蓋國朝法也。」

擔榜狀元

宋趙升《朝野類要》云：「第五甲末各爲擔榜狀元。」按：今有「背榜」之稱。背負與擔荷，其義一也。

狀元跛瞽

宋俞文豹《吹劒録外集》云：「淳祐十年，狀元嚴州方夢魁賜名『逢辰』，右足跛，左目瞽。第四名川人楊潮南、省元泉州陳應雷皆瞽一目。」

按：歐陽公《歸田録》云：「真宗雖以文辭取士，必視其器識。每御崇政，賜進士及第，必召其高第三四人，並列於庭，更察其形神磊落者，始賜第一人及第。」豈宋南渡後此法不行，故狀元得有跛瞽者邪？

解元解副

唐王定保《摭言》云：「江西鍾傳令公孜孜以薦賢爲急，考試之辰設會供張，甲於治平。復大會以餞之，筐〔一〕篚之外，資以桂玉，解元三十萬，解副二十萬，海送皆不減十萬。」按：此唐時

〔一〕筐，原訛「篚」，據蔡啟盛《校勘記》改。

有「解元」，又有「解副」，殆謂第二人也。

唐時通榜之風太濫

唐時通榜雖曰得人，然亦太濫。王定保《摭言》所載：「鄭顥都尉第一榜，託崔雍員外爲榜。至榜除日，雍遣小僮壽兒者傳云：『來早陳賀。』問有何文字，曰：『無。』顥不得已，躬自操觚。夜艾，壽兒以一蠟彈丸進顥，即榜也。顥得之大喜，一無更易。」是榜出於他人也。又：「杜黄門主文，第三場庭參之際，公謂諸生曰：『諸學士皆一時英俊，奈無人相救。』時入策五百餘人，相顧而已。袁樞年七十餘，獨趨進曰：『未諭尊旨。』公曰：『未有榜帖。』對曰：『樞不才。』公欣然延之，因命捲簾，授以紙筆。樞援豪斯須而就，唯空其元而已。公致謝訖，以狀元爲請。樞曰：『非老夫不可。』公大奇之，因命筆親自札之。」是榜出於舉子，而狀元即其人自定也。雖一時傳爲美談，而唐中葉以後朝政不綱，亦可見矣。

又若裴思謙，以仇中尉士良一緘入貢院，易紫衣，趨階下，白侍郎高鍇曰：「軍容有狀，薦裴思謙秀才。」并曰：「非狀元，請侍郎不放。」鍇曰：「然則略要見裴學士。」思謙曰：「卑吏便是。」此則士風掃地，更非前事之比，然亦通榜之弊所必至也。

金花帖子

宋龔明之《中吴紀聞》云：「先高祖諱識登第時，金花帖子尚存。其制用塗金黄紙大書姓名，下有兩知舉花押，仍用白紙作一大帖貯之，亦題姓名於上。」又《容齋續筆》載：咸平元年孫僅榜小録猶用唐制，以素綾爲軸，帖以金花。先列主司四人銜，皆押字。次書四人甲子，年若干，某月某日生，祖諱某，父諱某，私忌某日。然後書狀元孫僅。」與此不同。

報捷以名次高下定價

近世士子捷南宫後，捷音至家，每以名次高下定犒賜多寡。《齊東野語》載吴倜於崇寧五年魁禮部，捷音至其家，「先以名次高下商價，自榜尾行間前列以至首選，自百千漸至千緡，乃出其榜」。是宋時已有此風矣。

團

唐時進士宴集，有主其事者謂之「團司」。王定保《摭言》云：「曲江大會比爲下第舉人，其筵席簡率。爾來漸加侈靡，皆爲上列所據，下第舉人不復預矣。所以長安游手之民自相鳩集，目之爲進士團。咸通以來，有何士參者謂之酋帥。」按：此乃「團司」之名所由始也。《太平廣記》引《王氏見聞》云：「僞蜀有尋事團，亦曰中團。小院使蕭懷武主之，蓋軍巡之職也。所管中團百餘人，每人各養私名十餘輩，呼之曰狗。」然則「團」之名通雅俗皆有之，乃唐時俗稱也。

改名登第

蜀何光遠《鑒戒録》云：「梁震比名靄，以所業贄于劉象先輩。劉曰：『據郎君少年，才思清秀。儻隨鄉賦，成器非遥。若不改名，無因顯達。緣靄字雨下從謁，雨下謁人，因甚得見？請改爲震。震字雨下從辰，辰者龍也，龍遇水而變化，燒尾之象，不亦宜乎？』震後果得上第。」

《太平廣記》引《感定録》云：「有進士李嶽，連舉不第，夜夢人謂曰：『頭上有山，何以得上第？』及覺，不可名『獄』，遂更名『言』，乃中第。」此二事皆以改名登第。然則求科第者當擇令名，又在古人不以隱疾、不以畜牲諸例之外矣。

唐時追贈不及第人

《唐摭言》載：韋莊奏請追贈不及第人孟郊、李賀、皇甫松、李羣玉、陸龜蒙、趙光遠、李甘、劉得仁、陸逵、傅錫、平曾、賈島、劉稚珪、顧邵孫、沈珮、顧蒙、羅鄴、方干：「俱無顯遇，皆有奇才。麗句清辭，徧在時人之口；銜冤抱恨，竟爲冥路之人。但恐憤氣未銷，上衝穹昊。伏乞宣賜中書門下，追贈進士及第，各贈補闕、拾遺，見存明代。惟羅隱一人亦乞特賜科名，録升三級。」按：此舉人多知之，然罕能言其人者。惟方干身後及第，詩文家尚有引用者；李賀等盛名長在，而與方三拜同膺曠典，人或未之知也。至李甘等名迹久晦者，更無論矣，故備録於此。

又按：孟郊於貞元十二年及第，而此云不及第，未詳。至羅隱之不成進士，人人知之，乃觀此，則生前固曾賜及第矣。

閩音中選

宋陳鵠《耆舊續聞》云：「閩人以『高』爲『歌』。真宗朝試《天德清明賦》，有閩士破題云：『天道如何，仰之彌高。』考官閩人，遂中選。」

按：此當是戲言，未必有實事，豈考官不檢韵書邪？岳珂《桯史》載：「元祐閒，黄、秦諸君子在館，觀李龍眠《賢己圖》。博者六七人，方據一局，投迸盆中，五皆玈，而一猶旋轉，一人俯盆疾呼。東坡曰：『李龍眠天下士，乃效閩人語邪？』衆請其故，坡曰：『四海語音言六皆合口，惟閩音則張口。今盆中皆六，一猶未定，法當呼六，而疾呼者乃張口，何也？』龍眠聞之，亦笑而服。」此亦以閩音爲戲也。

歐陽文忠公場屋中軼事

宋王銍《默記》云：「晏元獻以前兩府作御史中丞，知貢舉，出《司空掌輿地之圖賦》。舉人上請者皆不契元獻之意。最後，一目眊瘦弱少年獨至簾前，請云：『據賦題，出《周禮·司空》，鄭康成注云：「如今之司空，掌輿地圖也。」若周司空，不止掌輿地之圖而已。若如鄭説「今司空掌輿地之圖」，漢司空也。不知做周司空與漢司空也？』元獻微應曰：『今一場中惟賢一人識題，正謂漢司空也。』少年舉人乃歐陽公，是榜爲省元。」按：歐公爲試官事，人多知之；其自爲舉人應試事，人罕知者。此可與問天鷄事並爲場屋中問題目之故典矣。

又按：《周禮》：「大司徒之職，掌建邦之土地之圖。」鄭注云：「土地之圖，若今司空郡國輿地圖。」《職方氏》之職亦云「掌天下之圖」，鄭注云：「如今司空輿地圖。」是「司空輿地圖」鄭注兩見，而皆無「掌」字，元獻此題未免小誤。

《默記》又云：「王君辰榜，是時歐公爲省元。有李郎中，忘其名，是年赴試南宫。將迫省試，忽患疫，氣昏憒。同試相迫，勉扶疾以入。既而疾作，凭案上困睡，殆不知人。已過午，忽有人腋下觸之。李驚覺，乃鄰坐也。問所以不下筆之由，李具言其病。其人曰：『科場難得，已至此，切勉强。』再三言之。李試下筆，頗能運思。鄰坐者甚喜，因盡説賦中所當用事，及將己卷子拽過鋪在李案子上，云：『某乃國學解元歐陽修，請公拆拽回互，盡用之不妨。』李見開懷若此，頗覺成篇，至於詩亦然。榜出，歐公作魁，李亦上列，遂俱中第云。」此亦歐公場屋中軼事。

宋制房官考校與今制異

元吳自牧《夢粱録》云：「所納卷子發下彌封，所封卷頭，于每卷上打號，頭三場共一號，方發往謄録所謄録。卷子依字號書寫，對讀無差，方納入考試官各房考校。如卷子考中，發過别房覆考，如稱衆意，方呈主文。」按：彌封、謄録、對讀均與今制同，惟本房考中須過别房覆考，此則與今異也。

濃筆抹至尾

唐蘇鶚《杜陽襍編》云：「上試制科於宣政殿，或有詞理乖謬者，即濃筆抹之至尾。」按：歐陽公紅勒帛，似用朱筆横抹，此則直抹也。評閱文字之用筆抹，唐世已然矣。

殊次平

唐裴庭裕《東觀奏記》云：「先是京兆府進士、明經解送，設殊、次、平等三級，以甄别行實。韋澳爲京兆尹，以納策試前後爲定，不更分等第之限，人多惜之。」

三八課試

宋胡孜《漁隱叢話》引《上庠録》云：「兩學公廚例於三八課試日設别饌，春秋炊餅，夏冷淘，冬饅頭。」按：今人塾課往往逢三八日作詩文，猶宋太學之遺制也。

選程墨

國朝查慎行《人海記》云：「選歷科程墨，自萬曆庚辰錢唐人錢穀字豐寰始。錢貢生，官曲靖府知府。」

會課

宋吕本中《師友襍著》云：「崇寧初，予家宿州，汪信民爲州教授，黎確介然初登科，依妻家孫氏居，饒德操亦客孫氏。三人者嘗與予及亡弟揆中由義會課，每旬作襍文一篇，四六表啓一篇，古律詩一篇。旬終會課，不如期者罰錢二百。」按：今文士每作會課，宋時已有此風矣。

十榜傳家

宋葉夢得《石林燕語》云：「王禹玉歷仁宗、英宗、神宗三朝，爲翰林學士，其家自太平興國至元豐十榜，皆有人登科。熙寧初葉尚書祖洽榜，聞喜燕席上和范景仁詩云：『三朝遇主惟文翰，十榜傳家有姓名。』此事他人所無也。」

兄弟登科相距一甲子

明朱國楨《湧幢小品》云：「盧陵習先生孔教嘉靖戊午解元，隆慶戊辰進士，卒且三十餘年，而其弟孔化以萬曆戊午舉鄉試，去其兄剛一甲子。」按：近人若錢唐許氏亦有此盛事，惟習孔化父亮尚在，則其年必近百歲矣。

一科兩張銓

國朝查慎行《人海記》云：「萬曆甲辰進士，同姓名者張銓，一大名人，一沁水人，俱乙亥正月二十六日生，科第、子女皆同。」

一人試二卷皆中選

《齊東野語》載：「王希吕仲衡知紹興郡，舉進士，有爲二試卷，異其名，皆中選。黜〔一〕者不服，譁然訴之。王曰：『爾曹累試不一得，彼一試而兩得，而敢訴邪？』逐而出之。」此等事今場屋中功令嚴密，固無之矣，至書院考試則往往不免。余歷主江浙間書院，院中知名之士多有以一人作二卷者，余率兩取之，猶王仲衡意也。

高蹈邱園科

國朝王士禛《香祖筆記》云：「唐時有走馬應不求聞達科者，傳以爲笑。宋亦置高蹈邱園科，許于本貫投狀乞應，與唐正同。」

〔一〕 黜，原訛「黠」，據《齊東野語》卷八《士子訴試》改。

明制生員仍就府縣試

明黄煜《碧血録》載《繆公昌期西谿先生自録》：「萬曆戊寅，年十七，入學第四。辛巳，年二十，其年歲考十二名，補廩。」又云：「甲午，縣試第十。將就府試，而吾母已病云云。」按：公於戊寅入學，辛巳補廩，而甲午歲猶應縣試，是明制生員亦試於府、縣也。

又按：公於「十四歲赴童子試，縣令楚麻城劉公見而賞之，置一等」，是明制童生府、縣試亦分等第。

饒州神童

宋葉夢得《避暑録話》云：「饒州自元豐末朱天錫以神童得官，俚俗慕之。小兒粗能念書，自五六歲即以次教之五經，以竹籃坐之木杪，絶其視聽。教者預爲價，終一經償錢若干。流俗因言饒州出神童，然苦之以至於死者，蓋多於中也。」按：如此教小兒，可謂撟揉造作矣。

宋蔣正子《山房隨筆》云：「南康建昌縣有神童山，每大比試，童子至百人，七取其一。」

國朝宋長白《柳亭詩話》云：「大中祥符八年，福清蔡伯禧以神童召見，年未二週，誦詩百餘篇。授校書郎，春宫伴讀。自古神童之最幼者僅見此。或云名伯希，一名伯倫。」又云：「孝宗時，吕嗣興四歲授從政郎，爲皇孫榮國公伴讀。」

三同

宋朱弁《曲洧舊聞》云：「章子厚與晁秘監美叔同生乙亥年，同榜及第，又同爲館職，常以『三同』相呼。子厚有詩云：『寄語三同晁祕監。』然紹聖初子厚作相，美叔竭力諫之。子厚怒，黜爲陝守。美叔謂所親曰：『三同今百不同矣。』」

按：「三同」頗不易得。余生平與陸星農觀察增祥皆於道光丙申年入學，甲辰年登賢書，庚戌〔一〕年成進士，其亦可謂「三同」乎？

〔一〕 戌，原訛「戍」，據蔡啟盛《校勘記》改。

同年之父不稱年伯

國朝王應奎《柳南隨筆》云：「前明正、嘉以前，風俗猶爲近古，必父之同年方稱年伯，而同年之父即不爾。吾邑孫雲津舟中正德丁丑科進士，乃夏桂洲之同年，而雲津之父西川翁七十，桂洲壽之以詩，稱『老先生』，不稱『年伯』。其詩卷現藏孫之後人賨洲家。」

杭學多游士

宋周密《齊東野語》云：「杭學自昔多四方之人。淳祐辛亥，朝議以游士多無檢束，遂行下各州，自試於學，士子大鬨肆駡。時趙京尹與衆教〔一〕官調停，一時但欲求静，遂許以三百名内一半取土人，一半取游士。越數日，宰執奏事。上面諭曰：『近行諸州各試之法，臨安府憑何

〔一〕 衆教，《齊東野語》卷六作「簉委」。

指揮復放外方之人？』趙尹乃移牒，俾游士限日出境。至開慶己未，漸復雲集。」

臨安士人作鬧

宋周密《齊東野語》云：「辛丑六月，臨安士人以不預補試，羣詣臺諫宅陳詞。臺臣畏其勢，以好語諭之。是夜，集吏部侍郎鄭丙之門，詬罵無禮。鄭次日入奏待罪，上批令臨安府將作鬧人行遣。越一日，奏勘到作鬧士人府學生丁如植爲首，其次許斗權、羅鼐。御批並編管鄰州，如植〔一〕仍杖八十。」

妻代夫入闈

國朝許嗣茅《緒南筆談》云：「乾隆六年，揚州王張氏代其夫王某入闈，爲夫弟告訐，夫被斥，張氏亦譴戍。此事本擬正法，恩旨減死。」

〔一〕 植，原訛「值」，據《齊東野語》卷一改。

茶香室叢鈔卷八

唐人選唐詩

宋姚寬《西溪叢語》云：「殷璠爲《河嶽英靈集》，不載杜甫詩；高仲武爲《中興閒氣集》，不取李白詩；顧陶爲《唐詩類選》，如元、白、劉、柳、杜牧、李賀、張祜、趙嘏皆不收；姚合作《極玄集》，亦不收杜甫、李白，彼必各有意也。」余謂李、杜諸人在今日則光芒萬丈矣，在當日亦東家丘耳，或遭擯棄，初不足怪。

五言金城

吴任臣《十國春秋》云：「劉洞，廬陵人，長於五字唐律，自號『五言金城』。」按：人知劉長卿詩爲「五言長城」，而不知劉洞事。

事賈島像有二人

宋周密《齊東野語》云：「五代孫晟好學，尤長於詩。爲道士，居廬山簡寂宫，常畫賈島像置屋壁，晨夕事之。」按：唐李洞慕賈浪仙之詩，鑄像事之，誦賈島佛，此人所知也，不知又有孫晟事。

契丹求魏野詩

釋文瑩《玉壺清話》云：「祥符中，契丹使至，因言本國喜誦魏野詩，但得上帙，願求全部。真宗始知其名，將召之，死已數年。搜其詩，果得《草堂集》十卷，詔賜之。」

宋陳鵠《耆舊續聞》云：「熙寧中，高麗遣使入貢，且求王平甫學士《京師題詠》。有旨令權開封府元厚之内翰鈔録以賜，厚之自詣平甫求新著。平甫以詩戲之云：『誰使詩仙來鳳沼，欲傳賈客過雞林。』」

算袋中詩句

宋孫升《孫公談圃》云：「公昔與杜挺之、梅聖俞同舟。聖俞寢食、游觀未嘗不吟諷思索，時時於坐上忽引去，奮筆書一小紙，内算袋中。同舟竊取而觀，皆詩句也，或一聯，或一句，他日作詩有可用者入之。」此與李長吉錦囊事相同。今人知長吉錦囊，而不知聖俞算袋也。

《二李唱和集》

宋吴處厚《青箱雜記》曰：「李文正公昉詩務淺近，效白樂天體，晚年與參政李公至爲唱和友。李公詩格亦相類，今世傳《二李唱和集》是也。」余生平最喜香山詩，所爲詩亦自謂近之，惜不得《二李集》一讀耳。

陳亞《澄源集》

宋陳亞善爲藥名詩，世多知之。然其他詩頗有可誦者，吴處厚《青箱雜記》載其數聯：「有《歲旦示知己》云：『收寒歸地底，表老到人間。』又《與友人郊游》云：『馬嘶曾到寺，犬吠乍行村。』《送歸化宰王祕丞赴闕》云：『吏辭如賀日，民送似迎時。』《懷舊隱》云：『排聯花品曾非僭，愛惜苔錢不是慳。』亦自成一家體格也。」《漁隱叢話》於陳亞止載其藥名詩數聯，而此等佳句皆不載，蓋未見及也。

詠三

唐朱灣有《咏三》詩云：「獻玉屢招疑，終朝省復思。既哀黄鳥興，還復白圭詩。請益先求友，將行必擇師。誰知不鳴者，獨下仲舒帷。」每句切三字，故曰《咏三》。後人妄改爲「咏玉」，誤矣。辨見國朝錢曾《讀書敏求記》。

青衫、白髮對句

宋樓鑰《攻媿集·跋郭適之集句梅雪詩》云：「昔有刺字至半山之前，自稱『集句詩人』，坐客駭然。公置之坐末，問：『江州司馬青衫濕，何以爲對？』應聲曰：『梨園弟子白髮新。』公甚悦。」按：此二語妙偶天成，即此足徵其集句之必工，惜不知爲何人也。

北方詩社

宋無名氏《藏海詩話》云：「幼年聞北方有詩社，一切人皆預焉。元祐間，榮天和先生客金陵，僦居清化市，爲學館，質庫王四十郎、酒肆王念四郎、貨角梳陳二叔皆在席下，似乎北方詩社。王念四郎名莊，字子温，有《送客》一絶云：『江上歸來無好思，滿庭風雨易黄昏。』王四十郎名松，字不凋，有一聯云：『舊菊籬邊又開了，故人天末未歸來。』」按：市井中人亦好尚風雅如此，可見詩教之盛矣。

義試詩

元劉壎《隱居通議》云：「往者江南承平時，鄉里諸齋間出題示學者，賦絶句，考殿最，有極精巧者，是時俱名曰義試詩。」按：元初汐社當亦義試之遺意。

韓海蘇潮

國朝蕭曇〔一〕《經史管窺》引「李耆卿《文章精義》云：『韓如海，柳如泉，歐如瀾，蘇如潮。』然則今人稱韓潮蘇海，誤矣」。

温八吟

唐王定保《摭言》云：「温庭筠每賦一咏一吟而已，場中號『温八吟』。」按：今人但知温庭

〔一〕曇，原訛「墨」，據《經史管窺》改。

筠有「温八叉」之名，不知有「温八吟」也。「八叉」事出《北夢瑣言》。

禁體詩

宋歐陽文忠公《詩話》云：「進士許洞善爲詞章，因會諸詩僧，分題出一紙，約曰：『不得犯此一字。』其字乃山、水、風、雲、竹、石、花、草、雪、霜、星、月、禽、鳥之類，於是諸僧皆擱筆。」按：歐公詠雪禁體詩，當本此也。

杜甫《贈李龜年》詩可疑

宋姚寬《西溪叢語》云：「非杜所作，蓋岐王死時崔滌時年尚幼，又甫天寶亂後未嘗至江南也。」

杜詩疵累

國朝葉燮《原詩》曾摘杜詩疵累數十條，如「參軍舊紫髯」，有「髯參軍」，無「紫髯參軍」；「不見杏壇丈」，「丈」謂函丈邪，抑稱孔子邪？「馮招疾病纏」，用左思「馮公豈不偉，白首不見招」而曰「馮招」可乎？「投閣爲劉歆」，投閣非劉歆事。諸如此類，雖〔一〕杜老復生，不能自解也。又如「郭元振」而但曰「郭振起通泉」，「博望苑」而但曰「名參漢望苑」，亦屬不辭。

又汪師韓《詩學纂聞》亦摘數十條，如「更尋嘉樹傳」，「傳」字湊；「長懷十九泉」，仇池有泉九十九眼，删去八十；「依舊已銜泥」，「依舊」即「已」也；「年少今開萬卷餘」，「開餘」不貫；「發日排南喜，傷神散北吁」，「南喜」「北吁」不成語。

按：兩君所摘尚多，兹略舉如右。至「不見夏殷衰，中自誅褒妲」，則古人自有此互見文法，不然杜公豈不能改「夏殷」爲「殷周」乎？

〔一〕 雖，原訛「難」，據蔡啟盛《校勘記》改。

愚謂「白頭搔更短」亦有語病。搔之而短者白髮也，頭則豈可短乎？

古人疵句

《詩學纂聞》又摘江文通之「嚴風吹若莖」以若木爲若莖，可笑；「徘徊泣松銘」，松是松楸，銘是誌銘，二字不貫；「稚子候檐隙」，易「候門」爲「候簷隙」，有語病；「巡華過盈瑱」，以盈尺之玉爲盈瑱，拙劣。又摘謝惠連「何獨顧衡闈」、歐陽堅石「子欲居九蠻」，改「門」爲「闈」、改「夷」爲「蠻」，皆是趁韵。如此之類，雖屬吹毛，然不能爲古人諱也。

元李治《敬齋古今黈》云：「顏延年《答鄭尚書》詩：『何以銘嘉貺？言樹絲與桐。』桐固可以言樹也，絲亦可以言樹乎？」余則謂此句當有誤，味其意自是封植此樹，無忘角弓之意，非言琴也，或「絲」字當作「梓」乎？

東坡《次韻張秉道》云：「憐君嗜好更迂闊，得我新詩喜折屐。」按：屐齒可折，屐不可折，此亦「白頭搔更短」之類也。

駱賓王詩

宋吴炯《五總志》云：「駱賓王未顯時，庸作於杭州梵天寺，終日執役，至夜方休。因憑欄而立，時月色如畫，一老僧苦吟不已，因問之。僧云：『我作梵天寺詩，止得兩句，云「桂子月中落，天香雲外飄」，思之切至，竟不能成章。』賓王曰：『我當爲汝足之。』即曰：『樓觀滄海日，門對浙江潮。』僧大奇之。」按：此詩舊傳以爲駱賓王爲宋之問續成者，説本唐孟棨《本事詩》，而宋計敏夫作《唐詩紀事》詳載之。吴氏此説與世所傳迥異，未知所本。然考《賓王集》中有贈宋之問詩，非不相識者。舊傳頗有可疑，或吴氏所述轉得其實耳。

宋廣平梅花有二賦

元劉壎《隱居通議》云：「唐丞相廣平文貞公宋璟作《梅花賦》，嘗讀之矣。近又復見一賦，豈後人效之乎？俱録於後，俟識者考焉。」按：所録二賦，前賦膾炙人口久矣。後賦似不敵前賦，末云：「分姑山之逸游，遣回仙於吟龐。」劉氏謂此二語不知所謂。余謂「姑山」或用藐姑射事，「回仙」未詳。

杜牧之《阿房賦》有所本

宋廖瑩中《江行裸録》云：「杜牧之《阿房宫賦》：『六王畢，四海一；蜀山兀，阿房出。』陸傪作《長城賦》云：『千城絶，長城列；秦民竭，秦君滅。』傪行輩在牧之前，則《阿房宫賦》祖《長城》句法矣。牧之『明星熒熒，開妝鏡也』諸句，楊敬之《華山賦》有云：『見若咫尺，田千畝矣；見若環堵，城千雉矣；見若杯水，池百里矣；見若蟻垤，臺九層矣。蜂窠聯聯，起阿房矣；小星熒熒，焚咸陽矣。』《華山賦》杜司徒佑已稱之，牧之乃佑之孫，亦是倣楊作也。」按：《華山賦》以小形大，《阿房賦》以大形小，意似有别，或可云異曲同工也。

杜牧《華清宫》詩失實

宋彭乘《墨客揮犀》云：「杜牧《華清宫》詩：『一騎紅塵妃子笑，無人知是荔枝來。』據《唐記》，明皇以十月幸驪山，至春即還宮，未嘗六月在驪山也。荔枝盛暑方熟，詞意雖美而失事實。」按：自古詞人如此者甚多，秦始皇未嘗一日居阿房宮，杜牧《阿房宮賦》亦失實也。

詩不忌重字

唐范攄《雲溪友議》云：「宣宗朝，上於延英殿詔中書舍人李藩等，問曰：『凡考試之中重用字如何？』對曰：『錢起《湘靈鼓瑟》詩云：「馮夷空自舞，楚客不堪聽。曲終人不見，江上數峯青。」中有二不字。』上曰：『錢起雖重用字，他詩似不及起。』」按：此知唐人考試詩不忌重字。

律詩一聯中有重複字

國朝騈蕖道人《薑露庵筆記》云：「香山、劍南今體詩多複字，然不犯於一聯中。其一聯犯複者，張公裕云：『馬行舊路行來滑，龜放長河不共來。』東坡云：『淒風瑟縮吹絃柱，香霧淒迷著髻鬟。』遺山云：『聞道舊傳言外意，忘言今得眼中人。』漁洋云：『漢廷露下仙人掌，銀漢光連帝子家。』甌北云：『禁中才子微之句，年少神仙子晉笙。』」按：此諸聯皆不知而誤犯。惟遺山「言外」「忘言」二句語意似相承，或有意爲之，在律詩中可稱創格矣。

又云：「王右丞詩『一從歸白社，不復到青門』，起句已用青、白二字，腹聯更用『青菰臨水映，白鳥向山翻』，徐子能謂大手筆不嫌重複，未免矯枉過正。」按：詩中複字原不必盡避，如右丞此詩，則疎忽太甚矣。

失黏

宋陳鵠《耆舊續聞》云：「表啓之類，近代聲律尤嚴，或乖平仄，則謂之失黏。然文人出奇，時有不拘者。《緘啓新範》載李秀才《賀滕學士》一啓，全用側聲結句，其辭云：『伏審榮承紫涣，進聯閨彦。某被遇有素，起抃慙後。且賢者器業，本不在於文藻；而國之鈞軸，實藉此而進用云云。』」按：今人但知詩有失黏，不知文亦有失黏也。聲律誠不必過拘，然如李啓全用側聲字結句，究不可爲典要。

沈隱侯言：「古儒士爲文，當從三易：易見事一也，易識字二也，易誦讀三也。」余最服膺斯語，若平仄失黏，則誦讀便不易矣。

又按：《緘啓新範》不知何人所撰，殆猶今世通用之尺牘書也。

「一日九遷」句不誤

《文選》任彥昇《表》「千秋一日九遷」，李善注謂「日當爲月，字之誤」，學者皆然之。宋王楙《野客叢書》：「謂千秋頃刻之閒自高寢郎超遷九級至大鴻臚，非謂一日之閒九次遷除也。謂之一日，正不爲失。李善誤認此意，乃以一月九遷爲丞相。案《漢書》千秋爲大鴻臚，數月代劉屈氂爲丞相，則知千秋爲相乃在鴻臚數月之後，豈一月九遷爲丞相哉？」

白鷴失素

宋朱翌《猗覺寮雜記》云：「四海之内，物有未盡識者，不可著之書。鷴，白羽黑文，胸頸皆青，冠面足皆赤，不純白也。《雪賦》乃曰『白鷴失素』，是未盡識鷴也。」按：《説文》「瓊」爲「赤玉」，《雪賦》「林挺瓊樹」句前人有議之者矣，不謂「白鷴」句亦有此指摘也。

欣然規往

國朝王應奎《柳南隨筆》云：「《桃花源記》『欣然規往』，規，畫也。規字與親字筆畫相近，今本亦多誤刊。既云『親往』，下文不應又説『未果』矣。」按：明張天如《漢魏六朝百三名家》載陶公此記作「規往」，并注云：「或作『親』，非。」乃汲古閣所藏《陶集》號北宋本亦誤作「親」，何歟？王虚舟先生所書《桃花源記》亦是「親」字。此字之訛，亟宜訂正者也。

如鼃居坎

國朝王應奎《柳南隨筆》云：「《莊子・秋水篇》：『子獨不聞夫埳井之鼃乎，謂東海之鼈云云。』白香山《池上篇》『如鼃居坎，不知海寬』，用此事也。『坎』字本即『埳』字，而『鼃』字頗近

『龜』字，近世相沿誤刻。前明如董尚書，今如王吏部，皆喜寫《池上篇》，而『黽』字不免沿誤作『黽』，亦疏於考訂矣。」

「悔讀《南華》」句異説

宋王楙《野客叢書》云：「《南部新書》載大中間上賦詩有『金步摇』，未能對，令温飛卿續之，飛卿以『玉條脱』應之。令狐綯問其事於飛卿，曰：『出《南華真經》，非僻書也。冀相公燮理之下，時宜覽古。』綯甚怒。後飛卿有『悔讀《南華》弟二篇』之句。《北夢瑣言》謂《南華真經》無『玉條脱』事。僕謂《真誥》『玉條脱』事正在第一編，謂《華陽》第一篇可也。考《飛卿集》有《題李羽故里》一詩，尾句曰：『終知此恨銷難盡，孤負《華陽》第一篇。』無『悔讀《南華》第二篇』之句。」

余疑此詩必傳述有誤。飛卿當有兩詩，其爲令狐綯作者當云「悔讀《華陽》第一篇」，正謂「玉條脱」事也；其《題李羽故里》者當云「孤負《南華》第二篇」。《莊子》第二篇《齊物論》也，此恨難銷，由不能齊物論，故曰「孤負」耳。

崔護詩改本

宋沈括《夢溪筆談》曰："崔護《題城南詩》，其始曰：『去年今日此門中，人面桃花相映紅。人面不知何處去，桃花依舊笑春風。』後以其意未全、語未工，改第三句曰『人面祇今何處在』。至今所傳，惟《本事詩》作『祇今何處在』。唐人工詩，大率多如此，雖有兩『今』字不恤也，取語意爲主耳。後人以有兩『今』字，多行前篇。"余謂改本轉不如元本之自然，宜後人之惟行前篇也。

庾子山《春賦》云："眉將柳而爭緑，面共桃而競紅。"「人面桃花」句本此。古人雖率爾漫筆，亦有來歷也。

竹徑遇幽處

常建詩："竹徑通幽處，禪房花木深。"宋姚寬《西溪叢語》云："歐陽永叔守青，《題廨宇後山齋》云『竹徑遇幽處』。不知别有本邪，抑永叔自改之邪？」

宋無名氏《藏海詩話》云：「蘇州常熟縣破頭山有唐常建詩刻，乃是『一徑遇幽處』，蓋唐人作拗句，上句既拗，下句亦拗，所以對『禪房花木深』，『遇』與『花』皆拗故也。」

鄉音難改面毛鬔

宋趙德麟《侯鯖録》云：「四明狂客賀知章《回鄉偶書》二首，其一云：『幼少離家老大回，鄉音難改面毛鬔。兒童相見不相識，却問客從何處來？』按：此詩至今膾炙人口，惟次句作『鄉音無改鬢毛衰』，『衰』字出韵，或本作『面毛鬔』也。

琵琶花下閉門居

國朝宋長白《柳亭詩話》云：「元微之詩『萬里橋邊女校書，琵琶花下閉門居』，謂薛濤也。駱谷中有琵琶花，與杜鵑相似，後人不知，改爲枇杷。」

《醉翁亭記》誤字

國朝歐陽泉《點勘記》云：「歐陽修《醉翁亭記》『讓泉也』，本集及滁州石刻並同。諸選本作『釀泉』，誤也。至後文『釀泉爲酒』，自當作『釀』，謂釀此讓泉之水爲酒耳。」按：余家有《歐陽文忠公集》，其二十七世孫衡所刻，亦作「釀泉也」。讀《醉翁亭記》者，幾不知有「讓泉」之名矣。

東坡《獄中寄子由》詩有訛字

宋葉夢得《避暑録話》載此詩與《蘇集》異者二句：「百年未了須還債」《集》作「百年未滿先償債」，「額中犀角真吾子」《集》作「眼中犀角真吾子」，疑《集》誤也。「未了須還債」言應還之債尚未了耳，若作「先」字，義不可通矣。犀角在額不在眼，作「眼中」更無義。

攀栖鶻之危巢

宋胡孜《漁隱叢話》引《復齋漫録》云：「東坡謫居黄州五年，赤壁有巨鶻，棲於喬木之上，後賦所謂『攀棲鶻之危巢，俯馮夷之幽宫』也。」按：余幼時讀林西仲所評古文，於此二語云：『皆極言之，不必實有其事。』孰知棲鶻乃實事邪？然則讀古人文，正不可妄下一語也。

横看成嶺側成峯

宋姚寬《西溪叢語》云：「南山宣律師《感通録》言廬山七嶺共會於東，合而成峯。因知東坡『横看成嶺側成峯』之句，有自來矣。」

一團茅草亂蓬蓬

村塾中兒童所誦《千家詩》，有「一團茅草亂蓬蓬」一首，不知誰作。余讀宋人許彦周《詩話》云：「宣和癸卯年，僕游嵩山峻極中院，法堂後簷壁閒有詩四句云：『一團茅草亂蓬蓬，驀地燒天驀地空。爭似滿爐煨榾柮，慢騰騰地煖烘烘。』字畫極草草，其旁隸書四字云『勿毀此詩』。寺僧指示僕曰：『此四字司馬相公親書也。』」乃知此是北宋人詩。惟「榾柮」今作「榾柮」，以字書考之，似當作「榾柮」爲是。然雙聲疊韻字止取其聲，本無定字。非觀此詩，不知「榾柮」之可作「榾柮」矣。彥周名顗。

王荆公改字

王荆公詩：「春風又綠江南岸，明月何時照我還？」吴中士人家藏其草，初云「又到江南岸」，圈去「到」字，注曰「不好」，改爲「過」；復圈去，而改爲「入」，旋改爲「滿」。凡如是十許字，始定爲「綠」。事見《容齋續筆》。余謂諸字皆不及「到」字之自然，正不必改也。

《晝錦堂記》

宋胡仔《漁隱叢話》引《桐江詩話》云：「永叔作《晝錦堂記》，開石了，以碑本寄張安道。安道云：『惜乎不先寄老夫，使此記遂有小纇。「以武康之節，來治於相」兩句中可去一字，不然「以武康之節，來治相」，又不然「以武康節，來治於相」。』」按：今人但知此文首二句「仕宦而至將相，富貴而歸故鄉」，兩「而」字歐公使人追回加之，卻不知有此説。「以武康之節，來治于相」語句無纇，張公之説似不必拘。然可見古人作文，甚留心虚字也。

畫舫之舟

宋周煇《清波襍志》云：「《蘭亭序》『絲竹管絃』，或病其説。而歐陽公《記直州東園》『汎以畫舫之舟』，南豐曾子固亦以爲疑。」

《岳陽樓記》

范文正《岳陽樓記》「先憂」「後樂」之語，千古稱之。然余謂此自文正素志，何忽發之於此？意則誠美矣，以作樓記而言，則似不甚切也。及讀宋范公稱《過庭録》云：「滕子京負大才，爲衆忌嫉，自慶帥謫巴陵，憤鬱頗見辭色。文正與之同年友善，正患無隙以規之。子京忽求《岳陽樓記》，故中云『不以物喜，不以己悲』『先天下之憂而憂，後天下之樂而樂』，其意蓋有在矣。」乃知文正有爲言之，非横逞議論也。

周煇《清波雜志》云：「滕子京守巴陵，修岳陽樓，或贊其落成，答以『落甚成，只待凭欄大慟數場』。」以此觀之，文正此文有爲言之也。

《齊東野語》載東坡行忠宣公辭免批荅云：「吾聞之乃烈考曰：『君子先天下之憂而憂，後天下之樂而樂』，雖聖人復起，不易斯言。」則竟以此二語用入王言。忠宣上遺表亦用之云：「蓋嘗先天下之憂，期不負聖人之學。此先臣所以教子，而微臣所以事君。」

楊徽之十聯詩

宋太宗選楊徽之詩十聯，寫於御屏，梁周翰詩所謂「誰似金華楊學士，十聯詩在御屏風」是也。此事熟在人口，十聯詩則罕能舉之者。王闢之《澠水燕談録》備載之：《江行》云：「犬吠竹籬沽酒客，鶴隨苔岸洗衣僧。」《寒食》云：「天寒酒薄難成醉，地迴樓高易斷魂。」《塞上》云：

「戍樓煙自直，戰地雨長腥。」《嘉陽川》云：「青帝已教春不老，素娥何惜月長圓。」又云：「浮花水入瞿塘峽，帶雨雲歸越巂州。」《哭江爲》云：「廢宅寒塘水，荒墳宿草煙。」《元夜》云：「春歸萬年樹，月滿九重城。」《僧舍》云：「偶題巖石雲生筆，閒繞庭松露濕衣。」《湘江舟行》云：「新霜染楓葉，皓月借蘆花。」《宿東林》云：「開盡菊花秋色老，落遲桐葉雨聲寒。」按：如《哭江爲》詩竟寫入御屏，宋時猶無忌諱如此。

文文山《正氣歌》有所本

宋人《儒林公議》無作者姓名云：「孔道輔爲寧州軍事推官，州天慶觀有蛇妖，郎將而下日兩往拜焉。道輔以笏擊蛇首，斃之。鄆人石介作《擊蛇笏銘》，有云：『夫天地有純正至剛之氣，鍾物與人。人有死，物有盡，此氣不滅，烈烈然亘百世而長在。在堯爲指佞草，在魯爲孔子誅少正卯刃，在齊、在晉爲南、董筆，在漢武朝爲東方朔戟，在成帝朝爲朱雲劍，在東漢爲張綱輪，在唐爲韓愈《論佛骨表》《逐鱷魚文》、爲段太尉擊朱泚笏，今爲公擊蛇笏云云。』」文信國《正氣歌》「天地有正氣，雜然賦流形」以下一段，全本此意。

司馬温公《解禪偈》

宋王闢之《澠水燕談録》云：「近士大夫多修佛學，温公患之，爲《解禪偈》六篇云：『忿怒如烈火，利欲如銛鋒。終朝長戚戚，是名阿鼻獄。』『顔回甘陋巷，孟軻安自然。富貴如浮雲，是名極樂國。』『孝弟通神明，忠信行蠻貊。積善來百祥，是名作因果。』『仁人之安宅，義人之正路。行之誠且久，是名不壞身。』『道德修一身，功德被萬物。爲賢爲大聖，是名菩薩佛。』『言爲百世師，行爲天下法。久久不可揜，是名光明藏。』」按：《孟子》七篇中無「自然」二字。「孟軻安自然」句，未詳其意。

七審

宋張邦基《墨莊漫録》云：「晁文元公深明理性，嘗作『七審』以代曾子『三省』之義：一、一切妄念能息否？二、一切外緣稍簡省否？三、一切觸境能不動否？四、一切語言能慎密否？五、一切黑白減分别否？六、夢想之閒不顛倒否？七、方寸之閒得恬愉否？」按：此「七審」當書坐右，以自檢束。

著書多廋語

宋費衮《梁谿漫志》云：「吴元中丞相敏宣和閒著《中橋見聞録》，記當時事，不敢斥言，大抵多爲廋語。其稱『安』者謂蔡攸，葢攸字居安，『實』者謂童貫，『木』者謂林靈素或朱勔也，他皆類是。」按：今人於書簡中或不欲指斥顯要者之名，輒以廋詞寓之，亦有所本矣。

唐人上宰相書無忌憚

唐王定保《摭言》載曹州布衣袁參《上中書姚令公元崇書》有云：「若使君當不測之時，遘不測之禍，身從吏訊，妻子滿獄，則參請以翳翳之身、渺渺之命，伏死一劍，以白君寃，使酷殺之刑不能陷君矣。」按：以平居無事之日爲此不祥之言，若在今人，雖自敵以下讀之大怒矣，古人無忌憚如此。

習詩賦杖一百

宋葉夢得《石林燕語》云："政和末，李彥章爲御史，言士大夫多作詩有害經術，詔送勅局立法。何丞相執中爲提舉官，遂定命官傳習詩賦杖一百。"

詩換魚肉

唐馮贄《雲仙雜記》云："開成中，物價至微，村落買魚肉者，俗人買以胡絹半尺，士大夫買以樂天詩一首。"

兩字對

王楙《野客叢書》云："石林凡看文字，采兩字以上對句，舉子用作賦，入仕用作四六，顯達用作制誥。」此法極佳，余嘗課孫兒陛雲屬對，即此意。

肝臟饅頭

宋胡仔《漁隱叢話》云：「大覺懷槤禪學外工詩，荆公嘗以其詩示歐公曰：『此道人肝臟饅頭也。』荆公不悟，問其意。歐公曰：『是中無一點菜氣。』」按：人知東坡言僧詩要無蔬筍氣，而不知有歐公此語。

一詩兩見

宋王楙《野客叢書》云：「『有月皆同賞，無秋不共悲』，此詩在《盧綸集》則曰《憶司空文明》，在《司空文明集》則曰《憶盧綸》，不知果誰爲也。」按：唐人一詩見兩集者甚多，此則尤奇。

《梅花百韵詩》

國朝李斗《揚州畫舫録》云：「焦繼軾字熊符，善爲謎，有《梅花百韵詩》，每首隱一物，一時傳之。」

《了閑集》

國朝王應奎《柳南隨筆》云：「吾邑孫狀元承恩原名曙，故字扶桑。爲諸生時，好以駢體爲經義。是時吴中有文社曰『同聲』，而孫實爲之領袖。所選丁亥房書名曰《了閑》，悉六朝麗語，風行海内。滿大臣剛公彈駁文體，扶桑至褫其衿。予見《了閑》首義，爲『學而時習之』全章。原起云：『且自芸吹緗古之香，杜隕求聲之草，桂殘招隱之花。』通篇語皆如是。此篇雖刻他氏，實扶桑自作，即一原起而構思一日夜云。」按：此集顧子山觀察曾有之，惜毁于兵火，不復存矣。然其文艷而不古，原起三語亦無深味，徒掇浮詞，謂搆思至一晝夜，吾不信也。孫承恩，順治戊戌科狀元。

茶香室叢鈔卷九

蒼頡二十八字

明焦竑《筆乘續集》云：「蒼頡《石室記》有二十八字，在蒼頡北海墓中，土人呼爲藏書室。周時無人識，秦李斯始識八字，曰『上天作命，皇辟迭王』。漢叔孫通識十二字。」

仙篆

宋張世南《游宧紀聞》云：「永福縣東南八十里羅漢寺之仙巖有篆書十，形體奇怪，環布巖石；不著姓名，人所未識，號曰『仙篆』。歐陽永叔嘗得之，喜其無鐫刻之蹟，如指畫成文。欲以番夷金書字圖號譯之，未暇也。蔡端明時守三山，以道家書釋之曰：『貧道守真一，中有不死術。亦莫得其據。余嘗見碑本，字勢夭矯，洒落奇妙；枝葉不屬，而脈絡皆通，信是奇怪。不知蔡忠惠觀道家何等書而識之，此字恐子雲未必識也。」

按：貴州永寧州紅厓山有字若大書深刻者，而無斧鑿痕，文不可識，土人呼爲《諸葛碑》。近來考古者或以爲殷高宗伐鬼方刻石紀功，或以爲三危禹蹟，或以爲苗民古書。道光中，新化鄒漢勛爲作釋文，凡二十五字，亦未知果是否。余得其拓本，字之大小、疏密、肥瘦不一。張之春在堂中，見者皆詫爲奇觀，此亦永福「仙篆」之類矣。

歐陽公《集古録》本劉原父

宋蔡絛《鐵圍山叢談》云：「劉原父出守長安，長安多古簋敦鏡甗尊彝之屬，因自著一書，號《先秦古器記》。而文忠公喜集往古石刻，遂又著書，名《集古録》，咸載原父所得古器名款。」

《韵類題選》

宋樓鑰《攻媿集·跋袁光禄轂事迹》云：「袁之著述傳于世者有《韻類題選》百卷，後學賴之，竊以爲古今類書第一。蓋類書必須分門，雖多出名公，而事多重疊，又必有襍門。惟此書以韵别之，讀者隨字徑取，一索而獲。每一目之下必有賦題，故名《題選》。」按：此乃以韵隸事之始。

明張岱《陶庵夢憶》云：「大父至老手不釋卷，常恨《韵府羣玉》《五車韵瑞》寒儉可笑，乃博采羣書，用淮南『大小山』義，摘其事曰《大山》，摘其語曰《小山》，事語已詳本韵而偶寄他韵下曰《他山》，膾炙人口者曰《殘山》，總名之曰《韵山》。小字襞積，厚如塼塊者三百餘本。一韵積至十餘本，《韵府》《五車》不啻千倍之矣。政欲成帙，胡儀部青蓮攜其尊人所出中祕書名《永樂大典》者，與《韵山》政相類，大帙三十餘本，一韵中之一字猶不盡焉。大父見而歎息曰：『書囊無盡，精衛銜石填海，所得幾何！』遂輟筆而止。」按：張氏此書不傳，亦殊可惜，雖不及《永樂大典》之富，然世人能見《永樂大典》者幾人？得見此書，亦觀止矣。

《草書韵會》

明楊慎《墨池瑣録》云：「金時錦溪老人張君用天錫集古名家草書，名曰《草書韵會》。其所取自漢章帝、史游起至金王萬慶，共二百五十七人。趙秉文爲之序。余猶及見金人版刻，其精妙神彩不減法帖。元末好事者又添鮮于樞，改名《草書集韵》。洪武初，蜀邸又翻刻，并趙序及諸書家姓名皆去之，刻又粗惡，可重惜也。」按：今則并蜀刻亦不可見矣。乾隆間，石梁豎庵撰《草字彙》，至今猶有印本，然在石君已不知有錦溪之書矣。

《韵會定正》

國朝錢曾《讀書敏求記》云：「孫吾與《韵會定正》四卷，平聲不分上下，别作一公、二居、三觚、四江等二十五韵，上聲别作一礦、二矩、三古、四港等二十五韵，去聲别作一貢、二據、三固、四絳等二十五韵，入聲别作一穀、二覺、三葛、四戛等一十三韵。吾與字子初，太常博士。」按：

此書世無傳者，其所更定部名，世亦莫之知矣。

《天竺字源》

宋宋庠《元憲集·贈傳法光梵二大卿》詩自注云：「二公作《天竺字源》，聖上爲之序。」

按：婁氏《漢隸字源》，其名本此。

《玉浮圖》

國朝納蘭成德《渌水亭襍識》云：「昔人好取華麗字以名類事之書，如《編珠合璧》《雕金玉屑》《玉英金鑰》《金匱寶海》《寶車》《龍筋鳳髓》《麟角天機錦》《五色線》《萬花谷》《青囊錦帶》《玉連環》《紫香囊》《珊瑚木》《金鑾香蘂》《碧玉芳林》之屬，未能悉數。聞國學鏤版向有《玉浮圖》，不知何書，當亦屬類家也。」

《極没要緊》

國朝錢曾《讀書敏求記》云：「公是先生《極没要緊》一卷，即劉原甫弟子記也。于時人或書名，或稱字，葢以微旨别其人之賢否耳。」按：如此亦非極没要緊者，不知何以有此名。

按：《四庫全書提要》云：「浙江所採遺書有《極没要緊》一卷，亦題公是先生撰。其文皆剽掇郭象《莊子注》語，似出依託，與此顯爲二書。今别存其目於道家類中。」然則《極没要緊》非公是弟子記也。

枝官碑

宋趙彦衛《雲麓漫鈔》云：「溧陽縣有東漢《潘長史枝官碑》，或疑其爲『校官』字。」按：宋時誤以「校官碑」爲「枝官碑」，大可笑。

《反金人銘》

晉孫楚《馮翌集》有《反金人銘》曰：「晉太廟有石人焉，大張其口，而書其胷曰：我古之多言人也。無少言，無少事！少言少事則後生何述焉？夫唯立言，名乃長久。胡爲塊然，生鉗其口云云。」按：《王仲宣集》有《反金人贊》云：「一言之賜，過乎璵璧。末世不敦，義與兹易。」似亦即此意，然語意簡略，猶未甚顯。孫子荆此銘則居然與金人反脣矣。

晉《潘黄門集》有《雨階銅人訓》云：「無曰莫傳，宣乎四海；無曰莫聞，響振萬里。」此則庶乎金人之遺意也。

《三字經》

國朝喬松年《蘿藦亭札記》云：「童子所誦《三字經》，有王相者注之，謂是王伯厚所作。淩揚藻《蠡勺編》云乃南海區適子所撰。適子字正敬，宋末人，入元不仕，見《廣州人物傳》。」

《千字文》

唐王定保《摭言》云：「顧蒙，宛陵人，博覽經史，亦一時之傑。避地至廣州，困於旅食，至書《千字文》授於聾俗，以換斗筲之資。」據此則唐人已以《千字文》教童子矣。

國朝歐陽泉《點勘記》云：「『飽飫烹宰，饑厭糟糠』一作『飽厭烹宰，飢飫糟糠』，尤有理。」按：作「饑厭」則「厭」與「饜」同，作「飽[一]厭」則「厭」謂厭棄也。

又謂「律呂調陽」原作「律召調陽」，此則本於宋錢易《南部新書》，謂智永禪師所寫真草《千字文》俱作「律召」。

陽六爲律，陰六爲吕，則「律吕調陽」義固未合，然作「律召調陽」亦屬難通。愚謂當作「律調召陽」，言六律調則可以召陽氣也。鄒子吹律而黍谷春回，即其事矣。

[一] 飽，原訛「鮑」，據上文改。

家書以《千字文》編號

宋韓元吉《南澗甲乙稿》有《赴信幕》詩云：「游宦三年方啟足，家書千字又從頭。」自注曰：「家書以《千字文》爲號。」

上大人

國朝張爾岐《蒿庵閒話》云：「禪宗正脈臨濟宗載提刑郭祥正字功甫謁白雲禪師。白雲上堂曰：『夜來枕上作得箇山頌，謝功甫大儒遠訪之勤，當須舉與大衆，已後分明舉似諸方。豈惟謝功甫，直要與天下有鼻孔衲僧脱卻著肉汗衫。』乃『上大人，丘乙己，化三千，七十士。爾小生，八九子，佳作仁，可知禮也』。」按：此知宋時此數語已盛行，故白雲舉此以示郭功甫。或因謂此即白雲枕上所作，則大誤矣。

場屋中字體

宋孫奕《示兒編》云：「誠齋先生楊公考校湖南漕試，同寮有取《易》義爲魁。先生見卷子上書『盡』字作『尽』，必欲擯斥。考官力爭不可，先生云：『明日揭榜，有喧傳以爲場屋取得箇尺二秀才，吾輩將何顏！』竟斥之。」

又云：「廬陵出《聖武爲天下君賦》，押『君』字者，隔句皆押『能羣』韵，而多寫作『群』。後主文出院云：『二十文韵中無群字。』凡如此寫者皆不敢取。」按：此較「尺二秀才」殊爲小疵，乃竟見擯。是古人於筆畫閒，亦未始不斤斤講究也。

右文

宋沈括《夢溪筆〔一〕談》云：「王聖美治字學，演其義以爲右文。古之字書皆從左文，凡字其

〔一〕筆，原訛「夢」，據蔡啟盛《校勘記》改。

類在左，其義在右，如水類其左皆從水。所謂右文者，如戔，小也，水之小者曰淺，金之小者曰錢，貝之小者曰賤，如此之類皆以戔爲義也。」按：此乃六書形聲中之聲而兼義者。

廿卅卌三字音

明焦竑《筆乘》云：「廿音入，而集反。《説文》：『二十并也。』俗音念，誤。三十并爲卅，音撒，先合反；四十并爲卌，音錫，先立反。」此三字今皆失其音讀，宜表出之。愚謂廿宜音聶，故其轉音爲念，亦猶捻字之有聶音也。十音拾，廿音聶，卅音撒，卌音錫，則讀之了然矣。

荼𣚷茶

唐陸羽《茶經》云：「其字或從草，或從木，或草木并。」注云：「從草作荼，從木作𣚷，從草木并作茶。」

按：《廣韵》宅加切有「荼」字，注云：「苦菜，又音徒。」「𣗪」字注云：「春藏，葉可以爲飲。」「荼」字注曰：「俗。」是「荼」爲苦菜，「𣗪」「荼」二字「𣗪」正而「荼」俗，乃飲茶之茶也。今「茶」行而「𣗪」廢，別有「𣗪」字從草從二木，古無此字。

𦝫

元微之《連昌宮詞》：「李謩壓笛傍宮牆，偷得新翻數般曲。」世所通行本皆如此。宋張邦基《墨莊漫録》作「𦝫笛」云：「《玉篇》𦝫，烏協切，指按於笛而云𦝫。此字之妙也。」按：「𦝫」字未詳，《廣韵》《集韵》皆無之，檢《玉篇》亦未得。

念字去一畫

國朝冒丹書《婦人集補》云：「秣陵丁雄飛婦卜氏，名曇，字四香。雄飛在燕都，得四香手書，書中念字俱少一畫。始悟念字從人從二心，中去一畫，殊見用意也。」按：念本從今從心，非從人從二心也。然閨闈雅意不當泥六書論。

以髻爲替

宋宋祁《景文集》有《乞禁使俗字疏》，云：「昔隋唐詔敕以髻爲『替移』之字，後因顏師古摘發其謬，始議改焉。當時以髻爲替，猶今以勅爲敕。夫髻、替雖繆，尚是一音；勅、敕相訛，遂乖兩讀。」按：「髻」不知何字，景文謂與替一音，豈即「鬀」之俗字乎？

嬌饒

國朝錢曾《讀書敏求記》「毛晃《增修禮部韵略》」下云：「宋子侯《董嬌饒》詩出《玉臺新咏》。初非嬈字，《玉篇》《廣韵》從無嬈音作平聲也。毛晃取此字增入宵韵，引杜詩『佳人屢出董嬌嬈』句爲證。歷考古人所用嬌饒並是食旁，無從女者，《藝文》《樂府》及宋本杜集皆然，不知毛晃何據妄增。後人并改嬌爲妖，舉世襲用已久，而嬌饒字竟亡矣。」

按：《集韵》三《蕭》已收「嬈」字，裒聊切。然止云「煩也，一曰心不欲也」，無妖嬈之義。

古文己字

宋沈括《夢溪筆談》云：「古文己字從一從亡，當云「作亡」方是。此乃通貫天地人，與王字義同，中則爲王，或左或右則爲己。」按：此雖宋人字說，而亦有理。

可字

宋范公稱《過庭録》云：「崧山隱者敏文時一作如嘗有《字説》，解『可』字云：『方釘丁時，必象其孔之可否。』」按：此等説穿鑿可笑，王荆公《字説》之濫觴也。「又解『母』字曰：『方爲女時未有所乳，爲母則兩乳垂矣。』」此則與《説文》象乳子之義適合。

豩

宋姚寬《西溪〔一〕叢語》云：「劉夢得有『樽前膽不豩』，趙嘏有『吞船酒膽豩』，《禮部韵》《唐韵》並無，《集韵》在《山字韵》，音呼關切，頑也。」余按：《集韵·山韵》無豩字，《删韵》有豩字，呼關切，字從二豕，豳字實從此，作豩非也。國初宋長白《柳亭詩話》謂「豩讀作頑」，按：「豩」音與懁同，不讀作頑。

書宋爲宋

歐陽公《歸田録》云：「宋丞相庠尤精字學，其在中書，堂吏書牒尾，以俗體書『宋』爲『宋』。公不肯下筆，曰：『此不是吾姓。』堂吏惶恐改之，乃肯書名。」

〔一〕 溪，原訛「漢」，據蔡啟盛《校勘記》改。

木易楊

「楊」字從木從昜，而今人稱姓楊者爲「木易楊」，此誤昜爲易也。宋王楙《野客叢書》云：「《真誥》有爲姓楊人作離合書者曰『偃息盛木，玩執周書』，其意謂周書爲易。乃知以『木易』爲楊姓，其來久矣。」

字可愈瘧

國朝丁星海《湖北詩徵傳略》云：「趙繼抃，字介臣，於國初起義，被獲，不屈死。工書，筆力遒勁。某姓藏最夥，燒灰治瘧有奇效。」按：正氣自足祛邪，然古來忠臣義士遺翰猶多，何此君筆墨之獨靈邪？

翦賣古人字

唐馮贄《雲仙襍記》云：「有人收得虞永興與圓機書一紙，翦開字字賣之。礬卿一字得麻一斗，鶴口一字得銅硯一枚，房村一字得芋千頭。」

《百壽字圖》

國朝錢曾《讀書敏求記》云：「《百壽字圖》一卷，紹定己丑静江令史渭刻于夫子巖。正德丁卯，昆明趙璧又得二十四體，編成一書。」按：紹定，宋理宗年號，今世流傳《百壽圖》未知即此否。余嘗集古印文壽字得百體，作《百壽文》，曾用西法照印於滬上。

四嬋娟

國朝王之春《椒生隨筆》云：「孟東野詩：『花嬋娟，泛春泉；竹嬋娟，籠曉煙；雪嬋娟，不長妍；月嬋娟，真可憐。』楊升庵嘗令繪工繪此爲《四時嬋娟圖》，以花當春，以竹當夏，以月當秋，以雪當冬。」

尺紙七萬字

無名氏《負暄野録》云：「漢師宜官善書，大則徑丈一字，細則方寸千言。黄長睿跋細字《華嚴經》云：『書是經者尺紙作七萬字。』若以宜官方寸千言概之，已爲有餘，恐決無是理，余不敢以爲然。」

按：《杜陽襍編》：「南海貢奇女盧眉娘，能於一尺絹上繡《法華經》七卷。」然則古來奇技亦未可以理測也。

百衲碑

明王世貞《弇州山人四部稿》云：「韓魏公作晝錦堂，歐陽文忠爲記，蔡忠惠書之。忠惠每一字必寫數十赫蹏，竢合作而後用之，以故書成特精絶，世所謂『百衲碑』是也。」此亦可備臨池之一法，然唐以前書家恐未屑爲此也。

堆墨書

宋王闢之《澠水燕談録》云：「陳文惠善八分書，點畫肥重，自是一體，世謂之『堆墨書』。鎮鄭州日，府伶人戲以一幅大紙濃墨塗之，當中以粉筆點四點。問之何字也，曰：『堆墨書田字。』文惠大哂。」

染指書

宋馬永卿《嬾真子》云：「温公私第在縣宇之西北數十里，廳事前有棣華齋，轉而東有柳塢、待月亭及竹閣。巫咸榭正對巫咸山，後有賜書閣。諸處榜額皆公染指書。其法以第二指尖抵第一指頭，指頭微曲，染墨書之。」按：温公能染指書，亦世所罕知者。

圖書

宋張耒《柯山集·楊克一圖書序》云〔一〕：「甥楊克一，夢人授圖書，凡三十有一體，大抵皆其姓名，字變易迭出頗奇。」又云：「圖書之名，予不知其所起。蓋古所謂璽，用以爲信者。克一既好之，其父補之愛之尤篤，能悉取古今印法，盡録其變，謂之《圖書譜》。」按：明人都元敬《聽雨紀談》云：「古人私印有曰某氏圖書，蓋惟以識圖畫書籍，而其他則否。今人私刻印章，槩以圖書呼之，誤矣。」都氏此論固是，然觀此則宋人已呼印章爲「圖書」矣。

印文作卍字式

宋周密《志雅堂襍鈔》云：「王駙馬有一印文，曰『晉卿珍玩』，乃作卍字，此樣式未及見也。」

〔一〕 楊，原訛「湯」，據《柯山集》卷四〇改。下同。

圍子

《太平廣記》引《玉堂閒話》云：「有一士人，嘗於寢寐間若被官司追攝，至一處，有大官曰：『誤追，宜速放去。』士人乃前啟曰：『願知平生官爵所至。』陰官取紙一幅，以筆墨畫作九箇圍子；別取青筆，於第一個圍子中點一點而與之。及寤，文字宛在懷袖間。士人官至冀州録事參軍而卒。九圍子乃九州也，冀爲九州第一，故點之；其點青者，參軍緑袍也。」

按：「圍子」今所謂「圈字〔一〕」也，劉蜕《文冢銘》云「有朱墨圍者」。

《行樂圖》

唐裴孝源《貞觀公私畫史》有《少年行樂圖》，劉填畫，隋朝官本。然則《行樂圖》之名亦

〔一〕字，疑當作「子」。

古矣。

畫墨鬼

明程敏政《宋遺民録》載龔聖與開《自題中山出遊圖》，有序云：「在昔善畫墨鬼，有姒頤真、趙千里。千里丁香鬼誠爲奇特，可惜去人物科太遠，故人得以戲筆目之。頤真鬼雖甚工，然其用意猥近，甚者作髯君野溷，一豪豬即之，妹子持杖披襟趕逐，此何爲者邪？僕今作《中山出遊圖》，蓋欲一洒頤真之陋。」按：近世羅兩峯山人以畫鬼得名，觀此知其有自來也。所稱「髯翁」即鍾馗也。《中山出遊圖》亦畫鍾馗及其妹。

《六逸圖》

宋樓鑰《攻媿集·跋揚州伯父六逸圖》云：「嘗見古畫《六逸圖》：孫登長嘯，阮孚蠟屐，淵明以巾漉酒，韓伯休賣藥，邊孝先晝眠，畢卓甕下，皆非同時，特取其逸耳。滕子濟藏《唐人出游圖》亦六人：宋之問、王維、李白、高適、史白、岑參。雲林子跋云：『據其名題，或有弗同時者，而揚鑣並驅，睇盼相語，以爲得意忘象。』」

按：揚州君所圖六逸：淵明聯句，山谷西軒，真長望月，太白把酒，玉川啜茶，東坡題詠也。樓氏先列其目，而跋中不及，故補録之。

《攻媿集》又有《六逸圖跋》，先列其目云「孫登長嘯，馬融卧吹笛，陶潛漉酒巾，邊詔晝眠，阮孚蠟屐、金貂换酒，畢卓甕下」，較揚州君所圖有馬融而無韓伯休爲小異。又有「雅放樂暢達逸」六字，云「蘇子美書」，蓋以此六字品此六子也。

得一故事則書

宋葉夢得《避暑録話》云：「晏元獻平居書簡及公家文牒未嘗棄一紙，皆積以傳書，雖封皮亦十百爲沓，以鐵界尺鎮桉上。每讀得一故事，則書以一封皮，後批門類，蓋今『類要』也。」

按：古人之勤學及惜物如此，可以爲法也。

生書熟書

國朝鄭方坤《删補五代詩話》云：「鄉塾教子弟，未讀之書謂之生書，已讀之書謂之熟書。杜荀鶴詩云：『出爲羈孤營糲食，歸同弟姪讀生書。』則此二字唐人已然。」

焚時文

宋吕本中《師友襍志》云：「王信民試南省第一，頗收畜時文。謝無逸問：『用此何爲？』曰：『恐登科須作學官，要此用耳。』無逸曰：『前日不免爲此，爲覓官計耳。今尚復爾，是無時而已也。』信民痛自咎責，盡取所畜時文焚之。」按：今人以時文爲敲門甎，宋人已如此矣。

雕印

《雲溪友議》云：「紇干尚書泉，苦求龍虎之丹十五餘稔。及鎮江右，乃大延方術之士，作

《劉弘傳》，雕印數千本，以寄中朝。」按：此則雕刻書籍，唐時已盛行矣。

新聞

宋趙升《朝野類要》云：「朝報，每日門下後省編定，請給事判報，方行下都進奏院，報行天下。其有所謂内探、省探、衙探之類，皆衷私小報，率有漏洩之禁，故隱而號之曰新聞。」按：此則今時外國所出新聞報，其名亦古矣。

記日本國人語

日本人原善著《先哲叢談》云：「梁田蛻巖謁後藤松軒講《論語》，松軒曰：『《論語》猶麒麟，《孟子》猶師子。吾子所説佳則佳矣，但説麒麟爲師子，失聖人温良之意。』」此喻殊爲精切。又載秋山儀之言曰：「余與古伯彝同嗜酒，伯彝爲柳下惠，余則伯夷。蓋伯彝不問善否，而余則非醕不飲也。」此説亦雋，可入《今世説》。

又載藤原明遠之言曰：「三代之書有三代之言辭氣象，漢魏之書有漢魏之言辭氣象。宋儒每每以近言解古言，以今意解古意。即以明德言之，朱子以心之虛靈不昧説『明德』，非不精妙。然『明德』一語，《尚書》《易》《詩》《左傳》每每言之，皆以爲聖人之道德光輝發越以施乎物者，未嘗以心之妙用説之也。豈《大學》别有此意乎？」按：此説亦切中宋儒之弊。日本人之講宋學，自藤原惺窩始，而林羅山成之。惺窩名肅，羅山名忠，明萬曆閒人。日本之講漢學，自伊藤仁齋始，而物茂卿〔一〕成之。仁齋名維楨，茂卿名雙松，國朝康熙閒人。此東國學派之源流也。

鵜學問

日本《先哲叢談》云：「三宅正名號石庵，世呼石庵爲『鵜學問』，謂其首朱子、尾陽明也。」按：《山海經》「單張山有鳥，似雉，文首、白翼、黄足，名曰白鵺」，當取此義爲戲也。

〔一〕卿，原訛「鄉」，據蔡啟盛《校勘記》改。下同。

蝨先生

日本《先哲叢談》云：「宇都宫三近號遯庵，於四子書及諸書著標注，以便初學，時稱『蝨先生』。蓋其標注皆蠅頭細字，猶蝨著衣，故云爾。」「蝨先生」之名新甚。

狐字狸字

日本國人東龜年《藍田文集》有《狐字記》曰：「上毛之野，有一白頭翁，號幸庵，自云年百二十八，以浮圖之教教人，喜書壽字，必識其年。偶有設浴而請者，浴極熱，跳而出，則披毛而濡尾。侍浴者愕呼，主人走視之，爲一老野狐，三鳴而去。」又《書老狐幸庵壽字後》云：「不佞爲家兄題老狐幸庵年百二十八書壽字，記其顛末。久之，醫官秦士謹亦袖幸庵年百二十九書壽字見示。尋余過叡麓匽董鋪，壁閒挂壽字一幅，百二十七翁幸庵書。」按：此則幸庵所書壽字在彼國必甚多矣。

《藍田文集》又有《爲白士直題貍字》云：「有貍久伏吏舍牀下，時以國字作『龜鶴千歲可喜』字貽人，名曰『加妙藏』。自謂千年老貍，又自稱吉宫神。其出必以夜，牝曰滿知，雖夜不出。其書倘不署名，於欵識作六七朵，蓋似其蹯而非也，豈花押邪？」按：此與幸庵壽字可謂兩奇跡矣。

茶香室叢鈔卷十

春月放園

《黄氏日抄》云：「温公粝獨樂園。洛俗春月放園，園子得茶湯錢，與主人平分。一日，園子吕直納錢十千，公命持去。後十餘日，吕直粝一井亭，問之，乃用前不受十千也。」按：今吴下人家有花園者春日縱人游賞，余甚不謂然，乃此風自宋然矣。

假山之始

《三輔黄圖》言：「梁孝王築兔園，園中有百靈山，有膚寸石、落猿巖、栖龍岫。」此假山之始。

《三輔黄圖》又引《漢舊儀》云：「茂陵富民袁廣漢於北山下築園，東西四里，南北五里。激流水注於中，構石爲山，高十餘丈，連延數里。」未知與孝王事孰先後也。《後漢書・梁冀傳》：「采土爲山，十里九坂，以象二崤，深林絶澗，有若自然。」此則土山，而非石山也。

後魏楊衒之《伽藍記》云：「司農張倫，最爲豪侈，園林山池之美，諸王莫及。倫造景陽山，有若自然。其中重巖複嶺，嶔崟相屬；深谿洞壑，邐迤連接。高林巨樹，足使日月蔽虧；縣葛垂蘿，能令風煙出入。崎嶇石路，似壅而通；崢嶸澗道，盤紆復直。是以山情野興之士，游以忘歸。天水人姜質，志性疏誕，麻衣葛巾，有逸民之操，遂造《亭山賦》傳於世。」按：唐以前假山之見於紀載，無詳於此。

些子景

國朝劉鑾《五石瓠》云：「今人以盆盎間樹石爲玩，概稱盆景，元人謂之些子景。丁鶴年有《爲平江韞上人賦些子景》詩。」

梅竹石三友

宋羅大經《鶴林玉露》載東坡贊文與可《梅竹石》云：「梅寒而秀，竹瘦而壽，石醜而文，是爲三益之友。」今人但知松、竹、梅爲三友，莫知梅、竹、石之爲三友也。

召客共作一簡

宋胡仔《漁隱叢話》載司馬温公真率會約有一條云：「召客共作一簡，客注可否於字下，不別作簡。」按：今人請客亦有用此例者。

元夕聽人言語

宋曾敏行《獨醒雜志》云：「江西人遇元夕，多以人静時微行，聽人言語，以占一歲之所爲通塞。新喻李仲謙爲舉子時，是夕行于溪上，見漁者炬火捕魚，其一連呼曰『裹大有，裹大有』，仲謙異之。其年秋試，更名『大有』，遂中選。」按：唐人已有鏡聽詞，此則不必用鏡。今人有所謂「聽響卜」者，殆即此邪？

宋朱弁《曲洧舊聞》云：「曾叔夏尚書應舉時，元夕偕友生出聽響卜，至御街，有士人緩步大言誦東坡謝表曰：『彈冠結綬，共欣千載之逢。』曾聞之喜，遂疾行。其友後至，則聞曰：『掩面向隅，不忍一夫之泣。』是歲曾登科而友生果被黜。」

結羊腸

元揭傒斯曼碩〔一〕詩有《結羊腸》詞云：「正月十六好風光，京師女兒結羊腸。焚香再拜禮神畢，翦紙九道尺許長。撚成對綰雙雙結，心有所祈口難說。爲輪爲鐙恒苦多，忽作羊腸心自別。」按：此俗未知今時尚行否。讀此詩猶可見其大略，俟遇久居京師者問之。

〔一〕碩，原訛「若」，據《元史》卷一八一改。

紗囊盛食

晉王嘉《拾遺記》云：「周昭王時，東甌獻二女，一名延娟，一名延娛。及昭王淪於漢水，二女同溺。江漢之人到今思之，至暮春上巳之日，或以時鮮甘味採蘭杜包裹，以沉水中，或結五綵紗囊盛食，或用金鐵之器並沉水中，以驚蛟龍水蟲，使畏之不侵此食也。」按：楚人之祭屈原，即本此意。

梁吴均《續齊諧記》云：「屈原五月五日投汨羅水，楚人哀之。至此日，以竹筒子貯米投水，以祭之。漢建武中，長沙區曲忽見一士人，自云三閭大夫，謂曲曰：『常年爲蛟龍所竊，當以楝葉塞其上，以綵絲纏之。此二物蛟龍所憚。』曲依其言。今五月作粽并帶楝葉、五花絲，遺風也。」按：此蓋楚俗，舊有此説，故祭昭王、祭屈原並用其法耳。區曲之言，或後人故神其説。

《太平御覽·飲食部》引《異苑》云：「屈原婦作糉。」則糉又屈原之婦所爲矣。

國朝馬驌《繹史》引王肅《喪服要記》云：『五穀囊者，伯夷、叔齊餓死首陽，恐其魂之饑也，故設穀囊。」此又在楚人祀昭王之前。所引《喪服要記》，皆孔子問而哀公答之之語，頗多異聞。

如云表門起於禹、菰廬起太伯、桂樹起介子推、魂衣起宛荆、桃湯起衞靈公女，皆異聞也。今世喪家縣麻布於門，疑即古表門之遺制。

《水經注·汾水篇〔一〕》引《喪服要記》設桂樹事而駁之曰：「余按：夫子尚非璠璵送葬，安能問桂樹爲禮乎？王肅此證近於誣矣。」然則《喪服要記》之言固不盡足據。

十二月乘涼

宋蔡絛《鐵圍山叢談》云：「嶠南苦熱，有博白守嘗題其便坐曰：『十有二月望，劉子友納涼。』」

余從前在新安，曾見一衣紗表而皮裏，咸以爲怪。今以臘月納涼推之，則知北方苦寒，必有袗絺綌之時，而不可不披裘者，此衣固必有所用之矣。

〔一〕篇，原訛「扁」，據蔡啟盛《校勘記》改。

報曉

元吴自牧《夢粱録》云：「每日交四更，諸山寺觀已鳴鐘，庵舍行者頭陀打鐵板兒或木魚兒，沿街報曉。」按：宋時杭州有此報曉之例，今雖他處亦未聞也。

天下都綿襖

《齊東野語》云：「余嘗於南榮作小日閣，名之曰獻日軒。幕以白油絹，通明虚白，盎然終日。有客戲余曰：『此所謂天下都綿襖者。』相與一笑。後見何斯舉《黄綿襖子歌》，乃知古有此語。」今人但知「黄綿襖子」之語，而「都綿襖」之語無知者。

二月二十二

國朝宋長白《柳亭詩話》云：「明制，小閹服藥後過堂，令誦『二月二十二』一句，驗其口吃與否。此五字見《李義山集》：『二月二十二，木蘭開拆初。』」

三十口

元鮮于樞《困學齋襍録》云：「飲食以三十口爲平，過則爲多，不及爲將病。」原注云：「此不知出處，當考。」

古人以痘爲熱病

《北史·崔瞻傳》附《崔逞傳》云：「瞻經熱病，面多瘢痕。」按：此疑即今之痘也。古無痘名，故但謂之「熱病」。

天鯨

明徐渭《青藤書屋集》有《郁君小像贊》，注云「面天鯨者」，其詞云：「瓜匏白肥，但可醃葅；松柏多鱗，乃中梁柱。相君之貌，安得不去彼而取此？」按：「天䵩」當謂痘疤，即唐人所詠之「面花」也。此贊詞意較滿面裝花更進，有面花者得此生色矣。

痣

國朝陸烜《梅谷偶筆》云：「凡人身上有痣，其色視初生之時：寅卯辰時其痣青，巳午未時其痣紅，申酉戌時其痣白，亥子丑時其痣黑。」按：此恐亦譫言。痣之初生，誰覺之乎？

兜不上下頦

《齊東野語》引「匡説詩，解人頤」二句而釋之曰：「至今俗諺以人喜甚者謂『兜不上下頦』，即其意也。」又云：「本朝盛度以第二名登第，其父喜甚，解頤而卒。又岐山縣樊紀登第，其父亦以喜而頤脱，有聲如破甕。」

俏

國朝沈濤《銅熨斗齋隨筆》云：「今人謂美好爲俏。案《朝野僉載》云：『周韶州曲江令朱隨侯、女夫李逖、遊客爾朱九並姿相少媚，廣州人號爲三樵。』原注：『音七肖反。』是唐時止作樵字，《集韵〔一〕》始有『俏』字。《武林舊事》褋扮有胡小俏、鄭小俏、自來俏，此字葢盛行於宋末。」

嘖嚏大吉

國朝梁同書《直語補證》云：「《燕北録》：『戎主太后嘖嚏，近位臣僚齊聲呼「治夔離」，猶漢呼萬歲。』今鄉里俗傳小兒女嘖嚏，亦呼『百歲』及『大吉』以解之，本此。」余故人英蘭坡中丞

〔一〕韵，原訛「韵」，據蔡啟盛《校勘記》改。

曾繪一人作噴嚏之狀，余題其下方，有「大吉大利」之語。

變髭鬢爲白

鄭文寶《南唐近事》云：「烈祖輔吴之初，以爲非老成無以彈壓，遂服藥變其髭鬢，一夕成霜。」按：染白爲黑，世多有之；變黑爲白，則僅事也。未知所服何藥。

晉嵇含《南方草木狀》云：「菴摩勒樹葉細如合昏，花黄，實似李，青黄色，核圓作六七稜。食之先苦後甘，術士以變白鬚髮有驗。」按：此當亦是變白爲黑，非變黑爲白也，而在今不知爲何物。

轉矢氣

宋蔣正子《山房隨筆》云：「三山林觀過七歲，嬉游市中，以鬻詩自命。或戲令詠『轉矢氣』，云：『視之不見名曰希，聽之不聞名曰夷。不啻若自其口出，人皆掩鼻而過之。』」按：「轉矢氣」即所謂屁也。《廣韵》六《至》有「屁」字，云「氣下洩也，匹寐切」；又有「糟」字，云「上同」。

《山海經》曰：「東始之山，泚水出焉，其中多泚魚，食之不糟。」注云：「糟，失氣也。」是古字作「糟」，而《廣韵》則以「屁」爲正字。今「屁」行而「糟」廢，「轉矢氣」則宋時俗語，今不聞矣。

宋周密《癸辛襍識》云：「章宗卿善謔，與同舍聚話，吴棣調之。章若不聞，良久忽曰：『頃與衆人會語，俄聞惡臭，時舍弟達之在焉，久乃覺其自達之也，退而誚之曰：「吾弟，吾弟，衆皆在此説話，吾弟卻在此放屁邪？」』衆皆大笑。」按：此二字亦見於記載，大奇。

宣連

宋許景衡《横塘集》有《襍説》云：「《本草》：『宣連，微寒，味苦，無毒。』凡嬰兒始生，必以飼之，曰是能去其腸胃閒積毒。居頃，始乳之，既而復飼以宣連，則弗食之矣。」按：今人飼嬰兒猶用此法。

嗄啫啫

國朝吴振臣《寧古塔紀略》云：「生子滿月下摇車，如吾鄉之摇籃，小兒哭不已則摇之，口念『巴不力』，如吾鄉之『嗄喏喏』也。」按「嗄喏喏」乃父母噢咻之聲，不意亦見紀載。

採生

今律有採生之條，初未詳其説。明都穆《都公談纂》云：「湖廣岳州，其地有殺人者，謂之採生。遇閏月，人五六成羣，以長竹竿挑小筐籃，竿上有鈎，用以鈎人。凡逢人採隻不採雙，雖親識遇之，亦不能免。僧或婦人尤善，彼地人謂婦人、和尚利市十倍於男子也。又採生時，或反被有力者所縛，每人出銀五十兩，謂之買命錢。」

舟行伐鼓

宋陸游《入蜀記》云：「二十六日，五鼓發船，是日舟人始伐鼓。」按：放翁於六月十七日入鎮江，二十日遷入嘉州王知義船，蓋始易江船也。王知義當是舟人之名，得附此記以傳，亦幸矣。「二十五日，欲出江，舟人辭以潮不應，遂宿江口。至二十六日，始出江。」然則舟行伐鼓，亦惟江行之船爲然，其行於内河者，不伐鼓也。

石大夫

國朝王漁洋山人《夫于亭襍録》云：「齊魯之俗，多於村落巷口立石，刻『太山石敢當』五字，云能暮夜至人家醫病。北人謂醫士爲大夫，因又名之曰『石大夫』。」按：此五字南中亦有之，而無醫病之説，亦無大夫之稱。

藥稱一帖

宋葉紹翁《四朝聞見録》云：「寧皇每命尚醫，止進一藥，戒以不用分作三四帖。蓋醫家初無的見，以衆藥嘗試人之疾，寧皇知其然。」按：今稱藥爲「一帖」「兩帖」，其語自宋已然矣。

又云：「王大受之父克明，號名醫，遇病雖數證，亦只下一藥，曰：『此病之本也，本除而餘病去矣。』」按：此真名醫之言，今世安得有此人哉！

雞卜

宋蔡絛《鐵圍山叢談》云：「《漢·郊祀志》言『粵人信鬼，而以鷄卜』，李奇注謂『持鷄骨卜』也。今粵俗實用鷄卵爾。其法先祭鬼，乃取鷄卵，墨畫其表，以爲外象。畫皆有重輕，類分我別彼，猶《易》卦所謂世與應者。于是北面詔鬼神而道厥事，投卵鐺中，烹之熟，則以刀横斷鷄卵。其黄白厚薄處爲内象配外象之彼我，以求其侵克與否。卜病卜行人，殊有驗。」

宋周去非《嶺外代答》云：「南人以鷄卜，其法以小雄雞未孳尾者，執其兩足，焚香禱所占而撲殺之。取腿骨洗淨，以麻線束兩骨之中，以竹挺插所束之處，俾兩骨相背於竹挺之端，執挺再禱。左骨爲儂，儂者我也；右骨爲人，人者所占之事也。乃視兩骨之側所有細竅，以細竹挺長寸餘者徧插之，或斜或直，或正或偏，各隨其斜直正偏〔一〕而定吉凶。亦有用鷄卵卜者，焚香禱祝，書墨於卵，記其四維而煮之，熟乃横截，視當墨之處，辨其白之厚薄，而

〔一〕偏，原訛「徧」，據蔡啟盛《校勘記》改。

定儂人吉凶焉。」然則或以骨，或以卵，備此二説，鷄卜之法乃備。此雖小事，亦可補史注之闕。

《嶺外代答〔一〕》又載「茅卜法」云：「卜人信手摘茅，取占者左手，自肘量至中指尖而斷之，以授占者，使禱所求。即中摺之，祝曰：『奉請茅將軍、茅小娘，上知天綱，下知地理云云。』口且禱，手且掐，自茅之中掐至尾，又自茅中掐至首，乃各以四數之，餘一爲料，餘二爲傷，餘三爲疾，餘四爲厚。料者雀也，謂如占行人，早占遇料，行人當在路，此時雀已出巢故也。日中占則行人當晚至，雀至暮方歸爾。晚占則雀已入巢，不歸矣。傷者聲也，謂之笑面貓，其卦甚吉，百事歡欣和合。疾者黑面貓也，所在不和合。厚者滯也，凡事遲滯。」余按：《離騷》曰：「索藑茅以筳篿兮，命靈氛爲余占之。」注曰：「藑茅，靈草也。筳，小折竹也。楚人名結草折竹以卜曰篿。」然則茅卜固是古法，而筳爲小竹挺，則雞骨卜之用竹挺徧插，亦其遺意矣。

〔一〕代答，原訛「答問」，據蔡啟盛《校勘記》改。

迎茅娘

宋周去非《嶺外代答》云：「欽廉子未娶而死，則束茅爲婦於郊，備鼓樂迎歸，而以合葬，謂之『迎茅娘』。」按：「迎茅娘」之名甚奇，可入樂府。嫁殤娶會，自古有之，欽廉此俗轉勝於蒼舒之「聘甄女」也。

猺人木契

宋周去非《嶺外代荅》云：「猺人無文字，其要約以木契投牒，州縣亦用木契。余嘗攝靈川縣，有猺人赴縣投木契。乃一片之版，長尺餘，左邊刻一大痕及數十小痕於其下，又刻一大痕於其上，而於右邊刻一大痕，牽一線道，合於右大痕。又於正面刻爲箭形及以火燒爲痕，而鑽版爲十餘小竅，各穿以短稻穰而對結緺焉。殊不曉所謂，譯者曰：左下一大痕及數十小痕，指所論讐人將帶徒黨數十人以攻我也。左上一大痕，詞主也。右一大痕，縣官也。牽一線道者，詞主投縣官也。刻爲箭形，言讐人以箭射我也。火燒爲痕，乞官司火急施行也。版十餘竅而穿草結縭，欲讐人以牛十餘頭備償我也，結縭以喻牛角也。」按：此等詞訟真同卦影矣，譯者乃能代達之。然詞主及爲所論者竟無主名，不審何以斷斯獄。

納款

宋周去非《嶺外代答》云：「乾道丁亥，静江猺人犯邊，計窮歸命，乃詣帥府納款。其詞曰：『某等既充山職，今當鈐[一]束男姪，男行把棒，女行把麻，任從出入，不得生事。若生事者，上有太陽，下有地宿。其翻背者，生男成驢，生女成豬，舉家絶滅。不得翻面説好，背面説惡，不得偷寒送暖。上山同路，下水同船，男兒帶刀，一邊一點，一齊同殺盗賊。不用此款，並依山例。』」按：史傳並有「納款」之言，據此則「款」乃誓辭，實有所納也。

又按：周氏以「款塞」之「款」亦即此義，恐非是。款塞者叩塞也，猶云叩關也。「款」「叩」

〔一〕鈐，原訛「鈴」，據蔡啟盛《校勘記》改。

一聲之轉，古得通用。

爪哇國一千三百七十六年

明費信《星槎勝覽》云：「爪哇國古名闍婆，舊傳鬼子魔天與罔象合，生子百餘，常啖人血肉，佛書所云鬼國也。忽一日雷震石裂，中坐一人，衆異之，遂爲國主，驅逐罔象而除其害，至今其國之文後書一千三百七十六年。考之肇自漢時至明宣德七年矣。」

夔

唐韋絢《劉賓客嘉話録》云：「崔丞相造布衣時，江左士人號曰『白衣夔』。」又李肇《國史補》云：「韓會善歌絶妙，名輩號爲『四夔』，會爲夔頭。」按：唐人所稱「夔」字未知何義。

醉達達

元鄭元祐《遂昌褋録》云：「西臺侍御曹南馮翼，字君輔，嘗與一蒙古御史並馬行，馮馬老瘦，策莫前。道遇一醉達達，見馮馬羸，衣笠弊，用捶策馮馬前行。御史亟呼捕捶者，馮舉手謝曰：『無是，無是！』醉達達躍馬去。」按：「醉達達」之稱甚奇，殆當時俗語歟？

自一至十諺語

宋張知甫《可書》云：「紹興初，張浚富平之敗，蜀諺曰：『一事無成，二帥枉死，曲端、趙哲。三軍怨恨，四川空虛，五路輕失，六親招擢，七書旋學，八位自除，九重怎知，十誠不會。』」

那

俗語有所指目則曰「那」，如「那人」「那事」之類。唐人語已如此。《太平廣記》引《逸史》載唐宰相宋申錫事曰：「其夫人假寐，見申錫以手招之，曰『有小事，要令君見』，便引出城。到一墟，見一大坑，有小竹籠及小板匣。申錫提一示夫人曰：『此是那賊？』問：『是誰？』曰：『王璠也。』其年十一月，璠果以事腰斬，同受戮者數人，同坎埋于城外。」

疑心生闇鬼

宋吕本中《師友襍志》云：「潘子文師事伊川先生，聞人説鬼怪，以爲必無此理，以爲疑心生闇鬼，最是要切議論。」按：今時尚有此語。

磨杵作鍼

宋鄭思肖《百二十圖》詩有一題云《驪山老姥磨鐵杵欲作繡鍼圖》。今俗語云「只要功夫深，鐵杵磨作鍼」，亦有所本。

虎負子渡水

《癸辛襍識》云：「虎生三子，必有一彪。彪最獷惡，能食虎子。聞之獵人云：『虎將三子渡水，必先負彪以往彼岸。既而挈一子至，復挈彪以還。又挈一子往，最後始挈彪以去。』蓋惟恐食其子故也。」按：此語余童稚時即聞之，以爲戲語耳，不謂真有此事。

對牛馬誦經

《齊東野語》載姚鎔《喻白蟻文》云：「物之不靈，告以話言而弗聽，俗所謂『對馬牛而誦經』是已。」今世俗有「對牛彈琴」語，余疑「彈琴」乃「談經」之誤。

居人旬出一錢

宋康駢《劇談録》載咸通十四年詔自鳳翔迎真身事，注云：「京城坊曲舊有迎真身社，居人長幼旬出一錢，自開成之後迄于咸通，計其資積無限，於是廣爲費用。」

師公

元吴自牧《夢粱録》云：「凡分茶酒肆賣下酒食品厨子，謂之量酒博士師公。」按：余從前居臨平時，其俗猶有「厨師公」之名。

行老

元吴自牧《夢粱録》云：「凡顧覓人力，各有行老引領。如有逃閃，將帶東西，有元地脚保識人，前去跟尋。如府宅官員欲買寵妾、歌童、舞女、厨娘、針線供過、麤細婢妮，亦有官私牙嫂及引置等人。」按：此事至今蘇杭皆然，但「行老」「牙嫂」等名則不聞矣。

彎者

宋范公稱《過庭録》載：「劉皓爲縣令，治郡醫姚生事，云〔一〕遣彎者四人，令之曰：『知姚醫謁守，可以我命請至，不從則奪舁而來。』彎者如其言，舁姚至。」「彎者」不知何人，殆舁轎者邪？

書忍字

唐王仁裕《開元天寶遺事》云：「光禄卿王守和未嘗與人有爭，嘗於几案閒大書『忍』字，至於幃幌之屬，以繡畫爲之。明皇知其姓字，非時召對曰：『卿名守和，已知不爭；好書忍字，尤見用心。』奏曰：『臣聞堅而必斷，剛而必折。萬事之中，忍字爲上。』帝賜帛以旌之。」按：此又

〔一〕 云，疑當作「乃」。

在張公藝之後，人所罕知也。

吴安

宋周煇《清波雜志》云：「紹興辛巳，視師江上，至無錫，幸惠山酌泉。上有汲桶，桶間書『吴安』二字。吴安，閽隸姓名也。侍衛者偶見之，皆喜謂吴地可安。」按：今人於器物上題姓名爲識，由來久矣。

茶香室叢鈔卷十一

老子藏金法

國朝納蘭成德《淥水亭襍識》云：「涿州馮相國之子名源淮，作元戎於楚時，追取銀魂，每兩一分，存者散碎爲銅鐵，天主教之法也。其人來中國，擕銀甚多，以追取其魂，故行囊不重滯，名『老子藏金法』。」按：此只是熬煉極淨耳。

物價貴賤

國朝駢渠道人《薑露庵襍記》云：「晉江王伯咨先生命岳《耻躬堂集》，其《家訓》中述往事云：銀三錢，可得錢一百二十文。吾每日買柴一文，三日共菜脯一文，計二十日用二十七文而足，存九十三文買米一斗五升，足家中二日半之糧。」按：此銀一兩僅值錢四百，米斗不過六十文，薪火菜脯之類尤極賤。

又云：「同治初，江南鹹卵一枚，值錢二十四。吾越橄欖一枚，值錢一百六十。」按：駢渠道人，未知其詳，據書中自述，姓施名山。

一至十市語

國朝褚人穫《堅瓠集》引：「《委巷叢談》云：『杭人市語，一爲憶多嬌，二爲耳邊風，三爲散秋香，四爲思鄉馬，五爲誤佳期，六爲柳摇金，七爲砌花臺，八爲灞陵橋，九爲救情郎，十爲舍利子。義意全無，徒亂觀聽。』不若吾鄉市語：一爲旦底，二爲斷工，三爲横川，四爲側目，五爲齾丑，六爲撤大，七爲毛根，一作皂腳，八爲入開，九爲未丸，十爲田心。」按：褚乃長洲人，「旦底」「斷工」等乃吴語也，自較杭語爲有理，然今則蘇、杭均不聞有此語耳。

元周達觀《真臘風土記》云：「國中語言，以一爲梅，二爲别，三爲卑，四爲般，五爲孛監，六爲孛監梅，七爲孛監别，八爲孛監卑，九爲孛監般，十爲答呼。」

國朝吴振臣《寧古塔紀略》：「一曰曷末，二曰朱，三曰衣朗，四曰對音，五曰孫查，六曰佞我，七曰那打，八曰甲工，九曰烏永，十曰莊。」

國朝印光任《澳門紀略》載西洋語：「一爲吾牙，二爲羅蘇，三爲地里時，四爲瓜嗄，五爲星姑，六爲些時，七爲膝地，八爲哀度，九爲那皮，十爲利時。」此皆殊俗之語，固無意義可尋也。

宫市

吴任臣《十國春秋·前蜀後主本紀》云：「命大内造村坊市肆，令宫嬪著青衫，懸帘鬻食，男女襍沓，交易而退，帝與妃嬪輒爲笑樂。」按：此與齊東昏事同。人知有東昏事，不知有蜀後主事也。

梁元帝《金樓子》云：「漢靈帝作列肆於後宫，使采女販賣，更相盗竊，闘爭之聲聞於人間。帝著商賈服，飲宴於其閒。」此宫市之濫觴也。

常州亥

明王士性《廣志繹》云：「武寧有所謂『常州亥』者，初不知何謂，問之，乃市名。西蜀謂市曰痎，如瘧疾間而復作也。江南惡以疾名，止稱亥。」余謂白樂天詩「亥市魚鹽聚」，市以「亥」名，由來久矣。

由拳山紙

宋趙升《朝野類要》云：「省劄自尚書省施行事，以由拳山所造紙書押給降，下百司監司州軍去處是也。」按：此知宋尚書省所用紙爲由拳山所造。「由拳山」未知何處，今嘉興爲秦之由拳縣，然不聞有「由拳山」也。

杭州金箔

明都穆《都公談纂》云：「洪武中，山西張姓者多異術，以其鄉人不善金箔，常往杭州，學以授之，鄉人因呼爲『金箔張』。」按：今杭人猶以錫箔爲業，其來久矣。但未知山西人猶能爲此否。

鄜州泥孩兒

《老學庵筆記》云：「承平時，鄜州田氏作泥孩兒名天下，態度無窮，雖京師工效之莫能及。一對至直十縑，一牀至三十千。一牀者，或五或七也。小者二三寸，大者尺餘，無絶大者。予家舊藏一對卧者，有小字云『鄜時田玘製』。」按：一泥孩兒耳，亦刻作者姓名，此田玘竟以一藝傳矣。

嘉定竹器

國朝王應奎《柳南隨筆》云：「嘉定竹器爲他處所無，始其事者爲前明朱鶴。鶴號松鄰，子纓號小松，孫稚征號三松，皆讀書識字，操履完潔，而以雕刻爲游戲者也。」

國朝楊復吉《夢闌瑣筆》引金掌絲《曲室瑣談》云：「嘉定刻竹之著名也，始自朱松，只有陰文。其子小松克承家學，延及秦一姐、沈兩之輩，各自名家。後之作者乃因其法，易以陽文。其更巧者變爲陰陽合刻，益得畫家遠近濃淡之致。」

杭州糟瓜

宋錢易《南部新書》云：「余久主判户部，逐年所上貢咸絶，但杭州進糟瓜耳。」

杭州草紙

明宦官劉若愚《酌中志》云：「上用草紙，係内官監紙房抄造，淡黄色，綿軟細厚，裁方可三寸餘，進交管淨近侍收。神廟至先帝惟市買杭州好草紙用之。」按：今杭州初不出好草紙，未知明代進御者何等紙也。

文字鋪

元吴自牧《夢粱録》記杭州鋪席有「尹家文字鋪」，又有「張官人諸史子文籍鋪」。按：《夢粱録》所載皆稱「鋪」不稱「店」，惟熟食及茶酒有稱「店」者。「文字鋪」即今書坊，亦稱「鋪」，而不以「坊」名。

「茶坊」之名當時已有之，有云「朱骷髏茶坊」「一窟鬼茶坊」。不知何以取此惡名也。

其他所載有以「行」稱者，如「魚行」「豬行」之類；有以「作」稱者，如「木作」「甎瓦作」「泥水作」之類，皆與今同。

又云：「市肆謂之團行，蓋以官司回買而立此名，不以物之大小，皆置爲團行。」今「行」之名存而「團」廢矣。

長生庫

《老學庵筆記》云：「今僧寺輒作庫質錢取利，謂之長生庫，至爲鄙惡。梁甄彬嘗以束苧就長沙寺庫質錢，後贖苧還，於苧束中得金五兩，送還之，則此事已久矣。」今之富商往往以質錢取利，而僧寺無之，亦古今之異也。

宋《江鄰幾褋志》云：「王介甫知鄞縣，訪義夫節婦，得三人。其一人姓童，爲人主典庫，謂之判子。家中養疏屬數口，奉寡姊承順不違。」按：「典」之名今猶循之，「判子」之稱則無聞矣。

八鮮行

國朝李斗《揚州畫舫録》云：「黄金壩上設八鮮行。八鮮者菱、藕、芋、柿、蝦、蟹、蟀螆、蘿蔔。」按：今江、浙閒市肆多有題「八鮮行」者，而莫能言其詳矣。然地各有宜，恐八鮮亦因地而殊，未可概論也。

李婆婆

宋周密《武林舊事》云：「淳熙五年二月初一日，上過德壽宫起居，酒三行，太上宣索市食，如李婆婆襍菜羹等數種。太上笑謂史浩：『此皆京師舊人，各厚賜之。』」按：今人但知有賣魚羹人宋五嫂，不知有李婆婆。

《癸辛襍識》云：「隆興閒尚有京師流寓經紀人，如李婆婆魚羹、南瓦張家圓子之類。」按：今人止知「宋嫂魚羹」，「李婆魚羹」則知者鮮矣。

喬姥茶卓子

國朝李斗《揚州畫舫録》云：「喬姥於長隄賣茶，每茶一盌一錢，稱爲『喬姥茶卓子』。」

茶肆點心

國朝李斗《揚州畫舫録》載：「茶肆點心各據一方之盛，雙虹樓燒餅開風氣之先，宜興丁四官開蕙芳、集芳，以糟窖饅頭得名，二梅軒以灌湯包子得名，雨蓮以春餅得名，文杏園以稍麥得名，謂之鬼蓬頭。」按：茶肆點心，蘇杭皆有之，得文人點綴，則皆詩料也。「鬼蓬頭」之名尤奇，未知何所取義。

棋炒

國朝查慎行《人海記》云：「嘉靖三十年，户部行宛、大二縣領太倉銀三千，散給各燒餅鋪户，每銀一兩，上棋炒一石。其法用白麪，少和香油、芝蔴，爲棋子塊樣，炒熟，工部送至行軍處所支用。」

姚乾

國朝李斗《揚州畫舫録》云：「貯草坡豆腐乾，姚氏爲最，稱爲『姚乾』。」

戴蠻

國朝李斗《揚州畫舫録》云：「揚州市酒以戴氏爲最，謂之『戴蠻』。」

申申如

國朝李斗《揚州畫舫録》云：「申申如者，素食店也，在釣橋外。」按：「申申如」之名甚奇，不知何所取義。

柳條酒肆

國朝董恂《宫閨聯名譜》引《成都古今記》云：「僞蜀時，成都米市橋有柳條家酒肆，蓋以當壚者爲名。」

張手美家

唐韋巨源《食譜》云：「閶闔門外通衢有食肆，人呼爲『張手美家』。水産陸販，隨供而需，每節則專賣一物。」按：吴下每節各有所買食品，過節則無之，殆猶張手美之遺風邪？

芳風館

國朝劉廷璣《在園襍志》云：「杭州芳風館世以製扇爲業，遂致素封，城内搆一别墅，花木竹石頗極清幽。予兼攝杭州府時，曾過其園，題以詩曰：『非不在城市，寂然花竹閒。池成凹處雨，石疊意中山。爲惜三春老，來偷半日閒。凭欄待飛鳥，薄暮亦知還。』」按：今芳風館扇店尚在，而別墅已不可問，劉公此詩亦無知者矣。

又云：「主人出一扇，曰『百骨扇』，傳已幾世矣。數之，果有百骨。初不以骨多，而厚大，其色古潤蒼細，洵舊物也。據云今不能造，造亦不佳矣。」

戴春林家

國朝李斗《揚州畫舫録》云：「戴春林香鋪『戴春林家』四字，傳爲董香光所書。」唐西鎮姚致和堂痧藥店，海内所稱「姚丸」者是也。其家「致和堂」三字，亦董香光書。余與姚氏爲至親，昔年登其堂，猶及見之。亂後重開，而董額毁，戴春林之額想亦未必存也。

顧夢麟婦蔬菜

國朝劉鑾《五石瓠》云：「揚州包壯行手製燈，太倉顧夢麟婦手製蔬菜，崇禎末名於一時。」

愚按：雲閒之有顧繡，自顧伯露之母始，蘇州專諸巷顧二娘以善治端硯得名，而此顧夢麟之婦又以製蔬菜名，何顧氏婦女之多才也！

紙織字畫

國朝楊復吉《夢闌瑣筆》云：「閩中永春州織畫，以羅紋箋翦爲片，五色相閒，經緯成文，凡山水、人物、花鳥皆具。《留青日札》：『嘉靖間没嚴嵩家物，已有紙織字畫。』蓋前明即行之矣。」

昊十九

國朝劉鑾《五石瓠》云：「浮梁人昊十九善製磁器，樊玉衡贈以詩云：『宣窯太薄永窯厚，天下馳名昊十九。』今不知何色爲昊十九製也。」

龔春

明張岱《夢憶》云：「宜興罐以龔春爲上，時大彬次之。」按：龔春即供春，吴頤山家僮。頤山名仕，字克學，宜興人。供春龔姓，故或書爲龔春，詳見國朝吴騫《陽羡名陶録》。《名陶録》引周容《宜興瓷壺記》曰：「今吴中較茶者，壺必言宜興瓷，云始萬暦間大朝山寺僧傳供春。供春者，吴氏小史也。至時大彬以盛。」原注云：「大朝山寺當作金沙寺。」又引周澍《臺陽百詠》注云：「供春者，吴頤山婢名，製宜興茶壺者。」則又以爲婢矣，未知孰是。

舒嬌

國朝施閏章《矩齋襍記》云：「宋時江西窑器出廬陵之永和市，有舒翁工爲玩具，翁之女尤善，號曰舒嬌。其壚甕諸色，幾與哥窑等價。」

朱圭

國朝朱象賢《聞見偶録》云：「吴郡專諸巷内有刻版者，姓朱名圭，字上如，雕刻書畫精細工緻，無出其右。有河南畫家劉源繪凌煙閣功臣像，上如雕刻，尤爲絶倫。又南陵詩人金史，字古良，擇兩漢至宋名人各圖形像，題以樂府，名曰《無雙譜》，亦上如雕刻。繼而選入養心殿供事，授鴻臚寺序班。」

萇鳳

唐筆工也。馮贄《雲仙襍記》云：「羅隱喜筆工萇鳳，贈雁頭箋百幅。士夫聞之，懷金問價，或以綵羅大組换之。」

濮仲謙

國朝劉鑾《五石瓠》云：「蘇州濮仲謙水磨竹器，如扇骨、酒杯、筆筒、臂擱之類，妙絶一時。亦磨紫檀、烏木、象牙，然不多見。或見其爲柳夫人如是製弓鞋底版二雙。」按：此知今婦女製木爲鞋底，由來久矣。

大秀、小秀

國朝崔應榴《攤飯續録》云：「宣德間，蘇州造促織盆，出陸墓鄒、莫二家，雕鏤人物極工巧。又有大秀、小秀所造者尤妙，鄒家二女名也。」

明代吴中絶技

明張岱《夢憶》云：「吴中絶技，陸子岡之治玉，鮑天成之治犀，周柱之治嵌鑲，趙良璧之治梳，朱碧山之治金銀，馬勷、荷葉李之治扇，張寄修之治琴，范崑白之治三絃子，上下百年保無敵手。」

《傳真心領》

國朝李斗《揚州畫舫録》云：「傳真爲畫家一派，丹陽丁皋字鶴洲，精于是技，撰《傳真心領》二卷，分三停五部，先從匡廓畫起，以爲肖與否皆繫於是云。盧雅雨都轉爲之敘。其書凡二十餘篇：曰部位，曰起稿，曰心法，曰陰陽虛實，曰天庭，曰鼻，曰兩顴，曰地角，曰眼光，曰海口，曰眉，曰鬚，曰耳，曰染法，曰面色，曰氣血，曰提神，曰旁〔一〕背俯仰，曰臑像，曰筆墨，曰紙，曰絹，曰擇室。子以誠，字義門，傳父業，撰《續心領》四卷，論朽染之法尤詳。雖不知畫，人閲之，可以肖像也。」丁氏父子書惜不傳於世，未知世尚有此書否。余觀世人畫像多從鼻起，丁氏則先畫匡廓，此意已非今之畫師所識矣。

〔一〕旁，原作「傍」，據蔡啟盛《校勘記》改。

施美人

國朝李斗《揚州畫舫録》云：「施胖子，山陰人，寫真兼畫美人，居揚州小秦淮客寓。凡求其畫美人者，長則丈許，小至半寸，皆酬以三十金，謂之『施美人』。」

樂五虎

金王寂《拙軒集》有《贈日者李之明序》云：「遂人李之明得樂五虎之遺法，又能以五行十干奇偶成字，吉凶否泰必以忠告。」按：「樂五虎」未詳何人。

崔官人相字

元吴自牧《夢粱録》載杭州有「崔官人相字攤」。按：言相字者，但知宋有謝石，不知有此崔官人也。

又所載有「西山神女賣卦」，不知「西山神女」何人也。又有叫「時運來時買莊田取老婆」賣卦者，更奇。

嗅衣物知吉凶

唐康駢《劇談録》言：「開成中，有龍腹本者無目，善聽聲揣骨，每言休咎，無不中。」宋周密《齊東野語》言：「耿聽聲者，兼能嗅衣物以知吉凶貴賤。德壽問[一]其名，取宫人扇百柄，襍以上及中宫所御，令小黄門持扣之。耿嗅至后扇曰：『此聖人也，然有陰氣。』至上扇，乃呼萬歲。上又取妃嬪珠冠十數示之。至一冠，奏曰：『此有尸氣。』時張貴妃已薨，此其故物也。」此技在近世罕有聞，然其人以聽聲爲名，意亦必兼工聽聲之術者矣。

〔一〕 問，《齊東野語》卷十五作「聞」。

十二宮看命

宋朱翌《猗覺寮襍記》云：「星辰家以十二宮看人命，不知所本，然其來久矣。杜牧之自撰墓志云：『予生於角星，昴畢於角爲第八宮，曰疾厄宮，亦曰八殺宮。』」又云：「用納音看命，見則天時。唐尚獻甫，則天時太史令，奏云：『臣本命納音在金，熒惑犯太史。熒惑，火也，火能克金，臣將死之。』果然。陰陽家用音徵，亦見則天時。嚴善思占熒惑犯輿鬼，曰：『商姓大臣當之。』其年文昌左丞相王及善卒。」

太素脈

國朝錢曾《讀書敏求記》云：「《太素脈法》一卷，序曰：『仙翁不知何地人，隱空峒山，常帶一篋丸藥，出山救人。更於指下決未兆吉凶壽限，時人莫不神之，後不知所終。唐末有樵者，於其石室石函中得此書，以傳於後。』」按：此「太素脈」所自始。世之自謂通此術者亦或不知其所出也。

金杵臼

宋顧文薦《船窗夜話》云：「孝宗嘗患痢，德壽憂之。過宮，偶見小藥局，遣中使問能治痢否，對曰：『專科。』遂宣之。用新米、藕節細研，以熱酒調服而愈。德壽大喜，就以金杵臼賜之，至今呼爲金杵臼嚴防禦家。」

按：余從前寓居臨平時，見有乳醫陳姓者，置一木扇於門前，號陳木扇家。言南宋時其家曾醫一公主而愈，以扇賜之，故至今製木扇，以存其舊蹟也。此可以金杵臼爲對，惜止故老相傳，未知見於載籍否。

又按：元吴自牧《夢粱録》載杭州鋪席有「官巷北金藥臼樓太丞藥鋪」，此與嚴防禦未知是一是二也。

種牙

宋樓鑰《攻媿集》有《贈種牙陳安上》曰：「陳生術妙天下，凡齒之有疾者易之以新，纔一舉手，使人終身保編貝之美。」按：今人有補牙之法，據此則宋時已有之矣。

白日賊

宋周密《武林舊事》云：「有賣買物貨以僞易真，至以紙爲衣、銅鉛爲金銀、土木爲香藥，變換如神，爲之白日賊。若闤闠之地，則有翦脱衣囊環珮者，謂之覓貼兒。」按：此等事今恒有之，而其名則久無聞矣。

又云：「頑徒如攔〔一〕街虎、九條龍之類，尤爲市井之害。」按：此等混名市井中今亦多

〔一〕攔，原訛「欄」，據蔡啟盛《校勘記》改。

有之。

㭯子

唐張讀《宣室志》載浮屠契虚遇㭯子導游稚川，注云：「㭯音奉，即荷竹槖而販者。」

市人弄虎

宋韓元吉《南澗甲乙集》有一詩題云《市人有弄虎者，兒輩請觀，飼以豚蹄，覩其攫噬，戲作四絶句》。

香婆

宋周密《武林舊事》云：「酒樓有老嫗，以小爐炷香爲供者，謂之『香婆』。」

王昭素市物

宋釋文瑩《玉壺清話》云：「王昭素，酸棗縣人。學古純直，行高於世，市物隨所索償其直。貨者乃曰：『適所索實非本價。』昭素曰：『汝但受之，免陷汝於妄語咎。』自爾人無敢紿者，相戒云：『王先生市物不可虚索。』」

劉鑰匙

《太平廣記》引《玉堂閒話》云：「隴右水門村有店人曰劉鑰匙，不記其名，以舉債爲業，能於規求善聚難得之貨，取民閒資財如秉鑰匙開人箱篋帑藏，故有『鑰匙』之號。」

茶香室叢鈔卷十二

天地生人生物次序

元劉壎《隱居通議》云：「按：《談藪》云：『道家言天地初闢，一日爲雞，二日爲狗，三日爲豬，四日爲羊，五日爲牛，六日爲馬，七日爲人。』蓋賤者易生，貴者難育，故今人以建寅之月一日起至七爲人日。」按：自正月一日爲雞日，至七日爲人日，今人習知之，而莫知其爲天地生物、生人之次序，本於道家之説也。

日生一日

國朝王漁洋《香祖筆記》云：「南昌陳士業言：嘗登泰山日觀峰，四更起候日出，見霞彩萬道，碧緑交加，有赤盤從中涌出，晃漾不定，久之乃成日輪。因悟氣至此始聚而爲日，日生一日，非以昨日之日復爲今日之日也。」按：此論甚奇。《抱樸子》云：「俗士多言今日不如古日之熱，今月不如古月之冷。」古人殆亦見及此乎？然日月環地而行，恐未必如此説。

月以盈爲消

日本國人管晉竇《恥庵文草》云：「月以盈爲消，以虧爲長，望時日月相對，月不能勝日，陰精式微，如蚌蛤蟹螯，望後肉長，至晦大肥；晦後肉消，至望大瘠，凡水族皆然。《天經或問》云月滿蚌蛤實者，誤矣。」按：《淮南子》云：「月盛衰於上，則蠃蠬應於下。」是此理本古人所已言，而言之不詳。月滿蚌蛤實之説，亦本《淮南》，不知孰是也。但其所論月之盈虧消長，則頗有理。

赤人頂日

宋周密《癸辛襍識》云：「有趙都統，號趙馬兒，嘗提兵船至登萊，滯留數月。見日初出海門時，有一人通身皆赤，眼色純碧，頭頂大日輪而上。日漸高，人漸不見。凡數月所見皆然。」

按：此豈即所謂黄人守日者乎？

颱

國朝王漁洋《香祖筆記》云：「臺灣風信與他海異，風大而烈者爲颶，又甚者爲颱。颶倏發倏止，颱連日夜不止。正二三四月發者爲颶，五六七八月者〔一〕發者爲颱。九月則北風初烈或至連月，謂之九降。」按：世知有「颶」，罕知有「颱」，至「九降」之名更所未聞。

又其所列諸颶之名，正月十三、五月十三同爲「關帝颶」，不知關帝於正月十三何取也。六月十二「彭祖颶」，十八「彭婆颶」。有彭祖更有彭婆，甚奇，豈即妖淫敗道之後妻乎？八月十五「魁星颶」，九月十六「張良颶」，皆不知何義。

唐戴叔倫有《彭婆館逢韋判官使還》詩。彭婆館，未知其所在。詩云：「寂寞伊川上，楊花

〔一〕者，《香祖筆記》卷二無。

空自飛。」則當在中州也。

花信風

花信風之説，詞章家競用之，但云始於梅花，終於楝花，然莫能言其詳也。其詳見於宋王逵《蠡海集》，今備録之，其説曰：「自小寒至穀雨，凡四月、八氣、二十四候。每候五日，以一花之風信應之。小寒一候梅花，二候山茶，三候水仙；大寒一候瑞香，二候蘭花，三候山礬；立春一候迎春，二候櫻桃，三候望春；雨水一候菜花，二候杏花，三候李花；驚蟄一候桃花，二候棣棠，三候薔薇；春分一候海棠，二候梨花，三候木蘭；清明一候桐花，二候麥花，三候柳花；穀雨一候牡丹，二候酴醿，三候楝花。」

大清明

國朝宋長白《柳亭詩話》云：「將樂、歸化二邑以三月爲小清明，八月爲大清明。展墓者或廢小而不敢廢大，詳見《閩小志》。或曰將樂以十月三日爲小清明。」

按：吾邑於清明前一日爲「黄明日」，後一日爲「白明日」。余詩有「父老釀錢迎緑社，兒童散學過紅明」之句，誤「黄」作「紅」，乃鄉音使然也。「緑社」事詳見本詩注。

芒種後壬日種花

宋周密《癸辛襍識》云：「芒種後壬日所種花，雖至難活者亦活，申日亦可。」

白露前雨

宋張知甫《可書》云：「浙人以白露節前早晚得雨見秋成之厚薄，如雨在白露前一日得稻一分，前十日得十分；白露後得之，則無及矣。」

梧葉報秋

元吴自牧《夢粱録》云：「立秋日，太史局委官吏于禁庭内以梧桐樹植于殿下，俟交立秋時，太史官穿秉奏曰：『秋來！』其時梧葉應聲飛落一二片，以寓報秋意。」按：一葉知秋，雖古有此説，然安能應聲飛落，此必有人力存焉，惜其言之不詳也。

十月閉口

宋魏泰《東軒筆録》云：「汴渠舊例，十月閉口，則舟楫不行。王荆公當國，欲通冬運，遂不令閉口。水既淺澀，而流冰頗損舟楫，於是以腳船數十，前設巨碓以搗流冰。役夫苦寒，死者甚衆。」按：近時天津海口，每至冬日海船不通，謂之封河，頗近宋時汴渠閉口之例。

入易

宋沈括《補筆談》云：「世俗十月遇壬日，北人謂之『入易』，吴人謂之『倒布』。壬日氣候如本月，癸日差温類九月，甲日類八月，如此倒布之，直至辛日如十一月。遇春秋時節即温，夏即暑，冬即寒。辛日以後自如時令。每歲候之，亦時有準，莫知何謂。」按：此説今人無知者矣。然如其説，倒布之辛日止能如正月耳，不能如十一月也，未詳其説。

推逐月朔日甲子捷法

宋張世南《游宦紀聞》云：「欲知每歲逐月旦日是何甲子，但取九年前次月望日，即是後九年前一月旦日，豪髮無差。」余以此説推之，信然。

茨菰應閏月

《調燮類編》云：「茨菰一根，環十二子，閏年十三子。」按：桐葉、藕節均應閏月，世皆知之，茨菰則未聞也，宜表出之。《調燮類編》未知何人所著，刻廣東伍氏《海山仙館叢書》中。

金木水火土

世俗恒言金、木、水、火、土，余嘗謂當以相生爲序，木水兩字誤倒耳。宋王逵《蠡海集》則有一説曰：「金爲氣之母，天體乾金也，人肺管攝諸藏亦金也，故爲五行之先。萬物未嘗無對待，故木次金。水、火，陰陽之正也，故又次木。土爲萬物之基，故以爲終。蓋物得氣方生，故木次金；既生然後有陰陽，故水、火次木。陰陽已備，形質純全，故土居其終矣。」其言亦似有理，又可知金、木、水、火、土之説，自宋時已然矣。

百忌曆

宋范成大《驂鸞録》云：「泊婺州，早飯馬海寺，世俗所用百忌曆出此寺。」按：此曆不知於何時廢，今無聞矣。

火殃

唐張鷟《朝野僉載》云：「唐開元二年，衢州頻有火災，其時人皆見物大如甕，赤如燈籠，所指之處尋而火起，百姓咸謂之火殃。」

作荒

宋羅大經《鶴林玉露》云：「歲將饑，小民餐必倍，俗謂之作荒。此天地之氣先見也。」

灰人

《梁簡文帝集》有《祭灰人文》云：「積注奄旬，祭在灰人。消兹獸炭，焚此桂薪。積如玉屑，聚若游塵。庶人之風不拂，獄吏之慢寧陳。」味其語意，似是聚灰作人形而祭之，然不知何義也。其下文云：「廓重氛於八極，静連絲於四空。既曈曈於車蓋，又赫赫於飛盤。且疑威於趙盾，實望近於長安。」尋繹其意，疑因求晴而祭，故發端云「積注奄旬」也。

三十六禽

隋蕭吉《五行大義》云：「十二屬配十二支，支有三禽，故三十有六禽。所以支有三者，分一日爲三時：旦及晝暮也。子朝爲鷰，晝爲鼠，暮爲伏翼。丑朝爲牛，晝爲蠏，暮爲鼈。寅朝爲貍，晝爲豹，暮爲虎。卯朝爲蝟，晝爲兔，暮爲貉。辰朝爲龍，晝爲蛟，暮爲魚。巳朝爲蟮，晝爲蚯蚓，暮爲魚蛇。午朝爲鹿，晝爲馬，暮爲獐。未朝爲羊，晝爲鷹，暮爲雁。申朝爲猫，晝爲猿，暮爲猴。酉朝爲雉，晝爲雞，暮爲烏。戌〔一〕朝爲狗，晝爲狼，暮爲豺。亥朝爲豕，晝爲玃，暮爲豬。」

按：子暮爲伏翼，據下文解爲仙鼠，蓋即蝙蝠也。巳暮爲魚蛇，據下解無「魚」字，疑衍文。亥晝爲玃，據下解作猚，猚即蜼字，玃母猴也，蜼似猴，亦同類之物，然似與申復矣。《説文・隹部》有「猚」字：「鳥也，從隹犬聲。」或猚即此物。然猚之爲鳥，未詳何鳥，恐亦非所取象也。

又按：卯朝爲猬，暮爲貉，《本生經》「猬」作「狐」，「貉」作「鶴」。巳暮爲魚蛇，一云爲鼉。又《本生經》言「晝爲蛇，暮爲蟬」，亦與「晝爲蚯蚓，暮爲魚蛇」異。「亥朝爲豕」一云「爲豘」，「晝爲玃」一云「爲貙」，「暮爲豬」一云「爲蛦蝓」。蕭氏各有説解，惟謂「鶴」字以音同而誤；又言「蛇蟮、蚯蚓相類」，作蟬或作鼉，並非。

又按：蕭氏之説謂「孟則在暮，仲則在中，季則在旦」，如亥爲孟月，故亥暮爲豬；子爲仲月，故子晝爲鼠；丑爲季月，故丑朝爲牛，餘放此，蓋仍以此十二禽爲正也。世人知十二禽，不知此三十六禽，故表出之。

〔一〕戌，原訛「戍」，據蔡啟盛《校勘記》改。

地震鼇魚動

宋劉攽《彭城集》有《地震戲王深父》詩，自注曰：「俗云地震鼇魚動。」按：今尚有此俗説。

《禹九州圖》

梁任昉《述異記》云：「魯班刻石爲《禹九州圖》，今在洛城石室山。」按：此圖未知今尚在否，果得而模搨之，圖畫中無古於此者矣。

海外五嶽

明王士性《廣志繹》云：「海外五嶽，《靈山道經》志之：東廣乘之嶽，南長離之嶽，西麗農之嶽，北廣野之嶽，中崑崙之嶽。」

圓嶠、方湖

晉王嘉《拾遺記》云：「員嶠山一名環丘，上有方湖，周迴千里。」按：世人恒用圓嶠、方壺事，方壺即方丈也。方丈爲方壺，蓬萊爲蓬壺，瀛洲爲瀛壺，所謂「三壺」也。方壺、圓嶠雖相儷偶，不應於三壺獨舉其一，觀此知當作「方湖」矣。

又云：「岱輿山有員淵千里，常沸騰，以金石投之，則爛如土矣。」此「員淵」自與「方湖」相對。

又按：「三壺」之名見《拾遺記》。

舜泉

宋王闢之《澠水燕談録》云：「河中府舜泉坊二井相通，所謂『匿空旁出』者。祥符中，真宗祀汾，駐蹕蒲中，賜名『廣孝泉』。」

按：《史記》言「舜穿井爲匿空旁出」，則二井相通當必有之。惟《正義》引《括地志》「舜井在嬀州懷戎縣西外城中」，又引《帝王紀》云「河東有舜井」，則舜井有二處，未詳孰是也。

濰縣孤山

明朱國楨《湧幢小品》云：「杭州孤山以林和靖著。濰縣之孤山乃伯夷避紂之所，而名不著。」

按：伯夷避紂居北海，未必即今之濰縣。因其地爲隋之北海縣，故後人以此附會之耳。

太行山孔子回車處

《水經》：「沁水又東，過野王縣北。」《注》云：「又東南，逕孔子廟東。」《述舊記》云：「仲尼傷道不行，欲北從趙鞅，聞殺鳴鐸，遂旋車而反。及其後也，晉人思之，于太行嶺南爲之立廟，蓋往時回轅處也。」余按：諸子書及史籍之文並言仲尼臨河而歎曰：「丘之不濟，命也夫！」是非太行迴轅之言也。碑云：「魯國孔氏官于洛陽，因居廟下，以奉蒸嘗。」斯言是矣。蓋孔氏遷山下，追思聖祖，故立廟存饗耳，非謂迴轅於此也。

先君子《印雪軒集》自豫至晉塗中詩，有《孔子回車處》一首云：「漫指車痕説素王，傳來古跡劇荒唐。臨河不濟當年事，今日崇碑峙太行。」蓋太行山中有車轍痕，相傳是孔子回車故蹟，且立石以表之，故先君詩云然。乃讀《水經注》，則知附會荒唐，由來遠矣。

金王寂《拙軒集》有《小兒難夫子辨》詩，其序云：「予奉朝命之夷門，道過太行，路左有二石像。詢其父老，云此小兒難夫子迴車之故地。予惡其虚名而無實，作是詩辨之。」詩中述田舍翁之言曰：「云昔東家丘，歷聘入吾境。偶此值小兒，難詰豪且穎。丘也不能對，驅車返天井。」則似與臨河不渡又各是一事也。

彭亡爲彭祖葬處

《水經·江水篇注》云：「江水自武陽東至彭亡聚，此地有彭冢，言彭祖冢焉。」據此則「彭亡」乃彭祖亡處。世人但知岑彭爲刺客所害於此，不知其所以得名也。

桃花源異聞

梁任昉《述異記》云：「武陵源在吳中，山無他木，盡生桃李，俗呼爲桃李源。源上有石洞，洞中有乳水。世傳秦末喪亂，吳中人於此避難，皆得仙。」按：陶公《記》盛行，世知有桃源，不知有桃李源，故表出之。

晉陶潛《搜神後記》云：「南陽劉驎之字子驥，好遊山水，嘗採藥至衡山，見有一澗水，水南有二石囷，一閉〔一〕一開，水深廣不得渡，欲還失道。遇伐薪人問徑，僅得還家。或説囷中皆仙方靈藥，驎之欲更尋索，不復知處。」按：「劉子驥」即訪求桃花源者，乃桃源外又有此事，不知是一是二也。

武陵漁人本無姓名，而《搜神後記》載其事有注云：「漁人姓黄名道真。」又太守亦無姓名，《後記》則云「太守劉歆」，未知足據否。

〔一〕 閉，原訛「閑」，據《搜神後記》改。

《搜神後記》又云：「長沙醴陵縣有小水，有二人乘船取漁，見岸上土穴中水逐流出，有新斫木片。異之，一人便以笠自障入穴。穴纔容人，行數十步，便開明朗然，不異世間。」按：此亦一桃源也。

元揭傒斯曼碩詩有《題桃源圖》一首，序云：「江左龍虎山南十里有桃源者，劉、王二尊師所闢也。臨江范亨父爲之記，余爲賦五言詩十七韵。」此又别一桃源也。

宋《蔡忠惠公集》附《端明别紀》，内有引《閩中實録》一條云：「福州東山有榴花洞，唐永泰中樵者藍超遇白鹿，逐之，渡水，入石門。始極窄，忽豁然，有雞犬人家。主人曰：『吾避秦人也，留卿可乎？』超云：『欲與親舊訣，乃來。』遂與榴花一枝而出。既而尋之，不知所在。蔡公襄爲郡日，尋其故址，效南陽劉子驥故事，竟覓不得。」

委羽洞

唐杜光庭《洞天福地記》云：「第二委羽洞，周迴一萬里，名大有虚明之天，在兖州東嶽。」

按：浙江黄巖亦有委羽洞，絶小，土人以爲第二洞天。余甚疑之，記於《春在堂隨筆》中，今乃知其非也。

嶧孔

《水經注·泗水篇注》云：「嶧山東西二十里，高秀獨出，積石相臨，殆無土壤。石間多孔穴，洞達相通，往往有如數間屋處，其俗謂之嶧孔。遭亂，輒將家入嶧。外寇雖衆，無所施害。晉永嘉中，太尉郗鑒將鄉曲保此山，胡賊攻守不能得。」按：如此説，嶧山之勝可知矣。余嘗驅車鄒嶧間，惜未一探嶧孔也。

几陽亭

國朝徐昂發《畏壘筆記》云：「《范史·楊震傳》：『行至城西夕陽亭，飲酖而卒。』非也。舊本乃是『几陽亭』，以亭在女几山之陽，故曰『几陽』。」按：《晉書·賈充傳》亦有「夕陽亭」，邵康節詩所謂「禍在夕陽亭」一句也。豈亦誤乎？俟更核之。

後魏楊衒之《伽藍記》云：「正光末，賊帥万俟醜奴寇暴涇、岐之閒，征西將軍崔延伯討之，出師於洛陽城西張方橋，即漢之夕陽亭也。時公卿祖道，車騎成列，延伯危冠長劍，耀武於前，田僧超吹壯士笛歌曲於後，聞之者懦夫成勇。」按：此亦「夕陽亭」一故事。

《水經·淯水篇注》引《郡國志》云：「宛有瓜里津、夕陽聚。」

鈷鉧潭

宋姚寬《西溪叢語》云：「柳子厚《鈷鉧潭記》，『鉧』字字書無之。《集韵》鏻音滿補反：『鈷鏻，温器。』」

魚羊共谿

國朝張尚瑗《碧里襍識》云：「安遠篔簹村，濂江所經，有狐狸石萃然磊嵬。江至此深不可測，巨魚椮穴其中，有長至數丈者。石之陰爲石羊穴，嘗有羊出穴口，人見之輒走匿。渭源之

『鳥鼠同穴』向未有對者，以『魚羊共谿』當之，天然儷偶。」

又《拾遺記》云：「南潯之國有洞穴，陰源其下，通地脈。中有毛龍，時蜕骨於曠澤之中，魚龍同穴而處。」按：魚龍同穴，亦人所罕知也。

《水經·汾水篇》：「又南過冠爵津。」《注》云：「汾，津名也，在界休縣之西南，俗謂之雀鼠谷。」按：「雀鼠谷」似亦鳥鼠同穴之類。

巫山十二峰名

元劉壎《隱居通議》云：「巫山十二峰，終未悉其何名。今因《蜀江圖》所載，始得其詳，曰獨秀，曰筆峰，曰集仙，曰起雲，曰登龍，曰望霞，曰聚鶴，曰棲鳳，曰翠屏，曰盤龍，曰松巒，曰仙人。其裔孫凝附注云：『按：别書有朝雲、淨壇、上昇、聖泉，而無獨秀、筆峰、盤龍、仙人，俟更考定。』」

國朝翟灝《湖山便覽》云：「吴山火德廟前俊石十二，玲瓏瘦削，如山峰離立，各以形象名之，曰筆架，曰香鑪，曰棋盤，曰象鼻，曰玉筍，曰龜息，曰盤龍，曰劍泉，曰牛眠，曰舞鶴，曰鳴鳳，曰伏虎，統稱曰巫山十二峰。雍正六年，總督李公衞建亭，題曰『巫峽峰青』。」按：杭州有此巫山十二峰之名，知之者罕，附識於此。

揚州二十四橋

揚州二十四橋，能舉其名者鮮矣。宋沈括《補筆談》載其名云：「最西濁河橋、茶園橋，次東大明橋，入西水門有九曲橋，次正當帥牙南門有下馬橋，又東作坊橋，橋東河轉向南有洗馬橋，次南橋，又南阿師橋、周家橋、小市橋、廣濟橋、新橋、開明橋、顧家橋、通明橋、太平橋、利國橋，出南水門有萬歲橋、青園橋，自驛橋北河流東出有參佐橋，次東水門東出有山光橋。又自下馬橋直南有北三橋、中三橋、南三橋，號九橋，不通船，不在二十四橋之數。」按：依此數之，未足二十四數，疑有奪誤也。

國朝李斗《揚州畫舫録》云：「廿四橋即吴家磚橋，一名紅藥橋。《揚州鼓吹詞序》云：『是橋因古之二十四美人吹簫於此，故名。』」按：此説非也，殆因二十四橋之名久湮，遂以此一橋爲廿四橋而附會成此説。

代州虎跑泉

宋朱弁《曲洧舊聞》云：「代州五臺山太平興國寺，乃古白虎庵遺址。昔有僧誦經庵中，患乏水，適有虎跑足湧泉，因號虎跑泉，庵以此名。」按：杭州西湖虎跑泉，天下知之。代州之泉正與之類，而名稍晦。

重月泉

宋韓元吉《南澗甲乙稾·慈相院重月泉題記》云：「翳漢乃神，導自嶔碕。竅堅肖明，祀蠱弗治。易甓而石，泉用蠲潔。施及壇宇，既液既墁。盈飲以滌，澤澸其永。休工識勤，敬諗來裔。」按：慈相院在德清，今其地有半月泉，刻東坡詩云：「請得一日假，來游半月泉。何人施巨手，劈破水中天。」韓公此記乃云「重月泉」。記文似銘，而不用韵語，亦多難解。姑記于此，遇故鄉父老問之。

富士鎮

國朝吴江楊復吉著《夢闌瑣筆》云：「我邑富士鎮有沈萬三之壻顧學文，通某序班之妻，序班之兄訐爲胡藍黨，遂滅沈、顧二族，并盡洗富士之民，而夷其室廬。至成、弘間，遷居者日盛，以富士之名賈禍也，離合其文，改爲同里。」按：同里之鎮至今猶存，莫知其初爲「富士」矣。

平望、八測

宋陸游《入蜀記》云：「六月八日，過平望，遇大雨暴風，舟中盡濕。少頃霽，止宿八測，聞行舟有覆溺者。小舟叩舷賣魚頗賤，蚊如蠭蠆可畏。」按：平望、八測，余往來江、浙間必過其地，然今皆誤作「八尺」，不知其本爲「八測」也。

宋張鎡《南湖集》有《宿八尺》詩云：「纔來八尺住，卻見一輪孤。」其字則又作「尺」。

查浦

《水經·漸江水篇注》云：「江邊有查浦，浦東行二百餘里，與句章接界。浦裏有六里，有五百家，並夾浦居，列門向水，甚有良田。」按：今上虞縣有地曰查浦，余避兵時曾居之。

懊來橋

元吴自牧《夢粱録》云：「臨安府治前曰州橋，俗名懊來橋，蓋因到訟庭者到此心已悔也，故以呼之。」按：此名極有意義。余在杭時見有人以細故將成訟者，賦詩曉之曰：「好從且看樓頭看，莫向懊來橋上來。」二事皆杭州故事，自謂用事頗切，然不存於集也。

《西湖志》引《寒夜録》云：「錢唐祝吉甫居西湖上，搆小樓，眺盡湖山之勝。有富家築牆數仞蔽之，吉甫因鬱鬱不樂。趙松雪爲書二字扁，曰『且看』。無何，鄰以通番簿録，家徙，垣屋摧毁，小樓内湖山如故。」因吾詩用「且看樓」事，附記於此。《寒夜録》未知何人所作，未見原書也。

萬年橋

國朝朱象賢《聞見偶録》云：「蘇州胥門外舊有大石橋，明嚴嵩見其石色瑩潔、琢磨工整而愛之。郡中大僚諂[一]媚權奸，拆送私第，嵩以造於分宜縣城外。胥門橋既拆去，往來行人爭欲捐助復造。而渡船之利日可得錢數十千，爲豪紳霸踞，一有建橋之議，即爲中鯁，謂郡西多山，山爲煞氣，若造橋，引煞入城，必有大禍至。乾隆五年，太守汪公德馨屏絶横議，獨力經營，不日成之，仍名曰萬年橋。」按：近時蘇州一老輩著書，謂咸豐閒粵賊自萬年橋入胥門，此橋果非蘇州之福。蓋當時横議猶在人口，故以爲果應其言，而不知明代之本有大橋也。惟拆橋送嚴嵩事屬不經，乃《聞見録》引潘次耕詩爲證，有云「嚴老自譔碑」，亦頗言其狀，則真有之矣。

[一] 諂，原作「謟」，據蔡啟盛《校勘記》改。

神聖湖

宋周煇《清波別志》云：「酈道元《水經注》：『錢唐湖本名神聖湖。』自炎祚中興，高宗嶽狩於此，及議謚號，遂帶此二字。」按：宋高宗謚號稱「受命中興全功至德聖神武文昭仁憲孝皇帝」，是「帶此」二字也。然《水經注》實是「明聖湖」，非「神聖」也，乃周氏述許仲啓之説如此，豈所見本與今不同邪？「明聖」之名至今人人知之，而「神聖」之名無聞焉。余歲至杭州，幾以西湖爲家，非讀此書，固不知有神聖湖矣。

山從他處飛來

《吴越春秋·勾踐歸國外傳》云：「城既成而怪山自至者，琅琊東武海中山也。一夕自來，故名怪山。」《越絶書·外傳記地傳》云：「龜山者，一曰怪山，往古一夜自來，民怪之，故曰怪山。」

《水經·溱水篇注》云：「又南逕靈石下，靈石一名逃石，高三十丈，廣圓五百丈[一]。《耆舊傳》言石本桂林武城縣，因夜迅雷之變，忽然遷此。彼人來見，歎曰：『石乃逃來！』因名『逃石』。以其有靈運徙，又曰『靈石』。」按：怪山、靈石，正可相儷。西湖飛來峰，或非讆語矣。

七十二遥

宋周去非《嶺外代答》云：「欽江南入海，凡七十二折。南人謂水一折爲遥，故有七十二遥之名。中有水分爲二川，其一西南入交阯海，其一東南入瓊廉海，名曰『天分遥』，言若天分然也。」

又明魏濬《嶠南瑣記》云：「南方山溪閒謂之『究』，有西古郎究、金山郎究、越裳究、九德究、南陵究、文狼究、無勞究。」按：「遥」與「究」皆莫名其義。

[一] 丈，原訛「文」，據蔡啟盛《校勘記》改。

五洩

《水經·漸江水篇注》云：「諸暨縣洩溪，廣數丈，中道有兩高山夾溪，造雲壁立，凡有五洩，下洩懸三十餘丈，廣十丈；中三洩不可得至，登山遠望，乃得見之，懸百餘丈，水勢高急，聲震水外；上洩懸二百餘丈，望若雲垂。此是瀑布，土人號爲洩也。」按：瀑布稱「洩」，今所未聞。

貪泉

《水經·耒水篇注》云：「耒水又西，黄水注之。盛弘之云：『衆山水出，注於大溪，號曰横流溪。溪水甚小，冬夏不乾，俗亦謂之爲貪泉。飲者輒冒于財賄，同於廣州石門貪流矣。』」按：此知「貪泉」之名不止廣州有之，其地在桂陽郴縣。

觴爲之舟

《水經·湘水篇注》引羅君章《湘中記》云：「湘水之出于陽朔，則觴爲之舟。至洞庭，日月若出入于其中也。」按：觴爲之舟，視「濫觴」語尤新。

《飛鳥圖》

宋沈括《補筆談》云：「地理之書，古人有《飛鳥圖》，謂雖有四至里數，皆是循路步之，道路迂直不常。故按圖別量，徑直四至，如空中鳥飛，更無山川回屈之差。」

茶香室叢鈔卷十三

尸羅

晉王嘉《拾遺記》云：「燕昭王七年，沭胥之國來朝，則申毒國之一名也。有道術人名尸羅，百三十歲，荷錫持瓶，云發其國五年乃至燕都。善衒惑之術，於其指端出浮屠十層，高三尺，乃〔一〕諸天神仙，巧麗特絶，人皆長五六分，分列幢蓋鼓舞，繞塔而行，歌唱之音如真人矣。」按：此乃佛法入中國之始，「申毒」即「身毒」也，視《列子》所載周穆王時化人事尤爲明顯矣。

〔一〕乃，蔡啟盛《校勘記》改作「及」。

中國第一佛寺

《水經·泗水篇注》云：「泗水西有龍華寺，是沙門釋法顯遠出西域，浮海東還，持《龍華圖》，首創此制，法流中夏，自法顯始也。」據此則今中國佛寺形制皆法西域《龍華圖》，此龍華寺實中國第一佛寺矣。

浮圖之始

《水經·汳水篇注》云：「汳水又東逕梁國睢陽縣故城北，而東歷襄鄉塢南。《續述征記》曰：『西去夏侯塢二十里，東一里即襄鄉浮圖也。』汳水逕其南，漢熹平中某君所立，死因葬之。其弟刻石立碑，以旌厥德。隧前有獅子、天鹿，累塼作百達柱八所，荒蕪穨毀，彫落略盡矣。」按：熹平爲漢靈帝年號，中國之有浮圖當始見於此。惜某君不傳其姓名，所云「累塼作百達柱八所」，豈即浮圖之古制乎？

摩騰真身

宋葉夢得《石林燕語》云："摩騰竺法蘭自西域以佛經至，舍於鴻臚寺。今洛中白馬寺摩騰真身尚在，或云寺即漢鴻臚舊地。摩騰真身至今不枯朽，漆棺石室，扃鎖甚固，藏其鑰于府廨，有欲觀者請鑰秉燭，乃可詳視。"按：摩騰真身至宋猶在，此事人所罕知，亦未知何時毁滅也。楊衒之《伽藍記》於"白馬寺"下但云："寺上經函至今猶存，常燒香供養之。經函時放光明，耀於堂宇，是以道俗禮敬之，如仰真容。"不言有摩騰真身，或即經函放光，遂以此訛傳後世耳。

旃檀瑞像

宋蔡絛《鐵圍山叢談》云："釋氏有旃檀瑞像，見於内典，謂釋氏在世時説法於忉利天，優填王請大目犍連運神力於他方取旃檀木，攝匠手登天，視其相好，歸而刻焉。梁武帝發兵越海求之，以天監之十有八年，扶南國遂以天竺旃檀瑞像來，因置之金陵瓦棺閣。及太宗皇帝以東都爲誕育之地，乃新作啓聖禪院。太平興國之末，始命迎取旃檀洎寶公二像，自金陵而内於啓聖。自神州陸沈，即不知此像今在不也。」

按：扶南遣使送天竺旃檀瑞像事，見《梁書·諸夷傳》。唐世奉佛止迎鳳翔佛骨，而此像無顧問者，何也？

莊王女

宋朱弁《曲洧舊聞》云：「蔣穎叔守汝日，用香山僧懷晝之請，取唐律師弟子義常所書天神言大悲之事，潤色爲傳。載過去國莊王，不知是何國，王有三女，最幼者名妙善，施手眼救父疾，其論甚偉。然與《楞嚴》及《大悲觀音》等經頗相失。」

按：今世俗説以觀世音爲妙莊王第三女，本此。然但曰「莊王」不言「妙莊王」，「妙善」乃其女之名，不知何以有「妙莊」之説也。俞理初《癸巳類考》考此甚詳，當更核之。

觀音心呪

宋王鞏《聞見近録》云：「全州推母王氏，日誦十句《觀音心呪》。年四十九，疾篤，恍然見青衣人曰：『爾平生誦《觀世音心呪》少十九字，乃曰：天羅神，地羅神，人離難，難離身，一切災殃化爲塵。』王疾尋愈，後至七十九。」按：此十九字至今猶有持誦之者，惟十句《心呪》未知云何。《太平廣記》載：「太原王玄謨北征失律，軍法當死。夢人曰：『誦觀世音千徧可免。』乃授云：『觀世音，南無佛。與佛有因，與佛有緣。佛法相緣，常樂我情。朝念觀世音，暮念觀世音。念念從心起，念佛不離心。』」適得十句，豈即此邪？

觀音課

明祝允明《野記》載姚廣孝始見文皇事：「上問：『能卜乎？』姚以吴語對曰：『會。』曰：『何術邪？』曰：『觀音課。』曰：『用課錢乎？』曰：『我自有。』即開襟，有太平錢五文，解奉於上。上祝既，姚以一文錢擲之，徐復一擲，擲訖，語上曰：『殿下要作皇帝乎？』」按：「觀音課」今未知何術。用錢五文，則非占卦法也。

普賢大士化女子像

《蓮社高僧曇翼傳》云：「感普賢大士化女子身，披采服，攜筠籠一白豕、大蒜兩根，至師前曰：『妾入山采薇，日已斜，豺狼縱横，歸無生理，敢託一宿。』師卻之力，女復哀鳴不已，遂令居草牀上。夜半號呼腹疼，告師按摩。師辭以持戒，不應手觸。女號呼愈甚，師乃布裹錫杖，遥爲按之。翌日，女以采服化祥雲，豕變白象，蒜化雙蓮，淩空而上，謂師曰：『我普賢菩薩，特來相試。』」按：今人知觀音菩薩曾見女子身，不知普賢菩薩亦曾見女子身也。

目連即丁令威

國朝錢曾《讀書敏求記》云：「《耀仙運化元樞》一卷，以中元爲丁令威救母之日，釋氏謂之目蓮，未悉其所本何自。」按：此則「目蓮」即丁令威矣。

豬頭和尚是定光佛

宋方勺《泊宅編》云：「婺州有僧嗜豬頭，一噉數枚，俗號『豬頭和尚』。三衢之守召師食，自牖窺之，見一鬼從旁食，師無預焉。師尋坐亡。閱師《辭世頌》，知是定光佛也。」按：吴越時「長耳和尚」爲定光佛轉世，事見《十國春秋》，至今西湖法相寺其遺蜕存焉。乃此「豬頭和尚」亦云是定光佛，何定光佛轉世之多耶？

宋太祖是定光佛轉世

宋朱弁《曲洧舊聞》云：「五代割據，干戈相侵，有一僧雖佯狂，而言奇中，嘗謂人曰：『若要太平，須待定光佛出世。』至太祖一天下，皆以爲定光佛後身者，蓋用此僧之語也。」按：吾浙西湖法相寺有「長耳和尚」肉身，相傳此僧爲定光佛轉世。據《十國春秋》，「長耳和尚」於乾祐初化去，而宋太祖已生于天成二年矣，未能附會爲一也。

《曲洧舊聞》又云：「予書定光佛事，友人姓某者見而驚喜曰：『異哉！予之外兄趙，蓋宗室子也，手持數珠，日誦定光佛千聲。予曰：「世人未有誦此佛者，豈有説乎？」外兄曰：「吾嘗夢梵僧告予曰：世且亂，定光佛再出世。子有難，能日誦千聲，可以免矣。吾是以受持。」予時竊笑之。今觀公書此事，則再出世之語昭然矣，此予所以驚而又悟外兄之言可信也。』予曰：『定光佛初出世，今再出世，流虹之瑞皆在丁亥年，此又一異也。君其識之。』」按：此所謂「再出世」者蓋謂宋高宗亦定光佛轉世也。太祖生於後唐天成二年，歲在丁亥；高宗生於大觀元年，歲亦在丁亥。太祖、高宗並以丁亥生，事固有可異者。

余所築右台仙館距法相寺半里，而近常至寺啜茗，瞻所謂「長耳和尚」肉身者，因記定光佛事，俟至仙館，當與寺僧輩説之。

三藏取經遇西域老僧

國朝納蘭成德《渌水亭雜識》云：「唐太宗命三藏法師取經，至西域，有老僧年已七百，謂之曰：『此間經籍甚多，人命短促，能讀幾何？須服我延年藥，庶可讀少分。』藏師以帝命有定期而辭之。」按：此未知出何經典，世言三藏取經者，罕及此事。

玄奘藜杖

國朝崔應榴《攤飯續談》云：「黎州安撫司内小廳東有藜一枝，高九丈，圍九尺，相傳唐僧玄奘西遊投藜杖所化。」按：此亦玄奘取經之佚事。

三藏

唐李德裕《次柳氏舊聞》云：「東都聖善寺有天竺僧無畏，號三藏，善召龍致雨之術。後吏部員外郎李華撰《無畏碑》云：『奉詔致雨，滅火返風，昭昭然徧於耳目。』」按：此三藏在玄宗時，然則玄奘後又有此三藏也。

《開元傳信記》亦載無畏三藏事云：「崇聖寺佛牙乃那吒太子獻與三藏者。」

宋時西域取經故事

唐以前西域取經事，已略載於《小浮梅閒話》矣。《楓窗小牘》載：「乾德四年三月，遣僧行勤等一百五十七人訪經西域，北天竺僧天息災與施護各持梵筴來獻。」此宋時取經故事也。天息災、施護，兩梵僧名。

覺華寺藏經

宋强至《祠部集·湖州德清縣覺華寺藏經記》云：「湖州德清縣覺華寺佛之徒曰昭序，自落髮已能悚然服其師之教，既尸寺事，又能募錢若干緡，購其書若干卷，爲髹函鈿軸以華之，復嚴一室，其所謂藏者類而聚焉。」按：此吾邑之故事，故記之。

維摩十譬

《謝康樂集》有《維摩經十譬贊》：「一聚沫泡合，二燄，三芭蕉，四聚幻，五夢，六影響合，七浮雲，八電。」按：聚沫也、泡也，合爲一贊；影也、響也，合爲一贊，故十譬而止八贊也。《金剛經》之「六如」人習知之，《維摩經》之「十譬」知者罕矣。

四句偈

宋周密《志雅堂雜鈔》云：「佛藏中有《龍王經》一卷，其實四句偈也，云：『諸行無常，一切皆苦，諸法無我，寂滅爲樂。』凡往來江湖者，或遇風濤作惡，宜多書此經投之。」按：《金剛經》屢言「四句偈」，豈即此邪？

按：《楞伽經》云：「佛告大慧云：大慧，彼四句者謂『離一異，俱不俱，有無非有非無，常無常』，是名四句。大慧，此四句離是名一切法；大慧，此四句觀察一切法，應當修學。」然則

《金剛經》所謂「四句偈」當指此四句。四句中「有無非有非無」句最爲明白，蓋即《金剛經》「無實無虛」之旨。經云「非法，非非法」，「非法」者非有也，「非非法」者非無也。「常無常」義見《六祖壇經》，餘二句不可曉。偶讀明僧宗泐《金剛經注解》，有一段云：「應身去來是異，法身無去來是一。言世界者喻法身也，微塵者喻應身也。世界一也，微塵異也。碎界作塵，塵無異性，合塵爲界，界無一性。喻全法起應，應無異性，全應即法，法無一性。故偈云：去來化身佛，法身常不動。於是法界處，非一亦非異。」以此言之，則「一異」猶云同異也，非同非異是謂「離一異」矣。

又按：此四句佛謂之「四句離」，然則一「離」字可以總此四句，非一非異則一異離矣，非俱非不俱則俱不俱離矣，非有非無則有無離矣，非常非無常則常無常離矣。離者何？即《金剛經》所謂「不住於相」也。余從前讀《楞伽經》，已知此即《金剛經》之四句偈，載之《春在堂隨筆》。今讀《志雅堂襍鈔》，聊廣異聞，未可據此以説經也，因又詳説此四句，并補《隨筆》所未及。

萬佛名經

宋劉跂《學易集》有《萬佛名經序》云：「趙郡李侯常武之夫人樂安孫氏，自常武没，屏居里第，閲誦藏經積十餘萬，歲鈔取佛名，類聚次第，數至一萬，使其子周南、召南繕録成書，析爲十卷，題曰《萬佛名經》。」按：世人知《千佛名經》，不知有《萬佛名經》也。

懺

宋錢易《南部新書》云：「懺之始，本自南齊竟陵王。因夜夢往東方普光王如來所，聽彼如來説法，後因述懺悔之言。覺後即賓席，梁武、王融、謝脁〔一〕、沈約共言其事，王因兹乃述成《竟陵集》二十篇，《懺悔》一篇。後梁武得位，思懺六根罪業，即將《懺悔》一篇召真觀法師慧式廣演其文，非是爲郗后所作。」按：今《竟陵王集》有《淨住子》三十一篇，内第三篇爲《滌除三業門》，其文云：「滅苦之要莫過懺悔，懺悔之法先當潔其心，淨其意，端其形，整其貌，恭其身，肅其容云云。」豈即所謂「懺悔篇」乎？

〔一〕 脁，原作「眺」，據《南部新書》庚改。

田字殿

宋無名氏《古杭褉記》云：「淨慈寺有五百尊羅漢，别創一田字殿安頓。」

淨髮之資

宋周煇《清波褉志》云：「白下門外濟安院主僧曰：『近治地，得一玉杯已碎，銀一鋌，上刻永定公主爲誌公和尚淨髮之資，一樣十鋌。』」按：淨髮之資，其名甚新，今之施僧者未知有此名也。

迦羅沙曳

即袈裟也。明朱國楨《湧幢小品》引陳養吾《象教皮編》云：「迦羅沙曳，僧衣也。省『羅曳』字，止稱迦沙。葛洪撰《字苑》，添『衣』作袈裟，或從毛作毠毟。」

國朝王漁洋山人《夫于亭襍録》云：「唐人李羣玉《惱僧自澄》詩云：『莫遺春風裏，紅芳點架裟。』袈字從木作去聲，唐人用字必有據依。」

早不茹葷

宋葉夢得《避暑録話》云：「趙清獻公自錢唐告老歸，治第衢州，作别館名高齋。惟居此館，不復與家人相接。早不茹葷，晚畧取肉及鮓脯於家，葢不能終日食素。暮以一風爐置大鐵湯瓶及列盥漱之具。鷄鳴公起，自以瓶水頮面，趨佛堂誦經至辰時。」按：余十許年來晨餐不茹葷，頗與公合；每日清晨亦必至佛堂，但不能誦經至辰時，且不能竟與子婦輩隔絶耳。

歐陽氏奉佛

宋葉夢得《避暑録話》云：「歐陽氏子孫奉釋氏尤嚴於他士大夫家。余在汝陰，嘗訪公之子棐，入門聞歌唄鐘磬聲自堂而發。棐移時出，手猶持數珠諷佛名。問之，云公無恙時，薛夫人已自爾，公不禁也；公薨，遂率其家無良賤悉行之。」按：歐陽公固闢佛者，而其家乃奉佛如此，何歟？

羅大經《鶴林玉露》言：「歐公奉母喪合葬，執政得立功德寺。公素排佛教，雅不欲立寺；崇公諱觀，又不可立觀，乃立青陽宮。」然則歐陽氏之奉佛，必公暮年事矣。

宋元懷《拊掌録》云：「昔一長老在歐陽公坐上，見公家小兒有小名僧哥者，戲謂公曰：『公不重佛，安得此名？』公笑曰：『人家要小兒易長育，往往以賤物爲小名，如狗羊犬馬之類是也。』」按此亦公之讏言耳。

替僧

國朝張爾岐《蒿庵閒語》云：「明朝凡皇太子、諸王生，率剃度幼童一人爲僧，名曰替僧。神宗皇帝替僧名志善，見《張江陵集》。」據此，則小説中有稱代皇帝出家者，乃真有之。

魚肉供觀音

唐于逖《靈應録》云：「有嫗鋤桑，拾得一銅觀音像，剜壁作穴安之。每有食饌，不惟蔬蔌，魚肉之類皆將供養。嫗有子在軍前，當陣之際倒于草閒，聞背上連下三劍，似擊銅器，身上並無傷痕。」按：此知事佛但在一心，心苟至誠，則魚肉亦可供觀音也。

素食中置鷄汁

近世搢紳家素食中往往潛入鷄鶩汁，此事古亦有之。周密《齊東野語》紀阜陵事云：「上居高宗喪，百日後尚進素膳。吴夫人者，潛邸舊人也，密諭尚食内侍云：『官家食素多時，甚覺清瘦，汝輩可自作商量。』於是以鷄汁褓之素饌中以進。上食之覺異，詢所以然。内侍以實告，乃出吴夫人於外，内侍等罷職有差。」

以麪僞爲羊豕之屬

《北夢瑣言》：「唐崔侍中安潛崇奉釋氏，鮮茹葷血。鎮西川三年，宴諸司，以麪及蒟蒻之類染作顔色，用象豚肩羊臑膾炙之屬，皆逼真也，時人比之梁武。」按：近人蔬食有素鷄、素鴨之類。余每笑之，謂既蔬食矣，何取乎此？乃古人則亦有然矣。

鑒虚煮肉法

唐趙璘《因話録》云：「元和中，僧鑒虚素無道行，及有罪伏誅，後人遂作鑒虚煮肉法，大行於世。」余居西湖久，見湖上諸僧大半食肉，且精烹飪，何鑒虚之多也？

宋張舜民《畫墁録》云：「相國寺燒朱院舊日有僧惠明善庖，炙豬肉尤佳，一頓五觔。楊大年與之往還，多率同舍具飱。一日，大年曰：『爾爲僧，遠近皆呼爲燒豬院，安乎？』惠明曰：『奈何？』大年曰：『不若呼燒朱院也。』都人亦自此改呼。」然則佛寺燒豬自有故事矣。

魚目充舍利

《北夢瑣言》：「澤州僧洪密自云身出舍利，曾至太原，豪民迎請，婦人羅拜。洪密既辭，婦人於其所居之處拾得百粒，正人驗之，皆枯魚之目也。」余昔讀岑勛所撰《多寶塔感應碑》，稱前後所感舍利凡三千七十粒，嘗以爲疑，安知非魚目之類乎？

僧還俗

宋胡仔《漁隱叢話》引《蔡寬夫詩話》云：「唐搢紳自浮屠易業者頗多。劉禹錫《答廖參謀》：『初服已驚白髮長，高情猶向碧雲深。』蓋不以爲諱。近世言還俗，雖里民且恥之也。」

參寥後還俗

《老學庵筆記》云：「參寥政和中老矣，還俗而死，不知其故。」

僧妻

國朝宋長白《柳亭詩話》云：「鮑令暉有《代沙門妻郭小玉》詩。六朝以前，清規未立，人呼爲梵嫂、師娘者往往有之。」按：今日本猶有此風。余見其僧名心泉者，自言有二子曰昭曰穆，有一女曰阿多。

又云：「李羣玉有《龍安寺佳人阿最》詩，葢詠小尼子也。以佳人屬寺更奇。」余謂「沙門妻」與「龍安寺佳人」正相當矣。

以妓捨僧

明王士性《廣志繹》云：「輦轂之下，萬姓走集。所可恨者向有戒壇之游，中涓以妓捨僧，浮棚滿路，前僧未出，後僧倚候，平民偶一闖，羣僧箠之且死。」按：前明京師有此弊俗，亦可怪矣。

茶香室叢鈔卷十四

三清

唐楊鉅《翰林學士院舊規·道門青詞例》云：「謹稽首上啓虚無自然元始天尊、太上道君、太上老君、三清衆聖。」按：道家之書，四人天外曰三清境：玉清、太清、上清，又云聖登玉清、真登上清、仙登太清。今道觀供奉三清本此。而以元始天尊、太上道君、太上老君分三清，則雖道流有不能舉者矣。

張道陵爲三天法師

晉葛洪《枕中書》云：「張道陵爲三天法師，統御六虚，數侍金闕太上之股肱，治在廬山。」

按：「張天師」之名當起於此。

趙逸

後魏楊衒之《伽藍記》云：「有隱士趙逸，云是晉武時人，晉朝舊事多所記録。正光初來至京師，汝南王聞而異之，拜爲義父。因問：『何所服餌，以致長年？』逸云：『吾不閑養生，自然長壽。郭璞嘗爲吾筮云壽年五百歲，今始餘半。』常給步挽車一乘，遊於市里，所經之處多記舊跡。三年以後遁去，莫知所在。」按：此人知昭儀寺是石崇家池，杜子休宅是太康寺，龍驤將軍王濬所造；太尉府前甎浮圖是晉義熙十二年劉裕軍人所作，李延實宅是蜀主劉禪宅，宅東修和里是吳王孫皓宅，又冀州刺史李某宅是晉司空張華宅，皆言之歷歷，當非李少君之比。然知其人者鮮矣。

袁相、根碩

晉陶潛《搜神後記》云：「會稽縣民袁相、根碩二人獵經深山，見一羣山羊，逐之，經石橋，向絶崖。崖正赤壁立，名曰赤城，有水流下如匹布，剡人謂之瀑布。有穴如門，既入，内甚平敞。有一小屋，二女子住其中，年皆十五六，容色甚美，遂爲室家。二人思歸，二女以一囊與根等，語曰：『慎勿開也。』於是乃歸。後出行，家人開視其囊，有小青鳥飛去。後根于田中耕，家依常餉之，見在田中不動，就視，但有殼，乃蟬蜕也。」按：此與劉、阮事相似，惜不敍袁相所終耳。

徐元直

國朝駢蕖道人《薑露庵襍記》云：「三國徐元直，一説部曾載其康熙間飛昇事。又李赤腳者，故闖賊部將，闖亡學道，著書數種，道光初尸解於陝西。平生好赤腳，故有是稱。嘗云元直曾過其居，清談而去。」按：徐元直飛昇事，余亦曾於説部中見之，今忘之矣。李赤腳以流賊而居然得道。先君子《印雪軒隨筆》曾載侯老道爲周忠武部將，道光間尚在京師，與李赤腳殆可伯仲矣。得道之後，不當復論其始也。

爛柯事有異説

宋朱翌《猗覺寮襍記》云：「爛柯多用爲棋事，聽琴亦然。《水經》：『晉民王質伐木，入信安縣室坂，見童子四人鼓琴，質倚柯聽之。既去，柯爛，去家已數十年。』」

山陰劉道士

宋王楙《野客叢書》云：「陶穀《跋黄庭經》曰：『山陰劉道士以鵞羣獻右軍，乞書《黄庭經》。』《晉史》但言道士，何以知爲劉君？考晉帖有『劉道士鵝羣亦復歸也』，無乃據此乎？」按：《晉史》言《道德經》，此言《黄庭經》，亦有異，王氏已具説之，故不論。但此道士劉姓，人所罕知，宜表出之。

賀知章上昇

宋王楙《野客叢書》云：「徐鉉序中疑即《賀集》之序謂有彭吶者於會稽郡之延壽院泥中得一石，乃許鼎所撰《通和祖先生碑》，其閒載賀監知章得攝生之妙，於台州上昇，元和己亥先生遇之云云。」賀監得仙，世罕知者，故表出之。世傳陳陶即八仙中之藍采和，亦其流亞矣。

張祜

南唐劉崇遠《金華子襍篇》云：「張祜詩名聞於海外，居潤州之丹陽。嘗作《俠客傳》，葢祜得隱俠術，所以託詞自敍也。崇遠承乏丹陽，而祜之故居垝垣廢址，依然東郭長河之隅。亂前故老猶存，問其隱俠，則云不覩他異，惟邑人往售物於府，每抵晚歸時，猶見祜巾褐杖屨，相翫酒市。己則勁步出郭，夜迴縣下，及過祜門，則已先歸矣。如此恒常，不以爲怪。從縣至府七十里，其迢遞而躡履速，人莫測焉。」

國朝王漁洋《香祖筆記》云：「《野客叢書》引祜『不信寧王迴馬來』及『偷取邠王小管吹』之句，以爲祜目擊時事而作。又有詠武宗時孟才人之作，疑其身涉十一朝，年且百二十歲。此説愚甚可笑，唐人詠明皇、太真事不可枚舉，豈皆同時目擊者邪？」按：漁洋之論固正，然據《金華子》所載，則張自是一異人，未可以尋常詩人視之也。

又按：《野客叢書》所引二詩誠不足據，惟張祜有《退宫人》詩二首，其一云：「開元皇帝掌中憐，流落人閒二十年。長説承天門上宴，百官樓下拾金錢。」似乎親見其人者。不然安得有「流落人閒二十年」之句？此則可異也。

宋胡仔《漁隱叢話》云：「陳陶見於唐末，而集中乃有《贈高閑歌》，亦自當年百餘歲。」

顧元績

唐段成式《酉陽襍俎》載顧元績遇一人，使守金丹，戒以勿言。至五更，夢爲王者所殺，生於大賈家，有三子，妻怒其不言，殺其子。其人失聲，豁然夢覺，鼎破丹飛。又引釋玄奘《西域記》一烈士事，大略相同。今人但知有杜子春事耳。

安禄山鬼物避葉天師青衣童子

宋康駢《劇談録》云：「處士劉平能夜中視物，安禄山幣致於門下。平見禄山左右常有鬼物數十，持鑪執蓋，以爲導從，平心異之。及禄山朝覲，行至華陰縣，值葉天師投龍於西嶽，平見二青衣童子承虛而至，所衞禄山魑魅皆棄鑪投蓋，狼狽而行。」按：《李林甫外傳》殆即因此事而附會。

羅隱

國朝黎士弘《仁恕堂筆記》云：「今豫章、兩越、八閩人，凡事俗近怪者皆曰『此曾經羅隱秀才説過』。俚語方言流傳委巷，久之承訛襲誤，遂曰『羅衣秀才』矣，不知昭諫從何得此。」余按：吴任臣《十國春秋》云：「世傳隱出語成讖，閩中書筒灘、玉髻峯皆留異迹。」則似非無因也。

又王漁洋《五代詩話》引《纂要》云：「建德有金雞石，羅隱題云：『金雞不向五更啼。』石遂破裂，有雞飛鳴而去。」此正其一證。

吳彩鸞《玉篇鈔》

宋樓鑰《攻媿集·跋吳彩鸞〈玉篇鈔〉》云：「余讀《文簫傳》言吳彩鸞書《唐韵》事，近于汪季路尚書家見之。兹見樞密宇文公所藏《玉篇》，則又過之。既謂之鈔，竊謂如《北堂書鈔》之類，蓋節文耳。以今《玉篇》驗之，果然。不知舊有此鈔而書之邪，抑彩鸞以意取之邪？」按：彩鸞書《唐韵》人人知之，至書《玉篇》，則知者尠矣。

《攻媿》又云：「今《玉篇》惟越本最善，末題會稽吳氏三一娘寫。問之越人，無能知者。楷法殊精。豈亦彩鸞苗裔邪？」按：三一娘所書《玉篇》，今既不傳，人亦無知之者。

韓湘

《全唐詩》第十二函第七册云：「韓湘字清夫，愈之猶子也，落魄不羈，愈强之婚宦，不聽，學道仙去。」按：韓湘字清夫，亦人所罕知。據《唐書·宰相世系表》，則云湘字北渚，大理丞。姚合有《答韓湘》詩云：「子在名場中，屢戰還屢北。」又云：「昨聞過春闈，名係吏部藉。三十登高科，前塗浩難測。」然則湘固功名之士，世傳爲仙，非其實也。

吕洞賓及第爲縣令

明都穆《聽雨紀談》云：「元遺山編《唐詩鼓吹》中有吕洞賓詩一首，郝天挺注曰：『洞賓名巖，京兆人。咸通中及第，兩調縣令，值巢賊亂，移家歸終南，得道，莫測所往。』予觀洞賓本傳曰：『祖渭，禮部侍郎；父讓，終海州刺史。洞賓始名紹先，年二十，不從婚娶。舉進士，滯場屋二十三年，乃罷舉，縱遊天下。』未嘗言及第與爲縣令也。天挺此説豈別有所據邪？」

按：洞賓原名「紹先」，世罕知之。羅隱始名「横」，十上不中第，乃改名「隱」。吕紹先之爲「吕嵒」，亦若是矣。

《集仙傳》云：「吕嵒，字洞濱，一字希雲，九江人也。」則又非京兆人。「希雲」之號亦無知者。濱字從水，與世所傳亦異。

唐戴叔倫《寄題萬德躬故居》詩：「吕仙祠下寒砧急，帝子閣前秋水多。」不知「吕仙」何人，此與邯鄲道上之「吕翁」均非洞賓也。

宋時捕吕洞賓

宋王銍《默記》云：「李教者，都官郎中曇之子，自少學左道變形匿影飛空妖術。既成而精，同黨皆信服焉。曇之母夏日晝寢於堂，而堂階前井中忽雷電霹靂大震，有黄龍自井飛出。母怖，投牀下，徑死。家人徐視之，乃教所變，龍即教也。曇怒杖之垂盡，逐出。教益與惡少薄遊不檢。一日，書娼館曰『吕洞賓、李教同游』。曇遣人四出捕之，教自縊死。久之，王則叛於貝州，聲言教爲謀主。朝廷聞之大駭，捕曇及教妻兒兄弟下獄；又於娼館得教所題，詔天下捕李教及吕洞賓二人。會貝州平，本無李教者，始信其真死矣，乃獨令捕吕洞賓。甚久乃知其寓託，無其人，乃已。」按：吕洞賓唐時仙人，世皆知之，而宋時乃至詔書名捕，豈時猶未甚著邪？

陳圖南善相術

陳圖南，世知爲仙人也，乃在當時則固以相術聞。宋魏泰《東軒筆録》載其三事。一云：「太宗命陳摶歷抵諸宫，以相諸王。摶回奏曰：『壽王真他日天下主也。臣至壽邸，見二人坐於門，問其姓氏，曰張旻、楊崇勳。臣觀二人他日皆至將相，即其主可知。』太宗大喜，是時真宗爲壽王。異日張侍中、楊使相，皆如摶之相也。」一云：「种放隱終南山，往華山訪陳摶。摶曰：『君他日甚貴顯，官至丞郎。』种曰：『我之來也，求道義之益，乃言及爵禄，非我意也。』陳曰：『君骨法合爲此官，異日當自知之。』至真宗時，以司諫召至闕下，及辭還山，遷諫議大夫，東封，改給事中，西祀，改工部侍郎，竟如摶之相。」一云：「王克正仕江南，歷貴官，歸本朝，及死無子。其家修佛事，爲道場，唯一女十餘歲，縗經跪像前。陳摶入弔，出語人曰：『王氏女，吾雖不見其面，但觀其捧爐手相甚貴。若是男子，當白衣入翰林，女子嫁即爲國夫人矣。』後嫁陳晉公恕，不數日封郡夫人，如陳之相也。」以此三事觀之，則陳圖南在當時相術甚神，蓋一方技之士爾。

《東軒筆録》又云：「搏乘驢遊華陰，市人相語曰：『趙點檢作官家。』搏驚喜大笑，人問故，又笑曰：『天下這迴定疊也。』搏嘗見天日之表，知太平自此始耳。」然則圖南之知宋祖，亦以相術決之，非有他術。

宋張舜民《畫墁録》云：「希夷先生陳搏，後唐長興中進士也。既而棄科舉，之武當山，又止房陵九室洞，年已七十餘，華陰茸雲臺廢觀居之。祖宗三廟皆召見，所輔治道甚多，知人貴賤休咎，今有《人倫風鑒》行於世。」《直齋書録解題》有《希夷先生風鑑》一卷。

又云：「太祖深鑒唐末五代藩鎮跋扈，即位盡收諸鎮之兵，列之畿甸。至今百四十年，四方無吠犬之警，可謂不世之功矣。或云陳希夷之策。」

國朝褚人穫《堅瓠集》引《羣談採餘》云：「陳圖南，莫知所出。有漁人舉網，得物甚巨，裹以紫衣，如肉球狀，攜以還家，漑釜爇薪將煮食之。俄雷電繞室大震，漁人惶駭，取出擲地，衣裂兒生，乃從漁人姓陳，名搏。」按：此説甚怪，殆以其名字而附會之，謂是大鵬遺卵乎？

宋吕陶《淨德集》有《和陳圖南州學石柱題名》之作，又有《和陳圖南安昌巖避暑》詩，此又別一陳圖南也。

劉快活

宋蔡絛《鐵圍山叢談》云：「劉快活，信之黥卒也。始以倡狂避罪入山中，適有所遇，遂能出神，多作變怪，道人吉凶，雅有驗。每自稱『快活』，故時人呼之爲『劉快活』。」

宋王闢之《澠水燕談》云：「史延壽，嘉州人，以善相游京師，貴人爭延之。視貴賤如一，坐輒箕踞爾我，人號曰『史不拘』，又曰『史我』。」「史不拘」之名可與「劉快活」爲偶矣，大率皆游於方之外者也。

宋吴坰《五總志》云：「富鄭公初不識許我，聞其名，遽召見之。我乘馬直造廳廡，謁者請就賓次，通姓名。我曰：『既召我來，而不迎我，是見輕也。』乘馬徑去，公聞之太息。」許我之志行如此，此其所以不拘歟？

王迥遇女仙事

宋王銍《默記》云：「世傳王迥遇女仙周瑶英事，或言非實。是誠不然。當斯時盛傳天下，禁中亦知。是時皇儲屢夭，晏元獻爲相，一日遣人請召迥之父郎官王璐至私第，款密久之。王璐不測其意。忽問曰：『賢郎與神仙游，其人名在帝所，果否？』璐驚惶，不知所對，徐曰：『此子心疾，爲妖鬼所憑，爲家中之害，所不勝言。』晏曰：『無深諱。不知每與賢郎言未來之事，有驗否？』對曰：『間有後驗，而未嘗問也。』晏曰：『此上旨也。上令殊呼郎中密託令似，以皇子屢夭，深軫上心，試於帝所問早晚之期，與後來皇子還得定否。』璐曰：『不敢辭。』後數日來，密言：『謾令小子問之，言其人親到九天，見主典籍者，言聖上若以族從爲嗣，即聖祚緜久，未見誕育之期也。雖其言若此，願相公勿以爲信，以保家族。』晏公默然。其後聞所奏者亦不敢盡言。富鄭公乃晏壻也，故與文潞公、劉丞相、王文忠首進建儲之議，蓋本此。」按：王迥事，以東坡《芙蓉城》一詩至今人人知之，而不知當日上達宮禁，又且事關宗社也。

何仙姑

世傳八仙中有何仙姑，趙耘菘《陔餘叢考》考之，不得其詳。余按：宋魏泰《東軒筆録》云：「永州有何氏女，幼遇異人，與桃食之，遂不饑無漏，自是能逆知禍福。鄉人神之，爲構樓以居，世謂之何仙姑。士大夫之好奇者多謁之，以問休咎。王達爲湖北轉運使，巡至永州，召於舟中，留數日。是時魏綰知潭州，與達不叶，因奏達在永州取無夫婦人阿何於舟中止宿。又有周師厚者爲湖北路提舉，常平人，或呼爲『夢見公』，蓋以其姓周也。蒲宗孟爲湖北察訪，因奏師厚昏不曉事，致吏民呼爲『夢公』。二人皆以此罷去，蓋疑似易乘使朝廷致惑也。」按：此則何仙姑乃永州女子，與蒲宗孟同時，則宋神宗時人也。

《東軒筆録》又有一條云：「潭州人士夏鈞罷官過永州，謁何仙姑而問曰：『世人多言吕先生，今安在？』何笑曰：『今日在潭州興化寺設齋。』鈞專記之。到潭日，首於興化寺取齋歷視之，其日果有華州回客設供。」

又宋李昌齡《樂善録》云：「何仙姑在世間時，一主簿忽得天書，字不可識，以問仙姑。姑曰：『天書言主簿受金十兩，折禄[一]五年。』」

宋曾敏行《獨醒雜志》云：「何仙姑，永州民女子也。因放牧野中，遇人啗以棗，因遂絶粒，能前知人事，獨居一閣，往來士大夫率致敬焉。狄武襄征南儂，出永州，以兵事問之。對曰：『公必不見賊，賊敗且走。』初未之信。武襄至邕境之歸仁鋪，先鋒與賊戰，賊大敗，智高遁走入大理國。其言有證類如此。閣中有遺像，嘗往觀之。」

國朝楊秉杷《褉録》云：「何仙姑名瓊，見《陶白齋褉記》。」又載其寄家人詩三首云：「鐵橋風景勝天台，千樹萬樹桃花開。玉簫吹過黄龍洞，句引長庚跨鶴來。」「寄語童童與阿瓊，休將塵事惱閒情。蓬萊弱水今清淺，滿地花陰護月明。」「已趁神人入紫薇，水鄉回首尚遲遲。千年留取井邊履，説與草堂仙子知。」按：既云「仙姑名瓊」，而詩有「寄語阿瓊」之語，不知又何指，恐亦未足據也。又有《麻姑峯》《鳳皇臺》二詩，今不録。

[一] 禄，原訛「録」，據《樂善録》卷一改。

曹捁休

南唐劉崇遠《金華子雜編》云:「曹捁休,莫詳其州里,有妻孥居扁舟中,往來宣、池、金陵。每於山中兩錢價買柴,赴江下一錢價賣與人,自云喫利不盡。善符,鄉里牛瘴,即以片紙書云『曹捁休,捒殘牛』,與牛主,令歸貼於牛羣之大者角上,無不立愈。此人靈異甚多,見於沈汾侍御所著《續仙傳》。」按:世俗所傳八仙中有曹國舅,不知何人。據《宋史》,慈聖光獻太后弟曹佾並無成仙之説,則非其人也。余疑即此曹捁休,「捁休」訛稱「國舅」,乃聲音之誤耳。

李鐵枴

八仙中李鐵枴無可考。國朝褚人穫《堅瓠集》引《仙蹤》云:「鐵枴姓李,質本魁梧,早歲聞道,修真巖穴,李老君與宛丘先生嘗降山齋。一日,李將赴老君之約於華山,屬其徒曰:『吾魄在此,倘游魂七日不返,方可化吾魄也。』徒以母病迅歸,六日化之。李至七日歸,失魄無依,乃附一餓莩之屍而起，故其形跛惡耳。」

宋蔡絛《鐵圍山叢談》云：「魏漢津，黥卒也。自云遇李良仙人，以其八百歲，世號『李八百』者。得尸解法，已六世尸解，復投他尸而再生。」按：柺仙事恐即因此事而附會之。

元人襍劇中有岳伯川所作之《李鐵柺樂》。

四仙圖

明徐渭《青藤書屋集》有《四仙圖贊》，鐵柺、鍾離權、吕嵒、張果也。八仙止贊其四，未知何意。

明人有《西洋記》一書，載三保太監鄭和下西洋事，中有八仙：一漢鍾離，二吕洞賓，三李鐵柺，四風僧壽，五藍采和，六元壺子，七曹國舅，八韓湘子。無張果、何仙姑，而别有風僧壽、元壺子，亦異聞也。

神和子

蘇潁濱《龍川别志》云：「乖崖公張詠少時游京師，寄封丘之逆旅。有一道人與之鄰房，日會飲酒家，及將去，曰：『我神和子也，異日見子成都矣。』張公爲成都守，無所見。後修天慶觀，以家財建一閣，曰望仙閣，無事日輒出遊焉，冀有所遇。如是二年，代者將至，復一登之。日暮出東廡下，得一小徑，入得一小院，堂中四壁多古人畫像，中有一道人，髣髴逆旅所見，題曰『神和子』。公悵然自失。神和子姓屈突，名無爲，字無不爲，五代時人，所著書亦以《神和子》爲名。」

尹師魯死事

宋沈括《夢溪筆談》載尹師魯死事甚異，云：「尹師魯自龍圖閣謫官，後移鄧州。是時范文正公守南陽，師魯忽手書與文正别。文正訝之，使掌書記朱炎往見，致意開諭之。師魯已沐浴衣冠而坐，乃笑曰：『何希文猶以生人見待，洙死矣。』與炎譚論頃時，遂隱几而卒。炎使人馳報文正。文正至，哭之甚哀，師魯忽舉頭曰：『早已與公別，安用復來？』文正驚問所以，師魯笑曰：『死生常理也，希文豈不達此？』又問其後事，曰：『此在公耳。』乃揖希文，復逝。俄頃，又舉頭顧希文曰：『亦無鬼神，亦無恐怖。』言訖，遂長往。」按：死生之際，從容來去如此，真古來所僅見矣。

何宗元

宋曾敏行《獨醒雜志》云：「岳將軍既死，部下多奇才。有何宗元者，積功至修武郎。一日棄官，入玉笥山，結屋於山之三會峯上。居五年，往來宮觀，與道流頗相善。一日，忽謂之曰：『來日我居庵作少事，子來訪我，則先擊石。若庵中有聲相應，則不須來。』道流如其言，數日後訪之，擊石數四，寂無應者，懼而退。又數日，率衆再往，啓户視之，則何被髮而逝。時方秋暑，不知其死幾日，而面貌如生。」按：岳忠武部將有何宗元，人罕知者，宜表出之。

何蓑衣

蘇州玄妙觀有蓑衣真人肉身，世傳真人爲何立，即爲秦檜訪東南山行者，歸報東窗事發者也。乃考岳珂《桯史》載姑蘇何蓑衣事，絶不及秦檜事，但云：「何本淮陽朐山人，書生也。祖執禮仕至朝議大夫，遭亂來寓於郡。一旦焚書裂衣遁去，既歸，被草結廬於天慶觀之龍王堂。卧草中，不垢不穢，晨必一至吴江渡焉，往反不數刻。有瘵者拜謁乞醫，何命持一草去，旬而愈，始翕然傳蓑可愈病。孝宗在位，忽夢有蓑而跣哭而來弔者，問之，曰：『臣蘇人也。』寤以語左璫。居月餘，成恭后上仙，莊文繼即世。璫因進勉釋而及之，欲以驗前定寬上心。上憶昨夢，輟泣而歎。璫進曰：『臣微聞蘇有何姓者，類其人。』因道其所爲。上大驚，有詔諭遣，不至。慶元間猶在，相傳百餘歲矣。」使當時固有歸報秦檜事，岳氏子孫必當詳載之。然則世俗所傳或不足據也。

宋葉紹翁《四朝聞見録》云：「先是，吴中號何蓑衣者頗能道人禍福，至聞于上。上屢遣使問之，皆有異，遂召之至京，親洒宸翰，扁『通神菴』。州郡以上所賜，迎拜奔走。周南居里中，見而嫉之，對策中謂『雲漢昭回，至施之閭閻乞丐之小夫』。光皇惡其訐，故因湜疏以發之。」

明郎瑛《七修類稿》云：「元平陽孔文仲有《東窗事犯》樂府，杭金人傑有《東窗事犯》小說。廬陵張光弼有《蓑衣仙》詩，詩有引云：『宋押衙何立，秦太師差往東南第一峯構幹。怳惚一人引至陰司，見檜對岳事，令歸告夫人：「東窗事犯矣！」復命後即棄官學道。蜕骨今蘇州玄妙觀，蓑衣仙是也。』」據此則似當時實有其事者。余按：《太平廣記》引《耳目記》云：「會昌中，有王瑶者，自云遠祖本青州人，事平盧節使。時主公姓李，不記其名，患背疽。瑶祖以牲幣禱於岱宗，遂感見形，瑶祖叩頭，願垂矜憫。嶽神曰：『爾之主帥位居方伯，職在養民，而虐害生民，廣爲不道，所患背瘡蓋鞭笞之驗，必不可愈。』瑶祖因拜乞一見主公。及歸青丘，主公已殁。具白於夫人，云：『何以爲驗？』瑶祖曰：『某在冥中亦慮不信，主公遂裂近身衣袂，方圓寸餘，以授某曰：「爾將此示吾家。」』夫人得之，遂驗臨終服之衣，果有裁裂之處，瘡血猶在，知其不謬。」按：此與世傳何立事頗相類，殆當時深惡秦檜，附會古事而成之。

張懷素

宋周煇《清波雜志》云：「張懷素，舒州人，自號『落魄野人』。崇寧元年入京師，至大觀元年事敗，牽引士類甚衆，呂吉甫、蔡元度亦因是降責。蔡嘗語陳瑩中：『懷素道術通神，孔子誅少正卯時，彼嘗諫以爲太早；漢、楚成皋相持，彼屢登高觀戰。不知其幾歲，殆非世間人也。』」按：此等方士何代無之，其怪誕如此，不值有識者之一笑。蔡元度號稱儒者，乃亦信之，何歟？

國朝褚人穫《堅瓠集》載一方士好大言，云：「兒時看伏羲畫八卦，見其蛇身人首，得驚癇，幾不起，賴神農以草頭藥治余，幸不死。倉氏子不識字，來求教，爲其愚不屑也。慶都十四月而生堯，延余作湯餅會，余贈以生肖錢云云。」不知出何書，初以爲好事者戲作此語耳。不謂真有以此誑士大夫，而士大夫中竟有信之者也。

劉海蟾

國朝宋長白《柳亭詩話》云：「代州壽寧寺有劉海蟾古詩十韵，題云：『廣寧閑民劉操書。』

今全真家推翁爲祖。翁之姓名，鄉里且不能知，況其道乎？」

國朝褚人穫《堅瓠集》引《碣石賸談》載劉海蟾事云：「海蟾姓劉，名嚞，渤海人。十六登甲科，仕金，五十至相位。朝退，有二異人坐道旁，延入，談修真之術。二人默然，但索金錢一文、鷄卵一枚，擲於案，以鷄卵累金錢上。嚞傍睨曰：『危哉！』二人曰：『君身尤危，何啻此卵！』嚞悟，納印，入終南山，學道得仙。」按：《金史》無「劉嚞」其人位至宰相者，其説殊不經。考明都卬《三餘贅筆》云：「道家南北二宗，其南宗自東華少陽君得老聃之道，以授漢鍾離權，權授唐進士呂巖、遼進士劉操，操授宋張伯端，伯端授石泰，泰授薛道光，道光授陳相，相授白玉蟾，玉蟾授彭枏；其北宗自呂巖授金王嚞，嚞授七弟子，其一丘處機，次譚處端，次劉處元，次王處一，次郝大通，次馬珏及珏之妻孫不二。」然則劉操乃遼進士，而非金宰相。其名「嚞」者姓王，不姓劉，世誤以「嚞」爲「操」，雖皆純陽弟子，然誤其姓矣。

又按：《三餘贅筆》云：「王嚞，嘉定中抵寧海州，馬珏夫婦築庵事之，題曰『全真』。由是宗其道者皆號『全真道士』。」然則全真一派自宗王嚞。《柳亭詩話》謂全真家以海蟾爲祖，亦未免小誤矣。

程濟有法術

明張芹《備遺録》載建文朝諸忠臣岳池縣教諭程公云：「公諱濟，陝西朝邑人，洪武間，以明經爲四川岳池縣儒學教諭。公有法術，岳池去朝邑數千里，寢食俱在朝邑，而日治岳池學事不廢。」按：世傳程濟通術數，惟徐州祭碑一事。至此事則甚怪，世未知也。末云「文皇至江上，公逃去，不知所終」，不言從亡事。

天元、地元、人元

國朝納蘭成德《淥水亭襍識》云：「魏、張人元，旌陽地元，丘長春天元。取藥於人之精血者爲人元，取藥於地之金石者爲地元，取藥於天之日精月華者爲天元。而餐松食柏如木客、毛女輩名爲草仙，非所貴也。」又云：「勞山、青城、太白、武當諸深山人跡不至處，有宋元以來不死之人，皮箸於骨，皆草仙也。既入此途，則與三元永絶，故平叔云『未鍊還丹莫入山，山中内外盡非鉛』也。」按：此段議論必有所本，惜未言出何書。其云「魏、張」者，魏伯陽、張紫陽也。

無央聖衆

國朝宋長白《柳亭詩話》云：「陳陶《朝元引》『無央鸞鳳隨金母』，曹唐《小遊仙》『無央公子停鸞轡』。道書『無央』即竺典『無量』之義。元始天尊説經一徧，無央聖衆從空而至。」

遊仙呪

國朝董恂《宫闈聯名譜》引《仙志》云：「女仙曉暈能釀遊仙酒，飲之而卧，隨意所之。有《遊仙呪》云：『果齊寢炁，八垓台戾。』」

八禽

明楊慎《蓺林伐山》云：「華佗有五禽戲。道經又有熊經、鳥申、鳧浴、蝯躩、鴟視、虎顧、鷂息、龜縮，謂之八禽之戲，世罕知也。」

鎖鼻術

《老學庵筆記》云：「邛〔一〕州天慶觀有陳希夷詩石刻云：『謁高公，茶話移時，偶書二十八字，道門弟子陳圖南上。』後有文與可跋，大略云：高公者，此觀都威儀何昌一也，希夷從之學鎖鼻術。」余所著《枕上三字訣》，第二爲「鎖」字，乃與此合。然余但能鎖口，未能鎖鼻也。

騎鶴化

元陶宗儀《輟耕録》云：「王氏守素，錢唐民家女。其夫丁，棄家爲全真道士於吴山紫陽庵。一日，坐抱一膝而逝，方外者流謂之騎鶴化。」

〔一〕邛，原訛「卭」，據《老學庵筆記》卷六改。

學老子

宋范公稱《過庭録》云：「有學老子者曰劉跛子，頗有異行，時至洛看花。」又云：「王子野待制家舊養學老子曰『水先生』，頗能前知禍福。」「學老子」之稱未詳，殆宋時俗語，謂道術之士也。

都工

宋沈括《夢溪筆談》云：「廬山簡寂觀道士王告好學有文，有邑豪修醮，告當爲都工。都工薄有施利，一客道士自言衣紫，當爲都工。」按：《張真人府印文》云「陽平治都工」，「都工」即「都功」也。《惲子居先生文集》有《真人府印説》一篇，亦止説「陽平治」之義，而未及「都功」，得此乃可知「都功」之義矣。

扶箕

《太平廣記》引《稽神録》云：「江左有支戬者，餘干人。正月望夜時，俗取飯箕衣之衣服，插箸爲嘴，使畫粉盤以卜。戬戲祝曰：『請卜支秀才他日至何官。』乃畫粉宛成司空字。」然則扶箕之術唐世已行矣。

宋岳珂《愧郯録》載政和六年正月二十三日詔：「近來京師姦滑狂妄之輩，輒以箕筆聚衆立堂，號曰天尊大仙之名，書字無取，語言不經。竊慮浸成邪慝，可令八廂使臣逐地分告示，毁撤焚棄。」按：此即今所謂「扶箕」者。扶箕之術，余雅不謂然，嘗言絶地天通宜首禁此，不知宋時固嘗有禁也。

宋殿妖人

國朝景星杓《山齋客談》云：「明之末季，杭郡妖興，鬨傳宋殿縱紙人爲怪，人家多設水火具防之。其妖或爲人，或爲獸，隨紙狀爲變。」按：宋殿之妖，至今猶有此説也。

楓柳人

國朝陸烜《梅谷偶筆》云：「楓柳人，星卜家挾之有奇驗。嶺南楓木之老者或生癭瘤，遇雷雨暴長一枝如人形，謂之楓人。越巫取以雕刻鬼神像，賂之四方者也。亦名樟柳人。或樟木亦有此異邪？」按：世俗知有「樟柳人」，不知有「楓柳人」。然如陸氏之説，則「柳」字仍無義，意者當爲「樟瘤人」「楓瘤人」乎？

晉稽含《南方草木狀》云：「五嶺之閒多楓木，歲久則生瘤癭。一夕遇暴雷驟雨，其樹贅暗長三五尺，謂之楓人。越巫取之作術，有通神之驗。取之不以法，則能化去。」

唐劉恂《嶺表録異》云：「嶺多楓樹，樹老則有瘤癭，遇雷雨其樹贅暗長三四尺，謂之楓人。越巫云取之雕刻鬼神，則易致靈驗。」

國朝張爾岐《蒿庵閒話》云：「左道刻章陸根爲人形，呪之能知禍福，名『章陸神』。」則又作

「章陸」。「章陸」即「商陸」也。

《蒿庵閒話》又引《醫書》云：「取商陸花陰乾百日，擣末服之，卧思念所欲事，即於眼中自見。」然則此物自有靈異也。

茶香室叢鈔卷十五

聖廟專祀顏子

國朝查慎行《人海記》云：「兖州滋陽縣儒學祀宗聖顏子之神，與各處異。」按：此似滋陽專祀顏子，不祀孔子也。今未知然否。

顏淵、子路像

後魏楊衒之《伽藍記》云：「南有國子學堂，內有孔子像，顏淵問仁、子路問政在側。」是當時國學孔門諸賢中獨有此二賢像也。

忠潔侯

宋張舜民《郴〔一〕行録》云：「入歸義江口十許里，即汨羅也。一水中分，南曰汨，北曰羅，洲上有忠潔侯廟，即三閭大夫也。」按：屈原身後有「忠潔侯」之封，宜表出之。

利隱侯

宋龔鼎臣《東原録》云：「齊桓公得愚公，而管仲修政。予守青社，因旱禱雨於愚公山下，即日而應。以靈異澤民，求爵號於朝廷，元符二年封利隱侯。」按：愚公古之隱士，雖姓名且不傳，而死後二千餘年乃有封侯之事，亦可笑也。

〔一〕郴，原訛「彬」，據《四庫全書總目》卷一五四改。

妙用真人

國朝宋長白《柳亭詩話》云：「三峽有妙用真人廟，即《高唐賦》之神女也。」按：宋陸游《入蜀記》云：「過巫山凝真觀，謁妙用真人祠，真人即世所謂巫山神女也。」則神女之稱「妙用真人」由來久矣。

上虛夫人

《文選》郭璞《游仙詩》注引《初學記》云：「常娥，羿妻也，逃月中，蓋上虛夫人是也。」按：今人知「常娥」，不知「上虛夫人」。

孟公、孟姥

唐段公路《北户録》云：「船神呼爲孟公、孟姥，其來尚矣。劉思真云：玄冥爲水官，死爲水神。冥、孟聲相似。或云冥父、冥姥，因玄冥也。」按：後人以風神爲「孟婆」，恐即因此而誤。

六丁爲女子像

《老學庵筆記》云：「撫州紫府觀真武殿像設六丁、六甲神，而六丁皆爲女子像。黄次山書殿榜云『感通之殿』。感通乃醴泉觀舊名，像設亦醴泉舊制也。」

巨靈有大小

《西京賦》「巨靈贔屓」，注云：「巨靈，河神也。巨，大也。」是「巨靈」爲大神。《漢武故事》云：「東郡送一短人，長五寸，衣冠具足。上召東方朔至，朔呼短人曰『巨靈』。」則「巨靈」又爲至小之人矣。

漢郭憲《洞冥記》云：「有一女人，愛悅於帝，名曰巨靈。帝傍有青珉唾壺，巨靈乍出入其中。東方朔目之，巨靈因而飛去，化成青雀。」此又一「巨靈」也。

神茶、鬱櫑異名

宋王楙《野客叢書》説神荼鬱櫑云：「《括地圖》曰：『度朔山有二神，一名鬱，一名櫑。』高誘注《戰國策》則又曰：『一曰余與，一曰鬱雷。』其紛紜如此。」

余謂此二神，一名荼，一名鬱櫑。《風俗通》云：「黄帝時有神，荼、鬱櫑兄弟二人。」「神」字包下二名，非以「神荼」連讀也。《山海經》曰：「度朔山上有二神，一曰神荼，一曰鬱櫑。」下「神」字衍文。高誘注本作「一曰余」，即「荼」字；「二曰鬱雷」，「雷」即「櫑」字，涉下注「余與鬱雷皆在東海中」，故誤衍「與」字耳，不知下「與」字乃句中助語也。《括地圖》則誤分一神爲二，而遺其一。

又按：余所據剡川姚氏本《戰國策》作「荼」，不作「余」。

魁星

元劉壎《隱居通議》云：「淳熙中殿試進士有鄧太史者，告周益公：『魁星臨蜀。』臚傳先一日又告：『夕有震雷，魁星自蜀移照吴分。』及期，上忽以第一卷與第二卷互易之，吴人果第一，蜀人第二。」按：此不經之説，然亦可見宋時已甚重魁星矣。

蒼王

《石林燕語》云：「京師百司胥吏每至秋必醵錢爲賽神會，問何神，曰蒼王。蓋以蒼頡造字，故胥吏祖之。」余舊有《學校祀蒼頡議》，據此知宋時固嘗祀之。但胥吏知祀蒼頡，而士大夫不聞焉，何歟？

國朝陳浩《生香書屋集》有《蒼聖祠祀》，其略云：倉氏之後有倉聖脈者，自中牟來，將爲神立廟，歲時以祀，乃屬某爲文。兹役也，起於乾隆二十七年十月，竣於二十八年十一月。鳩工者倉氏兄弟：候補道聖裔、處州府知府聖潢、戊子舉人聖脈。」據此則中牟固有倉聖祠也。

國朝金衍宗爲温州府教授，著《尊經閣祀典録》，倡祀字祖經師。「字祖」即倉聖也。然「字祖」之名殊爲不典，即宋時「倉王」之稱亦未是，自以稱「倉聖」爲宜也。

周赧王廟

唐劉餗《隋唐嘉話》云：「狄内史仁傑始爲江南安撫使，以周赧王等神廟有害於人，悉除之。」按：秦時有周赧王祠，見《封禪書》。不謂至唐而猶有廟，且遠在江南也。赧王亡國之君，何以得此？殆周家以忠厚開國，民不忍其亡，故於其末世之君奉祀勿替邪？

子胥水仙

《越絶書》云：「吴王將殺子胥，使馮同徵之。胥見馮同，知爲吴王來也，洩言曰：『高置吾頭，必見越人入吴也。捐我深江，則亦已矣。』胥死之後，王使人捐於大江口。勇士執之，乃有遺響，發憤馳騰，氣若奔馬，威凌萬物，歸神大海，彷彿之間，音兆常在。后世稱述，蓋子胥水仙也。」按：此乃子胥爲潮神之説所自來。

又按：本書《計倪内經》載越王之言曰：「西則迫江，東則薄海，水屬蒼天，下不知所止。

交錯相過，波濤濬流，沈而復起，因復相還。浩浩之水，朝夕既有時，動作若驚駭，聲音若雷霆。波濤援而起，船失不能救。」按：此所言即今錢唐江之潮也。其時子胥未死，前潮子胥、後潮文種之説不足據矣。

《水經・河水篇》：「又東北過黎陽縣南。」注云：「河水又東北逕伍子胥廟南，祠在北岸頓丘郡畍，臨側長河，廟前有碑。」按：伍子胥廟，南中宜有之，乃黎、衛之閒亦有伍子胥廟，不知其何自始也。

又《水經・瓠子河篇注》云：「堯陵北、仲山甫墓南，二冢閒有伍員祠。」則是成陽亦有伍子胥廟也。

餅肆祀漢宣帝

宋蔡絛《鐵圍山叢談》云：「漢宣帝在仄微時，有售餅之異，見於《漢書紀》，至今几千百歲，而關中餅師每圖宣帝像於肆中，今殆成俗。」

臨平周絳侯廟

元吴自牧《夢粱録》云：「周絳侯廟即絳侯周勃也，祠在臨平鎮。」按：余寓臨平者垂三十年，竟不知有絳侯廟，其廢久矣。

又云：「申將軍廟在臨平斗門橋北。」按：此則今尚有之，謂之北廟，祀楚大夫申包胥。

又按：申包胥似不應祀於吾浙。浙故吴地也，何爲而祀申包胥乎？疑此乃伍子胥也。伍子胥入吴封於申，《國語》謂之「申胥」，韋昭注曰：「申胥名員，楚大夫伍奢之子。奢誅，員奔吴，與之申地，故曰申胥。」此其明證也。子胥爲潮神，臨平距海不十里，故有伍子胥廟，此申包胥廟亦伍子胥廟也。舊時當題申胥廟，後人不知，遂以爲申包胥耳。此與唐劉蜕辨江陵伍子胥廟當爲申包胥廟，正可互證。

禰衡爲土神

國朝景星杓《山齋客談》云：「吾杭仁和北鄉有瓜山土地祠，俗戲懼内者曰『瓜山土神，夫人作主』。吾友盧書蒼經其祠，視碑，始知爲漢禰衡也。」禰正平爲杭之土神，已不可解，乃更有懼内之説，則更奇〔一〕矣。

關三郎

《雲溪友議》云：「荆州玉泉祠曰三郎神，即關三郎也。允敬者則彷佛似覩之。緇侶居者外户不閉，財帛縱横，莫敢盜者。厨中或先嘗食者，頃刻大掌痕出其面，歷旬愈明。侮慢者則長蛇毒獸隨其後。所以懼神之靈，如履冰谷。」按：此乃關廟著靈異之始。

《北夢瑣言》：「唐咸通亂離後，坊巷訛言關三郎鬼兵入城，家家恐悚。罹其患者令人熱寒戰慄，亦無大苦。弘農楊玭挈家自駱谷路入洋源，行及秦嶺，回望京師，乃曰：『此處應免關三郎相隨也。』語未終，一時股慄。」按：此則關帝之神在唐時已洋洋乎如在其上，如在其左右矣。

〔一〕奇，原訛「寄」，據文意改。

唐郎士元有《關某祠送高員外還荆州》詩云：「將軍稟天姿，義勇冠今昔。走馬百戰場，一劍萬人敵。」是在當時已極推重也。

國朝錢曾《讀書敏求記》云：「《漢天師世家》一卷，中稱三十代天師諱繼先者，宋崇寧二年投符解州鹽池，磔蛟死水裔。上問：『用何將？』隨召關某，見于殿左。上驚，擲崇寧錢與之，曰：『以此封汝。』世因祀爲崇寧真君。」此當是關帝受封之始。

宋郭彖《睽車志》云：「忠愍李公若水，宣和壬寅尉大名之元城。有村民持書至云：『關大王有書。』公甚駭愕。其緘云：『書上元城縣尉李尚書，漢前將軍關雲長押。』詰民何自得之，云：『夜夢金甲將軍告某曰：汝來日詣縣，由某地逢著鐵冠道士，索取關大王書，下與李縣尉。既覺驚異，勉如其言，果遇道士，不敢不持達。』公發書，其間皆預言靖康禍變，即火其書，遣其人，不復問。作詩紀之云：『金甲將軍傳好夢，鐵冠道士寄新書。我與雲長隔異代，翻疑此事大荒虚。』公後果貴顯，卒蹈圍城之禍。兆朕之萌，神告之矣。」按：此乃關帝靈異之著於宋代者。

甘興霸廟有關帝像

宋陸游《入蜀記》云：「富池昭勇廟，吴大帝時折衡〔一〕將軍甘興霸也。興霸嘗爲西陵太守，故廟食於此。廡下有關雲長像。雲長不應祀於興霸之廟，豈各忠所事，神靈共食可以無媿邪？」

關刀

明包汝楫《南中紀聞》云：「荆門州南十五里地名掇刀石，有關帝廟一所。帝所用大刀插石竅上，摇之亦動，提之則不能拔，廟僧云重一百八十斤。刀桿圍可七八寸，刀脊甚厚，長約一丈四五尺許，色澤蒼紺，體式精緻雄壯。天啟元年，黔中總兵張某意欲取閲，辦牲禮拜祭，命健兒數十輩百計取之，不能起。碑文稱帝過襄樊閒，掇刀於石，後人因山爲祠，塑像供奉。」按：

〔一〕衡，《入蜀記》卷四作「衝」。

關帝之用刀於本傳無考，余曾以爲疑，説詳《小浮梅閒話》。今觀此，則所用刀尚在人閒，又鑿然不虚矣。但未知此刀今尚在否，如遇彼中人，當一問之。

梁陶弘景《刀劍録》云：「關某爲先主所重，不惜身命，自採都山鐵爲二刀，銘曰『萬人』。及敗，投之水中。」按：此似佩刀，非今所傳之大刀也。

又按：關公有刀，張桓侯亦有刀。《刀劍録》云：「張飛初拜新亭侯，自命匠鍊赤朱山鐵爲一刀，銘曰『新亭侯，蜀大將也』。後被范强殺，强將此刀入於吴。」

孔侯古像

宋范成大《驂鸞録》云：「宿德清縣，泊舟左顧亭。左顧亭者，孔愉放龜處。孔侯墓廟在焉，廟居墓前，與其夫人皆盤膝坐，蓋是几席未廢時所作。」按：宋時去古已遠，而猶有此等古像，今像久非其舊，左顧亭亦無遺址矣。

《大乾夢録》

元劉壎《隱居通議》云：「予幼時獲觀《大乾夢録》一册，載隋温陵太守歐陽公祐，洛陽人，仕閩，受代歸，經邵武、光澤之大乾，愛其山水清秀，盤桓久之。已而舟溺，夫婦俱死焉，後人葬于其地。久之發靈，廟食累受封爵爲王。宋時士人應舉者求夢多應，好事者輯之曰《夢録》。」按：近世如杭之于公祠、蘇之況公祠皆有祈夢之事，而閩中歐陽公廟則無聞矣。

趙昱

唐柳宗元《龍城録》云：「趙昱字仲明，與兄冕俱隱青城山，煬帝拜爲嘉州太守。時犍爲潭中有老蛟爲害，昱持刀入水，左手執蛟首，右手持刀，奮波而出，州人事爲神。太宗文皇帝賜封神勇大將軍，廟食灌江口。上皇幸蜀，加封赤城王，又封顯應侯。昱斬蛟時年二十六。」按：此則灌口二郎神又似即趙昱矣。其年少而行二，所謂「二郎」者頗合。豈後人失其傳而誤以爲李冰之子邪？

田相公

國朝汪鵬《袖海編》云：「習梨園者，共搆相公廟，自閩人始。舊説爲雷海青而祀，去雨存田，稱田相公。此雖不可考，然以海青之忠，廟食固宜，伶人祖之亦未謬。若祀老郎神者，以老郎爲唐明皇，實爲輕褻，甚所不取。」

黎山大王

宋鄭起《清雋集》有《辭弔富沙黎山大王》，注云：「唐詩人李頻也。」其辭云：「昔駕五馬兮今衣衮裳，詩人之窮兮詩人之昌。」按：《新唐書·文藝傳》李頻爲建州刺史，「卒官，父老相與扶柩，葬永樂州，立廟黎山」。乃至宋而有「黎山大王」之號，亦可云久而彌芳者矣。然李頻以大中八年進士，由祕書郎起家，官至刺史，不可謂「詩人之窮」者也。

武婆婆

宋周去非《嶺外代答》云：「廣右人言武后母欽州人，今皆祀武后，冠帔巍然。巫者稱曰武太后孃孃，俗曰武婆婆。」按：世傳「六宫粉黛無顔色，萬國衣冠拜冕旒」爲武后廟聯，但不知何處有廟。今乃知武婆婆廟嶺外固有之也。

周將軍

元劉壎《隱居通議》云：「庚子五月，因觀江漲，至五通廟。忽憶兒時見將軍誥詞一軸，乃宋封周將軍爲宣□侯者也。」按：「宣」下缺一字，不知何字，豈即今所謂周宣靈王者乎？

温將軍

元吴自牧《夢粱録》云：「廣靈廟在石塘垻，奉東嶽温將軍，自温將軍以下九神皆錫侯爵：

温封正佑，李封孚佑，錢封靈佑，劉封顯佑，楊封順佑，康封安佑，張封廣佑，岳封協佑，孟封昭佑，韋封威佑。」按：温將軍廟今尚有之，而李以下九侯無聞焉，不知廟中尚有此像否。

金龍四大王

世知金龍四大王爲宋謝緒，然莫知金龍之所以得名。國朝施閏章《矩齋襍記》云：「謝氏兄弟四人，紀、綱、統、緒。緒最少，爲諸生，隱錢唐之金龍山，宋亡赴水死。後明太祖與蠻子海牙戰於吕梁，雲中有天將揮戈，驅河逆流，元兵大敗。帝夢儒生素服前謁曰：『臣謝緒也，上帝命爲河伯，今助真人破敵。』次日封爲金龍四大王。」據此知「金龍」者其所隱之山名，「四」則其行第也。

九顯靈府君

《水經·洛水篇注》云：「白桐澗水出嵩麓桐溪，北流逕九山東，山際有九山廟，廟前有碑云：『九顯靈府君者，太華之元子，陽九列名，號曰九山府君也。』」此可與泰山三郎威雄將軍並傳。

五户將軍

《水經·河水篇》：「又東過砥柱間。」《注》云：「五户，灘名也，有神祠，通謂之五户將軍。亦不知所以也。」愚謂此乃後世淫祀之濫觴。又《渭水篇注》云：「渭水又東逕鄭縣故城，城南山北有五部神祠。」按：此與五户將軍疑即後世祀五聖所自起。

《龍城録》云：「柳州舊有鬼名五通，余始到不之信。一日，因發篋易衣，盡爲灰燼。余乃爲文醮訴於帝，帝懆我心，遂爾龍城絶妖邪之怪，而庶士亦得以寧也。」按：《龍城録》雖僞書，然亦宋以前舊帙也。觀此知五通之神唐已有之。鈕玉樵謂起於明太祖時，真不考之言。

叢祠之始

《水經·河水篇》：「又南至華陰。」《注》云：「自此西南出六里，又至一祠，名曰胡越祠，神像有童子之容。」

又《濟水篇注》云：「陽丘縣城南有女郎山，山上有神祠，俗謂之女郎祠，左右民祀焉。」

又《瀑水篇注》云：「祁夷水西有隨山，山上有神廟，謂之女郎祠，方俗所祠也。」

又《沔水篇注》云：「女郎山上有女郎冢，遠望山墳嵬嵬然高，及即其所，裁有墳形。山上直路下出，不生草木，世人謂之女郎道。下有女郎廟及擣衣石，言張魯女也。」按：張魯有女，世亦罕知。

又《泜水篇注》云：「徐水東北屈逕郎山。漢武之世，戾太子以巫蠱出奔，其子遠遁斯山，故世有郎山之名。山南有郎山君碑，事具其文。徐水又逕郎山君中子觸鋒將軍廟南，廟前有碑。」按：「郎山君」者豈即史皇孫邪？「觸鋒將軍」又何人？則與宣帝兄弟行矣。此等故實皆近附會。

土地

《北夢瑣言》云：「彭城劉山甫自言外祖李公敬彝郎中宅，在東都毓財坊，土地最靈。」按：此則今人所謂「當坊土地」者，唐時已有之矣。

祆廟

宋張邦基《墨莊漫録》云：「東京城北有祆廟呼煙切。祆神本出西域，蓋胡神也，與大秦穆護同入中國，俗以火神祠之。京師人甚重之。其廟祝姓史名世爽，自云家世爲祝累代矣，藏先世補受之牒凡三：有曰懷恩者，其牒唐咸通三年宣武節度使令狐給，令狐者丞相綯也；有曰温者，周顯德三年端明殿學士、權知開封府王給，王乃朴也；有曰貴者，其牒亦周顯德五年樞密使、權知開封府王給，亦朴也。自唐以來，祆神已祀於汴矣。」又曰：「鎮江府朱方門之東城上有祆神祠，不知何人立。」按：祆神祠即今天主堂。

禮拜堂

宋周去非《嶺外代答》云：「大秦國王少出，惟誦經禮佛，遇七日，即由地道往禮拜堂拜佛。」

又云：「有吉慈尼國者，其國有禮拜堂百餘所，一所方十里，國人七日一赴堂禮拜。」

按：此則錢竹汀先生《金石文跋尾》謂「今歐羅巴奉天主邪蘇是大秦遺教」，其説信矣。吉慈尼亦與大秦相鄰近也。

善神

唐張讀《宣室志》云：「道嚴師居成都寶曆寺，開元十四年五月二十一日，於佛殿燃長明鐙，忽見一巨手在殿西，道嚴悸甚，聞空中語云：『無懼，吾善神也。天命我護佛寺之地，以世人好唾佛祠地，我即以背承之，由是背有瘡潰吾肌，願以膏油傅其上。』道嚴遂以清油置巨手中，請曰：『願覩檀越之形，使畫工圖于屋壁，且書其事，冀世人無敢唾佛祠之地。』遂見西廊下有一神，張目呀口，體狀魁碩，長二丈。於是具以神狀告畫工，圖於西軒之壁。」按：宋時稱呂惠卿爲護法善神，即此也。疑宋時佛寺内畫此神，今則無矣。

藥王

宋韓元吉《桐陰舊話》云：「忠獻公年六七歲，病甚，忽曰：『有道士牽犬以藥飼我。』俄汗而愈。」按：《列仙傳》：「韋善俊，唐武后朝京兆人，長齋奉道法，嘗攜黑犬名烏龍，世俗謂爲『藥王』云。」

皮場廟

宋樓鑰《攻媿集·北行日録》云：「入東京城，改曰南京，皮場廟甚飾，雖在深處，有望柱在路側，各掛一牌，左曰皮場儀門，右曰靈應之觀。」按：余寓吴下，見盛家濱有皮場大王廟，始不知何神，後閲杭州亦有之。考之《西湖志》，乃得其姓名：「神姓張名森，相州湯陰人。縣故有皮場鎮，萃河北皮䩺，蒸潰産蝎，螫人輒死。神爲場庫吏，素謹事神農，禱神殺蝎。鎮民德之，遂立祠。宋時建廟汴京顯仁坊。建炎南渡，有商立者攜神像至杭州，舍於吴山看江亭，因以爲廟。」今觀樓氏所記，則顯仁坊之廟至金時猶在，且赫濯如此，又有靈應觀之名，今吴下皮場廟湫隘甚矣。杭州吴山則未知尚有此廟否。

元吴自牧《夢粱録》云：「惠應廟，即東都皮場廟。按：《會要》云：『神在東京顯仁坊，名曰皮場土地祠。中興隨朝到杭，累加號曰明靈昭惠慈佑王，神妃封曰靈婉嘉德夫人、靈淑嘉靖夫人。』按：廟刻曰：『其神乃古神農，於三皇時都曲阜。世人食腥羶者卒致物故，因集天下孝義勇烈之士二十四人，分十二分野，播種採藥。至今于世極有神功，兩廡奉二十四仙醫使者。自漢、唐至今，殲寇助順，聖跡不可殫紀。』」按：此恐不足據。若是神農氏，則古皇也，豈可封之爲王、封其妃曰夫人乎？

聖七娘

國朝周亮工《閩小紀》云：「汀西丘坑口，撥土一寸許，即有明珠大如粟，色若水晶，相傳爲揚州，邦人盛稱女巫聖七娘行穢迹，法通靈，能知未來事。」不知即此否。恐别一人也。

男女得之者誠如所傳。」按：聖七娘未如〔一〕何人。宋洪邁《夷堅丙志》云：「建炎初，車駕駐蹕

聖七娘率師至此，有珍珠傘爲敵所破，當即呪曰：『男拈之成水，女拈之成粉。』雖事屬荒唐，而

蕭荷花

明徐渭《青藤書屋文集》有《蕭荷花祠》詩，自注云：「俗傳露筋娘娘者即此。」

馬和尚

明鄭仲夔《耳新》云：「每歲二月十五六，俗相戒爲馬和尚渡江日，必有大風敗舟。」

按：國朝顧禄《清嘉録》云：「二月二十八日爲老和尚過江，必有風報。」此説今吴下尚有

〔一〕如，疑當作「知」。

之，然不知和尚何人也。乃《耳新》則云馬和尚又在二月十五六，殆各處鄉俗相傳之異語乎？

謝仙

宋王得臣《麈史》云：「治平中，予令岳州巴陵。州有岳陽樓，樓上有石，倒刻『謝仙火』三字。其序述慶曆中，華容縣一日晦冥震雷，已而殿柱有此。太守滕公宗諒子京問永州何仙姑，荅以雷部中神，昆弟二人並長三尺，鐵筆書之。孫載積中宰吴興德清，新市鎮覺海寺殿宇宏壯，唐時所建。巨材髹漆，積久剥落，見倒書迹曰『謝均李約收利火』十餘字，與岳陽字大小一同。積中因曰：『夫伐木於山者，其火隊既衆，則各刻其名以爲别耳。凡記木必刻於木本，瞽建法本在下，故倒書。』由是知仙姑之妄也。」

按：范致明《岳陽風土記》云：「老子祠有二神像，所謂青龍、白虎也。祥符八年二月，雷震白虎西北楹，上有倒書『謝仙火』三字，問零陵何仙姑，曰：『謝仙，雷部火神也。』」此事頗傳於世，今人多有知者，不謂又有此説，并何仙姑之仙蹟亦可疑矣。

辟蛇童子

宋陸游《入蜀記》云：「晉慧遠法師祠堂，遠公之側有一人執軍持侍立，謂之辟蛇童子。傳云東林故多蛇，此童子盡拾取，投之蘄州。」按：今蘄州産蛇，入藥良，皆此童子所投邪？

轉智大王

宋周去非《嶺外代答》云：「欽州陳承制名永泰，熙寧八年，交趾破欽，死於兵。先是，交人謂欽人曰：『吾國且襲取爾州。』以告永泰，勿信。交舟入境，永泰方張飲，又報抵城，復弗顧。交兵入城，遂擒承制以下官屬於行衙，曰：『不殺汝，徒取金帛爾。』既大掠，則盡殺之。欽人塑其像於城隍廟，祀之，號曰轉智大王。凡嘲人不慧，必曰『陳承制』云。」按：曹蜍、李志以庸傳其名，陳承制并以愚而得廟食，其愚不可及矣。

聖佛生子

宋周去非《嶺外代答》云：「南海諸蕃國皆敬聖佛。相傳聖佛出世，在真臘國之占里婆城，女子也，有夫。渡海而舟爲龍王所蕩，乃謂龍王曰：『使我登岸，當歲生一子，以奉龍王。』南蕃所居皆茅廬，唯聖佛廟甚整。正月二十日，聖佛生子，有一圓石出其身。二十日夜，舉國人民不寢，以聽佛之生子。明日，國人皆奉珍寶、犀象獻佛。其所生子舟載投之海，以奉龍王。」

諸神生日

宋王逵《蠡海集》有一條云：「神明誕降，以義起者也。玉帝生於正月初九日者，陽數始於一而極于九，原始要終也。玄帝生於三月三日，一生二，二生三，三生萬物，水之氣，天一至三而始盛也。東嶽生於三月二十八日者，天三生木，地八成之，含兩儀之氣於其中也，二十八日四七也，四七乃少陽位也。九天生於六月二十四日，六爲陰數，四六二十四，老陰之策也，老陰變少陽，故應于雷神也。」按：此與今所傳諸神生日並同，可知俗説相承，由來久矣。

又曰：「少陽生物之數起於七，四營而爲二十八，三乃東方木之生，九乃西方金之成。故三月二十八日爲東嶽生辰，九月二十八日爲五顯生辰。蓋金爲氣母，五顯者五行、五氣之化也。」按：今世亦以九月二十八日爲五顯靈君生日。據宋魯應龍《閒窗括異志》云：「五顯靈官大帝，佛書所謂華光如來。」

爲神人寄書

《水經·溱水篇注》云：「溱水又西南逕中宿縣，其處隘，名之爲觀岐。晉中朝時，縣人有使者至洛，事訖將還，忽有一人寄其書云：『吾家在觀岐前，石間縣藤，即其處也。但扣藤，自當有人取之。』使者謹依其言，果有二人出外，取書并延入水府，衣不沾濡。」

按：《渭水篇注》引《春秋後傳》載華山君使託鄭容致書鎬池君，言「過鎬池，見大梓下有文石，取以款列梓，當有應者。鄭容至鎬池，見一梓下果有文石，取以款梓，應曰諾。鄭容如睡，覺而見宫闕，若王者之居焉」。款梓、扣藤，其事相類。而唐人小説載柳毅致書洞庭事，亦曰

「洞庭之陰有大橘樹焉，叩樹三發，當有應者」，可知古來小説皆轉展沿襲而來。世人不博覽，則但詫其奇怪耳。

投刺神廟

國朝王應奎《柳南續筆》云：「京師前門有漢前將軍廟，頗著靈顯。前明大司馬楊溥過之，必投一『鄉晚生』名刺，以與侯同爲蒲州人也。而本朝合肥龔鼎孳爲大宗伯時，每朔望過之，亦必投一『侍生』名刺。」

頭爐香

宋人《異聞總録》載：「潁昌韓元英事嶽帝甚謹，時降其家。後神不肯臨，急遣一親信僕持香往岱岳祈謝，謂曰：『聖帝惟享頭爐香，每將旦啟廟時，廟令謁奠者是也。能隨其後，神必歆答，若遲緩頃刻，則飈馭登山。雖復控請，已不聞。』僕受戒而去。既入廟，憩於通天鼓架下，不覺睡熟，遂不及事。韓月餘而卒。」按：此知世俗有「燒頭香」之説由來久矣。

黄犬祭竈

《荆楚歲時記》注云：「漢陰子方臘日見竈神，以黄犬祭之，謂爲黄羊。陰氏世蒙其福。」

按：黄羊祭竈，世所共知，不知有黄犬事。

茶香室叢鈔卷十六

酆都陰君

宋范成大《吴船録》云：「忠州酆都縣，去縣三里有平都山。碑牒所傳，前漢王方平、後漢陰長生皆在此得道仙去，有陰君丹爐。滿山古柏，大數圍。轉運司歲遣官點視，相傳爲陰君手種。陰君以煉丹濟人，其法猶傳。知石泉軍事章森德茂家有陰丹甚奇，即陰君丹法也。」

按：酆都縣平都山爲道書七十二福地之一，宜爲神仙窟宅，而世乃傳爲鬼伯所居，殊不可解。讀《吴船録》，乃知因陰君傳訛。蓋相沿既久，不知爲陰長生，而以爲幽冥之主者，此俗説所由來也。至北極治鬼之所，有所謂「羅酆」者，别有其地，與此「酆都」不涉也。

羅酆山

晉葛洪《枕中書》云：「蔡鬱壘爲東方鬼帝，治桃丘山；張衡、楊雲爲北方鬼帝，治羅酆山；杜子仁爲南方鬼帝，治羅浮山；周乞、稽康爲中央鬼帝，治抱犢山；趙文和、王真人爲西方鬼帝，治嶓冢山。」按：羅酆山爲北方鬼帝所治，故有羅酆治鬼之說，而世俗乃以指四川之酆都縣。《夷堅志》云：「忠州酆都縣有酆都觀，其山曰盤龍山，即道家所稱北極地獄之所。」蓋南宋已有此說。夫酆都縣不在北方，何以謂之北極地獄乎？即此可知其非矣。

又按：蔡鬱壘不知何人，「蔡」乃「荼」字之誤，蓋「神荼」「鬱壘」合而爲一人也。《枕中書》又言：「孔子門徒三千，不經北酆之門。」不經北酆，即是不入鬼趣。然東西南北中央皆有鬼帝，而獨言「北酆」，蓋北主幽陰，尤鬼道之所重也。

唐崔致遠《桂苑筆耕集》有《下元齋詞》云：「雖慎撫綏於南兖，尚多愆咎於北酆。」此知出處矣。

漆河橋

國朝顧炎武《山東考古録》云：「嶽之西南有水出谷中，爲西溪。自大峪口至州城之西南，流入于泮，曰漆河。其水在高里山之左，有橋跨之，曰漆河橋。世傳人死魂不得過而曰『柰何』，此如漢高帝云：『柏人者迫於人也。』」

按：顧氏又辨「高里山」云：「俗傳『蒿里山』者『高里山〔一〕』之訛。《史記·封禪書》『上親禪高里』，《漢書·武帝紀》『太初元年十二月禪高里』，乃若『蒿里』之名見于古挽歌，不言其地。自晉陸機《泰山吟》，始以梁父、蒿里並列，而後之言鬼者因〔二〕之，遂令古昔帝王降禪之壇變而爲閻王、鬼伯之祠矣。」

余謂後世言神言鬼，皆託之泰山。雖虛誕之説，而未始無理。蓋因天事天，因地事地，此

〔一〕山，原訛「因」，據蔡啟盛《校勘記》改。
〔二〕因，原訛「山」，據蔡啟盛《校勘記》改。

封禪之所自起也。《史記正義》云：「泰山上築土爲壇以祭天，報天之功，故曰封；泰山下小山上除地，報地之功，故曰禪。」神道屬天，王者既封泰山以報天，則泰山有神道矣；鬼道屬地，王者既禪泰山下小山，如云云、亭亭、梁父、高里諸山以報地，則云云、亭亭、梁父、高里諸山有鬼道矣。《遁甲開山圖》云「梁父主死」，然則高里何不可以主死乎？「高里」之變爲「蒿里」，古字相通。師古注《漢書·武五子傳》曰：「蒿里，死人里。」此不得其説而强爲之説。死人之里，果安在乎？高里山左有「渿河橋」，而世俗遂附會爲「柰何橋」，雖似可笑，亦未謬。但謂高里諸山治鬼則可，謂泰山治鬼則不可。《三國志·管輅傳》曰：「但恐至泰山治鬼，不得治生人。」則當時已失其義矣。

又按：《封禪書》泰山有「天主」「地主」之祠，其義即緣封禪而起。王者於此報天，故有「天主祠」；王者於此報地，故有「地主祠」。死者魂歸泰山，即歸於地主耳。

十殿閻王

宋無名氏《鬼董》云：「佛言琰魔羅，葢主捺落迦者，止一琰魔羅王耳。閻羅，葢琰魔羅之訛也。餘十八王，見于『阿含』等經，名皆梵語。王主一獄，乃閻羅僚屬，義不得差肩。十王之説，不知起于何時。佛所舉三千大千世界，素訶其一，今所居瞻部，特素訶之一州，于世界不啻太倉之稊米，泰山直微塵耳。閻羅蓋指一素訶世界言之，其統攝大矣，泰山奈何亦以王號與之敵體哉！轉輪王，王四天下，蓋人而幾於天者，亦非主冥道，乃概列于十王，其餘名號如宋帝、五官之類，皆無所稽據。又七七日而所歷者七王，自小祥以後二年乃僅經二王，抑何疏密之懸絶邪？」按：十殿閻王之説，至今猶沿之，故録此論，以資辨證。《鬼董》一書，未知作者姓名。鮑氏《知不足齋叢書》據泰定閒錢孚跋語，以爲宋孝、光時沈姓者所箸，傳之者關漢卿也。

《一切經音義》卷二十四云：「琰摩，或作閻摩羅，或言閻羅，亦作閻摩羅社，又言夜摩盧迦，皆是梵音。又云閻摩，此云雙；羅社，言王。兄及妹皆作地獄王，兄治男事，妹治女事，故曰雙王也。」今十王之説盛行，而「雙王」無知者。

《鬼董》又云：「杭有楊嫗，信庸僧寄庫之説，月爲一竹簍，寘寓金銀而焚之，付判官掌之。判官者，取十二支之肖似爲姓，如寅生則黄判官，丑爲田，未爲朱，亥爲袁，卯爲柳，戌爲成之類。」按：「寄庫」之説今亦有之，但未知判官之姓與宋時相同否也。

唐太宗入冥事

唐張鷟《朝野僉載》云：「唐太宗極康豫，李淳風見曰：『陛下夕當偃駕。』至夜半，上奄然入定，見一人云：『陛下暫合來，還即去也。』帝問：『君何人？』對曰：『臣是生人，判冥事。』太宗入，即令還，向見者又引導出，須臾乃寤。至曙，求昨所見者，令所司與一官，遂注蜀道一丞。」按：此則小説家言，唐太宗入冥乃真有其事，所謂判官者亦實有其人。惜此事記載殊不分明，今姑録其略耳。

唐時城隍已主冥籍

《太平廣記》引《報應録》云：「唐洪州司馬王簡易，常暴得疾，夢見一鬼使，自稱丁郢，手執符牒云：『奉城隍神命來追。』王簡易即隨使者行，見城隍神。神命左右將簿書來，檢畢，謂簡易曰：『猶合得五年活，且放去。』」是唐時城隍之神已主冥籍，如今世所傳矣。

生人司冥事

宋釋文瑩《玉壺清話》云：「魏人柴公平生爲獨寢之人，傳司冥間事。一日晨起，忽大笑。妻問之，不對，但笑不已。妻逼飲極醉，因漏泄其事曰：『花項漢將爲天子。』後果然。」按：「花項漢」即周太祖也，「柴公」即周太祖柴后之父。以生人司冥事，蓋自古有之矣。

韓魏公爲陰官

宋葉夢得《避暑録話》云：「元豐間，有監黃河埽武臣射殺埽下一黿。未幾，死而還魂，云：『爲黿所訴於陰府，力辨黿數敗埽，以其職殺之，故得免。而陰官韓魏公也，冥間呼爲真人。』」按：此事周煇《清波雜志〔一〕》載之甚詳，其説有二：一據《韓魏公别録》，言「熙寧中，侍禁

〔一〕志，原作「事」，據蔡啟盛《校勘記》改。

孫勉監澶州隄，射殺一黿，繼而暴卒，爲黿所訴。殿上主者乃韓魏公，以尚有壽十五年放還」；一據《魏公家傳》，言「右侍禁孫勉監元城埽，埽多墊陷。勉詢知有巨黿穴其下，伺出射殺之。數日，勉方晝卧，爲吏追去，言有黿訴，當往證之。既至一宫闕，吏云『紫府真人宫』。勉視真人，乃魏公也。公曰：『黿不與人同，彼害汝埽，殺之，汝職也。』遣使去，遂寤」。

宋龔明之《中吴紀聞》云：「曾王父捐館，至五七日，曾王妣前一夕忽夢其還家，急令開篋笥，取新公裳而去。問之，答曰：『來日當見范文正公，衣冠不可不早正也。』又問：『范公何爲尚在冥閒？』曰：『公本天人也，見司生殺之權。』既覺，因思釋氏書謂人死五七則見閻羅王，豈非文正公聰明正直，故爲此官邪？」按：此則范文正公亦爲閻羅王，不知與韓魏公孰先孰後也。

又國朝沈濤《銅熨斗齋隨筆》引《翰苑名談》云：「寇準死，有王克勤者見公於曹州境上，問從者，曰：『閻羅交政。』」是萊公亦作閻羅也。

石曼卿事

宋歐陽文忠公《詩話》云：「曼卿卒後，其故人有見之者，云：『我今爲鬼仙也，所主芙蓉城。』欲呼故人往游，不得，忽然騎一素騾去如飛。又云降於亳州一舉子家，又呼舉子去，不得，因留詩一篇，其一聯云：『鶯聲不逐春光老，花影長隨日脚流。』」按：曼卿芙蓉城事世皆知之，此二事則罕知也。

冥中巨鏡

《酉陽襍俎》云：「明經趙業失志成疾，有朱衣平幘者引之東行，至曹司中，見妹壻賈奕與己爭殺牛事。忽有巨鏡徑丈，虚懸空中，仰視之，宛見賈奕鼓刀，趙負門，有不忍之色，賈始服罪。」按：此殆世俗所傳「業鏡」者乎？又云：「命過戊申録，録如人間詞狀，首冠人生辰，次言姓名、年紀，下注生月日，別行横布六旬甲子，所有功過日下具之，無即書無事。趙自窺其録，姓名、生辰日月一無差錯。過録者數盈億兆。」按：此亦足見人間善惡冥中悉有紀録。但不知何以謂之「戊辰〔一〕録」，豈冥中不以六甲爲首，而以六戊爲首乎？

〔一〕 辰，疑當作「申」。

冥中聞曉鐘聲謂之天鼓

唐張讀《宣室志》載：「婁師德布衣時，夢入冥途，至司命署，有緑衣者稱爲按掾，出己之籍，載其禄位年月。忽有一聲沿空而下，震動簷宇。按掾驚曰：『天鼓且動，君宜疾歸，不可留矣。』遂寤。時天已曙，東隣有佛寺擊曉鐘，葢按掾所謂天鼓者也。」

鬼聞鷄鳴如鳴鑼聲

宋人《異聞總録》載建康黄襲甫爲鬼張維幾强妻以女，「忽聞鳴鑼聲，遂大寤，問鳴鑼者誰也，衆曰：『鷄鳴也。』」世傳鬼畏鷄鳴，信矣。

陰錢

葢即紙錢也。《太平廣記》引《三水小牘》載河東裴光遠枉殺王表事云：「光遠遘疾，時若鬼物所中，獨言曰：『與爾重作功德，厚賂爾陰錢，免我乎？』皆曰不可。」

鑘鑺

國朝章有謨《景船齋襍記》云：「明世宗夢見鑘鑺二字，檢字書無之，問閣臣徐階、高拱，亦無以對。階出，問中翰楊豫孫。楊歸，與夫人張氏言之。張曰：『我嘗閲道藏《法海玄珠》有此二字，乃鬼求食也。』急索其書，於某卷果得之。明晨，階以入對，上大喜，命祠祭司於各廟宇壇壝致祭，而楊夫人之博洽，徧傳都中矣。」

余嘗用此事入詩云：「暑路奔馳人褦襶，寒林呼嘯鬼鑘鑺。」自謂屬對頗工，然「鑺」字韻書所無，故仍刪去，不存集中。

鬼媒人

宋康譽之《昨夢録》云：「北俗男女年當嫁娶，未婚而死，兩家命媒互求之，謂之鬼媒人。

就男墓備酒果，祭以合婚，設二座相並，各立小幡長尺餘。其未奠也，二幡直垂不動。奠畢，祝請男女相就，若合巹焉。其相喜者，二幡微動；若一不喜，幡不爲動。既已成婚，則或夢新婦謁翁姑，壻謁外舅也。不如是，則男女或作祟，謂之男祥、女祥。兩家亦薄以幣帛酬鬼媒。」按：此《周禮》所謂「嫁殤」，今時亦或有之，然敘述嫁娶之詳則無如此條者矣。

鬼助作字

宋樓鑰《攻媿集·跋山谷奇崛帖》云：「山谷草書『釣魚船上謝三郎』之詞，後有云：『上藍寺燕堂，夜半鬼出，助吾作字，故尤奇崛。』吾儕生晚，恨不識山谷。上藍何等鬼物，乃得以夜半助奇崛之筆，此鬼正自不凡。」按：此乃故作奇語，猶云若有神助耳，豈真有鬼助之哉！然語自可喜。

打牛魔王

國朝徐瀛《旃林紀略》云：「二月二十九日送瘟神，又名打牛魔王。相傳西藏係瘟神地方，經達賴坐牀後即驅逐之。故歷年預雇一人，扮爲瘟神。是日，大詔前，蠻官及兵均如揚兵狀，一人扮達賴喇嘛，與扮瘟神者先後至。扮達賴者，鋪墊坐詔前，與一戴鬼頭之法師對坐。須臾瘟神出，面塗黑白，與達賴互相詰難，詞屈，復賭擲骰。達賴之骰以象牙爲之，面面皆六，三擲皆盧。瘟神之骰以木爲之，面面皆幺，三擲皆梟，負而色赧，意欲另鬬法術。達賴與法師及揭諦神斥其非，瘟神不行，即遣五雷立逐乃去，送至河干。」

按：《旃林紀略》所紀皆西藏事，兹録其一則。所謂「大詔」者廟名也。又有「小詔」，並建自唐時。「揚兵」亦彼地送祟之名，每歲正月二十四日爲之。

鬼傳書

蜀何光遠《鑑戒録》云：「高相公駢版築羅城日，遣諸指揮分擘地畔，開掘古冢〔一〕，取塼甃城。滄州守禦指揮使姜知古卓旗占得西南肖波塊。塊，苦凷反。蜀人呼老弱爲波，墳冢爲塊。

〔一〕冢，原訛「冡」，據蔡啟盛《校勘記》改。下同。

其塊即趙畚相公墳也，年代深遠，碑文磨滅，走脚損缺，肖字存焉。姜君號令將健侯曉開之。是夜二更以來，忽聞墓上清嘯數聲。良久，有人云：『冥司趙相公遺使送書。』展開數幅，並無文字。鬼使曰：『但挑燈半滅看之，即可見也。』姜君至曉持書面聞元戎，遽絶諸軍開鑿古冢，仍差大將往彼祭焉。其書曰：『冥司趙畚謹以幽昧致書於守禦指揮靖公閤下：切以趙氏之冤，搏膺入夢；良夫之枉，披髮叫天。是以有怨必讎，無道則見。此則流於往史，載自前文。如畚者，一介游魂，九泉罔像，德不勝享，禱不勝人，無廟貌於世間，遂湮沈於泉壤。自蒙天譴，便掌冥司，雖叨正直之官，未達聰明之理，未嘗以威伏衆，惟知以禮依人。頃在本朝，叨居上相，不無濫德，敢有害盈。今者伏審渤海高公令君毀畚墳闕。況畚謫居幽府，天賜佳城，平生無戰伐之讎，邂逅起誅夷之釁，得不撫銘旌而憤志，託觚染以申懷？伏希端公俯念無依，迴垂有覽，特於萬雉，免此一抔。儻全馬鬣之封，敢忘龍頭之庇。謹吟絶句，後幅上聞，不勝望德之至。謹白。』其詩曰：『我昔勝君昔，君今勝我今。人生一世事，何用苦相侵。』」「靖公」「端公」前後歧異，想傳寫之誤。

按：《搜神記》載漢長安令段孝直死後見形，上表景帝云：「天地雖明，詎悉無辜之老；日月垂照，必鑒有滯之人。且臣早忝宦途，頗彰濟慎。尋以論遷劇邑，稍免瑕玼。不謂刺史梁緯心縱貪婪，勢連内戚，欲臣亡父之馬，戮臣枉冤之刑。上訴皇天，許臣明雪。若不聞於陛下，罔於免此幽沈。并刺史梁緯行事二十一條不依法令，一一條奏，別狀以聞。伏願陛下聰明，哀臣冤屈。」趙書與段表同一奇蹟，鬼神無形，乃有文字顯達人閒，何也？

又按：段表不類西漢人語，且部刺史置于元封五年，當景帝時未有刺史也，其爲僞作明矣。

祖龍死

《水經・渭水篇注》引《春秋後傳》曰：「使者鄭容入柏谷關，至平舒置，見華山有素車白馬，問鄭容安之，答曰『之咸陽』。車上人曰：『吾華山君使，願託書致鎬池君。子之咸陽，過鎬池，見大梓下有文石，取以款列梓，當有應者。以書與之，勿妄發，致之得所欲。』鄭容行至鎬池，見一梓下果有文石，取以款梓，應曰『諾』。鄭容如睡覺而見宫闕，若王者之居焉。謁者出，受書入。有頃，聞語聲言：『祖龍死。』神道茫昧，理難辨測，故無以精其幽致矣。」按：《史記》載此事，但言「使者從關東夜過華陰平舒道，有人持璧遮使者曰：『爲吾遺滈池君。』因言曰『今年祖龍死』」。使者姓名既不傳，而所載又不及此之詳。「爲吾遺鎬池君」一語，亦甚鶻突。惟此文言「書」不言「璧」。據彼文，還璧者是江神；據此文，致書者是華山神，故紀之，以廣異聞。

屍飛

漢應劭《風俗通》云：「漢淮陽太守尹齊死，未及歛，怨家欲燒之，屍亦飛去。」按：事見《史記·酷吏傳》集解引徐廣曰：「尹齊死，未及斂，恐怨家欲燒之，屍亦飛去。」其説即本《風俗通》，蓋《風俗通》本引此以證樓上新婦事，故云屍亦飛去」。徐因其語，不删「亦」字，即此知徐之本乎應也。屍飛之事甚怪，然是漢人舊説。顧亭林先生曰：「尸亡去，言其家人竊載尸而逃也。」其義雖正，或轉非事實乎？

僵人

《水經·洛水篇注》：「鄩水出北山鄩溪，水側有僵人穴，穴中有僵尸。戴延之《從劉武王西征記》曰：『有此尸，尸今猶在。』夫物無不化之理，魄無不遷之道，而此尸無神識，事同木偶之狀，喻其推移未若止形之速遷矣。」

又《渭水篇注》云：「瓦亭水又西南流，歷僵人峽。路側巖上有死人僵尸巒穴，故岫壑取名焉。釋鞍就穴，可百餘仞，石路逶迆，劣通單步，僵尸倚窟，枯骨尚全，惟無膚髮而已。訪其川居之士，云其鄉中父老作童兒時，已聞其長舊傳，此當是數百年骸矣。」

元劉壎《隱居通議》云：「南豐石仙觀之前，有巨樟一株。世傳宋咸平辛丑歲，有方士冷道者在彼修煉。一日叱木使開，則木腹中虛，因入其中，坐化而逝。木久生合，里人相傳以爲神。後治平丙午，令公胡若者不信，斧而驗之，則見道士兀然而坐，儼然如生。欲後來取信，傳以塑繪焉。自是歷二百年，木不復合。予親見所斧木竅，長盈尺，闊數寸，中虛而枝葉茂，道者兀坐，猶如故也。越寶祐癸丑，寒食後一日，大風拔木，木雖扑〔一〕，而冷道者猶兀坐木根之上，屹無所傷，屋而覆之，至今猶存。」

〔一〕扑，《隱居通議》卷三十《目擊三怪》作「仆」。

死十四年而尸猶温

宋劉敞《公是集》有一詩題云："廣陵蔣生死十四年矣，尸猶温。其妻與其女閉門守之，未嘗與鄰里通水火。或者疑其有道，蓋嘗有自遠來者以書一封畀其家，視之，蔣生迹也，故俗以爲仙。"

劉攽《彭城集》亦有是題。

秦坑殘骨

宋蔡絛《鐵圍山叢談》云："或謂吾曰：『嘗親見陜晉閒古長平爲秦白起坑趙卒處，白骨尚存，其脛長大，異隋唐時也。』知今人寖眇小，釋氏之語或不妄。"

按：先君子《印雪軒隨筆》云："陽城延君小池，壬辰歲自太原鄉試還，將至長平，漏已二下，突見鬼燐無數，若遠若近，忽高忽低，其燄皆作紫碧色。詢之導者，云：『陰雨之夕，往往有之，不足異也。』」然則當宋時殘骨猶有存者，固可信矣。

宋盛如梓《老學叢談》云：「沈存中言城父縣乾谿章華臺故址，往往得楚靈王戰士之骨。」梁元帝《金樓子》云：「東平思王冢在東平，皆生埋所寵幸者，其號呼之聲後數十年猶有聞者。」此則恐非事理所有。

伯嚭首級

國朝景星杓《山齋客談》云：「康熙丁丑，金叉袋巷北民家坎地得一髑髏，大如斗，旁有一石，中篆四字曰『伯嚭首級』。」按：金叉袋巷，杭城地名。但不知伯嚭何以斷首，又何以埋於杭地也。

婁敬真身

國朝王漁洋山人《夫于亭褋録》云：「永壽明月山婁敬祠神像，是其真身，後潰，里人貯之石匣，更爲裝塑。石匣尚存祠中，水旱癘疫，禱之輒應。」按：婁敬未知何人，豈即漢之奉春君乎？果爾，真可謂久矣。

董卓爲厲

後魏楊衒之《伽藍記》云：「修梵寺北有永和里，漢太師董卓之宅也。里南北皆有池，卓之所造。掘此地者，輒得金玉寶玩之物。吏部尚書邢巒家常掘錢數十萬，銘云『董太師之物』。後卓夜中隨巒索此物，巒不與之，經年巒遂卒矣。」豈董卓滛兇之魄數百年後尚未澌滅邪？

《伽藍記》又云：「昭儀尼寺有池，隱士趙逸云是晉侍中石崇家池。池南有緑珠樓，經過者想見緑珠之容也。」此則風流勝跡固當不泯矣。

《伽藍記》又云：「大統寺南高顯略宅，每於夜見赤光。掘地丈餘，得黄金千斤，銘云『蘇秦家金，得者爲吾造功德』。顯略遂造招福寺。」按：蘇季子知留金以興功德，勝董卓之兇殘遠矣。

張桓侯頭

國朝章有謨《景船齋褋記》云：「徐禎稷宦蜀時，土人張網江流，得一首，金鏊上署名『前將軍張飛』，凜然如生。羣僚相視歎異，具禮葬之山中。」按：《三國志》本傳張益德乃右將軍，此云「前將軍」，何歟？

昭明太子脛骨

唐韋絢《劉賓客嘉話録》云：「公嘗於貴人家見梁昭明太子脛骨，微紅而潤澤。」按：昭明脛骨，不知何以流落人間，竟與謝靈運鬚同爲玩具，亦奇矣。公即謂劉賓客。

杜少陵骨

元鮮于樞《困學齋褋録》云：「祕書郎喬仲山云：至元十年，自以東曹掾出使延安道，出鄜州。土人傳有杜少陵骨在石中者，因往觀之。石出州市，色青質堅，樹於道旁，中有人骨一具，趺坐若生而成者，與石俱化。以佩刀削之，真人骨也。」按：少陵卒於耒陽，葬於偃師，明載《舊唐書》本傳。何得有遺骨在鄜州？其爲附會可知，然亦異聞也。

燕國夫人

國朝朱象賢《聞見偶録》云：「吴郡南園西北有燕家浜、燕家橋、燕家巷，巷内有燕國夫人廟。予少時嘗經其地，見廟中塑一神女像，甚端莊，二十餘年竟成瓦礫矣。考《府志》，燕國夫人廟在府治東南，吴孫權乳母陳夫人捨宅爲通元寺，唐同光中移今所。又盧熊《志》：『淳祐中，提刑胡潁拓四酒務隙地爲射圃，鑿河見古墓石函，上刻「燕國夫人首級」六篆字，遽令碎之。舊傳酒務本夫人宅。』至夫人素行如何，墳墓石函何以刻首級字，何以稱爲燕國，均屬茫然。又相傳今開元寺亦有其祠，此其捨宅爲寺之食報乎？」按：余寓吴中，每因謁客過所謂燕家浜者，至燕國夫人廟，無能言之者矣。《聞見録》所引《府志》亦未明晰。聞新修《府志》將成，俟其成更核之。

崇禎帝降箕

國朝宋長白《柳亭詩話》云：「鼎革時，有箕仙降筆，自署崇禎年號曰：『吾悔不用黄道周、陳子壯之言，以致於此。』」按：此事記載中罕見。

土棺

唐高彦休《闕史》云：「壽安之南，有土峯甚峻。乾符中，因雨而圮，半壁銜土棺。棺下有木横亘之，木見風，揉而成塵，土形尚固。邑令滌之，泥汨於水，粉膩而蠟黄。剖其腹，依稀骸骨。《戴記》云『夏后氏用塈周』，鄭玄曰『以土爲之』，豈錫玄圭之世窆邪？」按：《檀弓篇》「塈周」注曰：「燒土冶以周於棺也。」《釋文》引何云：「冶土爲甎，四周於棺。」則亦非竟以土爲棺者。

宋周煇《清波雜志》云：「元祐七年正月，南京濬南湖，得瓦棺五，長者纔三尺，餘闊不踰尺，厚不及寸。瓦有從文，初若堅緻，觸之皆壞。」按：《禮》「周人以有虞氏之瓦棺葬無服之殤」，此其葬殤者歟？

楸函

《太平廣記》引《南楚新聞》云：「唐太傅汾國公杜悰薨，將歸葬洛陽，爲東身楸函而即路。主吏覺函短，遂厚賂陰陽者紿諸子曰：『太傅薨時甚凶，就木之際若近之，必有大禍。』諸子信然，率家人待於別室。及就斂，楸函果短，陷胸折項骨而入。」按：「楸函」蓋即棺也。

壽堂、壽神

《東坡志林》云：「《詩》云『穀則異室，死則同穴』，古今之葬者皆爲一室，獨蜀人爲同墳而異葬，其間爲通道，高不及眉，廣不能容人。生者之室謂之壽堂，以偶人被甲執戈，謂之壽神以守之，而以石甓塞其通道。既死而葬，則去之。」按：「壽堂」今謂之壽穴。余葬姚夫人，亦自營壽堂，惜未爲通道耳。「壽神」之制今所不用，未知蜀人尚有此否。

歸真室

梁任昉《述異記》云：「盧府君墓在館陶縣南二十里，不知何代，銘曰『盧府君歸真之室』。」余於右台仙館中自題「曲園居士歸真之室」，本此也。

紫藤繞棺

宋方勺〔一〕《泊宅編》曰：「吴伯舉舍人知蘇州日，謁告歸龍泉，遷葬母夫人。已營壙矣，及啓堂殯，見白氣氤氲，紫藤繞棺，急復掩之。術人視殯處，知是吉地，因即以爲壙。然頗悔之，舍人竟卒于姑蘇。」又宋魯應龍《閑窗括異志》曰：「上舍伯祖巽舊葬惹山，後忽卜兆於丁村，遂

〔一〕勺，原訛「勻」，據蔡啟盛《校勘記》改。

遷葬焉。其中紫藤蟠[一]固棺上，或云穴有紫藤，此吉徵也，竟斫藤遷之，自後其家浸衰。」余門生徐花農太史母鄭夫人，葬如皋，後其父若洲先生卒，啓而合葬焉，見有藤蟠繞棺之四周。後花農既貴，欲遷其父母之柩還葬杭州，而未敢決。余於書籍見此二事，因記之以告花農。

生墳

《水經·洧水篇注》云：「洧水又東逕陰縣故城西，縣東有冢。縣令濟南劉熹，字德怡，魏時宰縣，雅好博古教學，立碑載生徒百有餘人，不終業而夭者，因葬其地，號曰『生墳』。」

堯女冢

唐李綽《尚書故實》云：「張公言盧氏縣南山堯女冢，近曾爲人開發，獲一大珠并玉盌，餘

[一] 蟠，原訛「幡」，據《閑窗括異志》改。

寶器極多。」按：堯女舜妃死於湘水，此豈别一堯女邪？

王子喬冢

《水經·汳水篇注》云：「杜預曰：『梁國蒙縣北有薄伐城，城中有成湯冢。』今城内有故冢方墳，疑即杜元凱所謂湯冢，而世謂之王子喬冢。其冢之側有碑，題云『仙人王子喬』，碑曰：王子喬者，蓋上世之真人，聞其仙，不知興何代也。博問道家，或言潁川，或言産蒙。初建此城，則有斯邱。傳承先民，曰王氏墓。暨于永和之元年冬十二月，當臘之時，夜有哭聲，其音甚哀。附居者王伯怪之，明則祭而察焉。時天鴻雪，下無人徑，有大鳥跡在祭祀處。其後有人著大冠，絳單衣，杖竹立冢前，呼採薪孺子伊永昌曰：『我王子喬也，勿得取吾墳上樹也。』忽然不見。時令泰山萬熹，乃造靈廟，以休厥神。」按：王子喬既仙去，何得有冢？且戀戀宰樹，夜哭甚悲，亦可笑矣。世知有緱嶺事，不知又有此事。

按：《風俗通·正失篇》：「俗説孝明帝時，尚書郎河東王喬遷爲葉令。喬有神術，即仙人王喬者也。」應氏辨之曰：「按《左傳》葉公子高，姓沈，名梁，退而老於葉。及其終也，葉人追思而立祠。此乃春秋之時，何有近孝明乎？」是應仲遠之意以葉縣之葉公祠，即爲沈諸梁而立，而俗説則以爲即王喬。《後漢書·方伎·王喬傳》末曰：「或云此即古仙人王子喬也。」則固見于正史矣。乃今觀此碑，是王子喬事又有此異説也。

《史記·封禪書》索隱云：「按：《列異傳》陳倉人得異物以獻之，道遇二童子云：『此名爲娟。』娟乃言曰：『彼二童子名陳寶，得雄者王，得雌者伯。』乃逐童子，化爲雉。秦穆公大獵，果獲其雌，爲立祠。俗謂之『寶夫人祠』。葉縣在南陽，葉君即雄雉之神，故時與寶夫人神合也。」據此則葉君又爲雉精矣，是葉君亦有此異説也。

漂母冢

《水經·淮水篇》：「又東，過淮陰縣北。」《注》云：「城東有兩冢，西者即漂母冢也，周迴數百步，高十餘丈。昔漂母食信于淮陰，信王下邳，葢投金增陵，以爲報耳。東一陵即信母冢也。」按：世但知淮陰葬母，其旁可置萬家，不知信母實與漂母同塋，其報漂母可云至矣。

蘇子卿祠墓

國朝康乃心《莘野集》云：「韓古夏陽地，邑西北五里許，高原斷續，有漢典屬國蘇公子卿墓，稱蘇山焉。墓左有廟，所司歲時修祀，日久而圮。安邑康明府韜園公詳讀故碣，見斷石出土中，乃公藏骨處，遂封而砌焉。有柏成林，枝柯皆南向。」按：蘇子卿墓柏南向，人無知者，故表出之，可與〔一〕岳墳之柏並傳矣。

劉表墓

《水經・沔水篇注》云：「襄陽城東門外二百步劉表墓，太康中爲人所發，見表夫妻其尸儼然，顏色不異，猶如平生，墓中香氣遠聞三四里，經月不歇。」

〔一〕與，原作「以」，據蔡啟盛《校勘記》改。

木娘墓

元吴自牧《夢粱録》云：「木娘墓在艮山門太平鄉華林里蔡塘東。昔蔡汝撥之庶母沈氏死，汝撥尚幼，父用火葬。汝撥長成，以木刻母形，擇地葬之，遂稱爲木娘墓。」

按：俚俗傳海寧某氏有庶出子貴，而其嫡子不許其母合葬父墓。庶出子乃别爲其生母造墳，鑄銀爲父像，合葬焉，遂稱爲銀爺墳。此雖妄傳，不足信，然「銀爺」「木娘」正可爲對矣。

三友墓

明鄭仲夔《耳新》云：「晉安徐振聲，與同里吴叔厚、林世和相友，徐、林同時殁，吴爲鳩金買山桑溪，共營阡兆，同穴而葬，號『三友墓』。」按：朋友而如夫妻之同穴，亦古今僅見事也。

蔡京父葬臨平山

《老學庵筆記》云：「蔡太師父準葬臨平山，山爲駞形。術家謂駞負重則行，故作塔於駞峯。其墓以錢唐江爲水，越之秦望山爲案，可謂雄矣。然富貴既極，一旦喪敗，至今不能振，俗師之不可信如此。」余少時僑寓臨平，問之土人，莫知蔡京父葬之所在，且山亦無塔。姑記此，俟更訪之。

按：《東坡集·次韵杭人裴惟甫》詩有云：「一别臨平山上塔，五年雲夢澤南州。」則臨平山上有塔由來久矣，非始於蔡京也，或蔡又增修之耳。

《癸辛雜識》云：「宣和中，蔡京嘗葬其父於臨平。及京敗，或謂此爲駱駝飲海勢，遂行下本路，遣匠者鑿破之。有金鷄自石中飛出，竟渡浙江。其地至今有開鑿之徑，知地理者謂猶出帶血天子，而後濟王實生其地。」

朱文公溺於風水之説

宋俞元德《螢雪叢説》云：「陳季陸嘗挽劉韜仲諸公同往武夷，訪晦翁朱先生，偶張體仁與焉。朱、張交談風水，曰如是而爲笏山，如是而爲靴山。季陸辨之曰：『古者未有百官，已有許多山了，不知何者爲笏山，何者爲靴山。』坐客皆笑。紀之以爲溺於陰陽者之戒。」按：文公大儒而持論如此，彼地師又何譏乎？

《癸辛襍識》云：「孔應得言朱晦翁之葬用懸棺法，術家云斯文不墜，可謂好奇。」

石灰和土築墳

宋江休復《襍志》云：「江南王公大人墓莫不爲村人所發，取其甎以賣之，是甎爲累也。近日江南有識之家不用甎葬，惟以石灰和篩土築實，其堅如石。」按：此法今人多用之，謂之「三和土。」

土饅頭

宋胡仔《漁隱叢話》引山谷云：「王梵志詩云：『城外土饅頭，餡草在城裏。一人喫一箇，莫嫌没滋味。』已且爲土饅頭，尚誰食之？今改『預先著酒澆，使教有滋味』。」按：「土饅頭」語今尚有之，然不知爲王梵志詩，且不知有山谷語也。

「一抔土」可作「一杯」

宋王楙《野客叢書》云：「《漢書》張釋之所謂『長陵一抔土』，注步侯切。今人不曉者，讀爲杯盞之杯。歐陽詢《藝文類聚》於杯門編入長陵一杯土事，是明以爲杯盞字矣。」

茶香室叢鈔卷十七

《曲海》

國朝李斗《揚州畫舫録》云：「乾隆丁酉，巡鹽御史伊齡阿奉旨於揚州設局修改曲劇，凡四年事竣。總校黄文暘著《曲海》二十卷。」

按：《曲海》載雜劇、傳奇之名，多世所未見。據其中有元人馬致遠所作《黄粱夢》襍劇，然則湯臨川之《邯鄲夢》有先之者矣。又國朝傳奇中有《續牡丹亭》一種，作者姓名失考，是又繼臨川《還魂記》而作者。

國朝襍劇中有蝸寄居士《長生殿補闕》，殆於洪氏原本外別搜天寶閒逸事以補之，而今不傳。明人鄭若庸作《繡繻記》，國朝又有作《後繡襦》者。國朝吴縣李元玉作《一捧雪》，其後又有作《後一捧雪》者，作者姓名無考，而書亦不傳。

李笠翁《十種曲》盛行於世，乃據《曲海》，則尚有《偷甲記》《四元記》《雙錘記》《魚籃記》《萬全記》五種。

《平妖傳》《禪真逸史》《金瓶梅》皆平話也，《倭袍》《珍珠塔》《三笑姻緣》皆彈詞也。乃《曲海》所載，則皆有曲本。學問無窮，即此可見矣。

元微之《崔鶯鶯商調蝶戀花詞》

宋趙德麟《侯鯖録》載王性之《傳奇辨正》，乃證明元微之所作傳奇張生、崔鶯鶯事，張生即其自寓也。又載《商調蝶戀花詞》，先有序，略云：「夫傳奇者，唐元微之所述也。至今士大夫無不舉此以爲美話。惜乎不能比之以音律，故不能播之聲樂，形之管弦。今因暇日詳觀其文，略其煩褻，分之爲十章，每章之下屬之以詞。又別爲一曲，載之傳前。詞曰《商調》，曲名《蝶戀花》。句句言情，篇篇見意。奉勞歌伴，先聽格調，後聽蕪詞。」按：全文凡千餘言，將《會真記》元文分爲十章，各繫以詞。而傳之前別爲一曲，傳之末復綴一曲，故爲詞十有二，此乃南北《西廂》之先河也。今《西廂記》膾炙人口，而此詞則知者鮮矣，因備録於此。至《會真》原文，人所共知，故不載焉。

麗質仙娥生玉殿，謫向人間，未免凡情亂。宋玉牆東流美盼，亂花深處曾相見。密意濃歡方有便，不奈浮名，旋遣輕分散。最恨多才情太淺，等閑不念離人怨。

錦額重簾深幾許，繡〔一〕履彎彎，未著離朱户。强出嬌羞都不語，絳唇頻掩酥胸素。黛淺愁深妝淡注，怨絶情凝，不肯聊迴顧。媚臉未勻新淚污，梅英猶帶春朝露。

懊惱嬌娘情未慣，不道看看，役得人腸斷。萬語千言都不管，蘭房跬步如天遠。廢寢忘飧思想徧，賴有青鸞，不比憑魚雁。密寫香牋論繾綣，春詞一紙芳心亂。

庭院黄昏春雨霽，一縷深心，百種成牢繫。青翼驀然來報喜，花箋微諭相容意。待月西廂人不寐，簾影摇光，朱户猶慵閉。花動拂牆紅蕚墜，分明疑是情人至。

屈指幽期惟恐誤，恰到春宵，明月當三五。紅影壓牆花密處，花陰便是桃源路。不謂蘭誠金石固，歛袂怡聲，恣把多才數。惆悵空回誰共語，只應化作朝雲去。

〔一〕繡，原訛「誘」，據《侯鯖録》卷五改。

數夕孤眠如度歲，將謂今生，會合終無計。正是斷腸凝望際，雲心奉得嫦娥至。玉困花柔羞拉〔一〕泪，端麗妖嬈，不與前時比。人去月斜疑夢寐，衣香猶在妝留臂。

一夢行雲還暫阻，盡把深情，綴作新詩句。幸有青鸞堪密付，良宵從此無虛度。兩意相歡朝又暮，不奈郎鞭，暫指長安路。最是動人愁怨處，離情盈抱終無語。

碧沼鴛鴦交頸舞，正恁雙棲，又遣分飛去。洒翰贈言終不許，援琴請盡奴心素。曲未成聲先怨慕，忍淚凝情，强作《霓裳序》。彈到離愁凄咽處，絃腸俱斷梨花雨。

別後相思心目亂，不謂芳音，忽寄南來鴈。却寫花箋和淚卷，細書方寸教伊看。獨寐良宵無計遣，夢裏依稀，暫若尋常見。幽會未終魂已斷，半衾如煖人猶遠。

尺素重重封錦字，未盡幽閨，別後心中事。佩玉綵絲文竹器，願君一見知深意。環欲長圓絲萬繫，竹上斑斕，總是相思淚。物會見郎人永棄，心馳魂去人千里。

夢覺高唐雲雨散，十二巫峯，隔斷相思恨〔二〕。不爲旁人移步嬾，爲郎憔悴羞郎見。青

〔一〕拉，原缺，據《侯鯖録》卷五補。

〔二〕恨，《侯鯖録》卷五作「眼」。

翼不來孤鳳怨，路失桃源，再會終無便。舊恨新愁那計遣，情深何以情俱淺。棄擲鏡破人離何處問，路隔銀河，歲會知猶近。只道近來消瘦損，玉容不見空傳信。前歡俱未忍，豈料盟言，陡頓無憑準。地久天長終有盡，綿綿不似無窮恨。

《東廂記》

《曲海》載有楊國賓之《東廂記》，余未之見。所見有道光間琴城楊世瀠所撰之《東廂記》，未知同異何如也。

《東廂記》卷首引《納書楹曲譜補遺》，載《崔鶯鶯時劇山坡羊》一曲，大略言其父爲相國，關漢卿應舉不取，乃作《東廂記》以污衊之。果如其説，則《西廂》之作乃借《會真記》舊事以謗時相，猶高則誠之借蔡伯喈以譏王四矣，未知其何所本也。

《後琵琶》

國朝劉廷璣《在園襍志》云：「任丘邊長白掘李自成祖墓，自敍其事曰《虎口餘生》。曹銀臺子清寅演爲填詞五十餘齣，亦大手筆也。復撰《後琵琶》一種，用證前《琵琶》之不經，大意以蔡文姬之配偶爲離合，備寫中郎之應徵而出，傷董而死，並文姬被擄，作《胡笳十八拍》，及曹孟德追念中郎，命曹彬〔一〕以兵臨塞外，脅贖而歸。旁入銅雀大宴，禰衡擊鼓，仍以文姬原配團圓。用外扮孟德，不塗粉墨。蓋此一節，實孟德憐才尚義豪舉，表而出之，實寓勸懲微旨。」按：《虎口餘生》曲本，余曾見之，今黎園亦有演之者。然其爲曹子清手筆，則知者罕矣。《後琵琶》情事殊勝，惜今不傳。

又云：「前《琵琶》，則高東嘉撰於處州郡城之西姜山上懸藜閣中。予守括蒼，曾經其地，閣雖已圮，而青山如故。」

明都穆《都公談纂》云：「温州瑞安縣有元進士高明則誠墓，上有穹碑。宣德閒，黄少保淮鋸其半作其家墓碑。高有裔孫出語黄曰：『公鋸去碑，何太薄邪？』黄曰：『足矣。』乃曰：『吾恐後人復來鋸公碑耳。』黄慚無以對。」按：高即撰《琵琶記》者，世多知《琵琶記》爲高則誠撰，至其名「明」，則或不盡知矣。

〔一〕彬，《在園雜志》卷三作「彰」。

馬絢娘即杜麗娘事所本

宋郭彖《睽車志》云：「有士人寓三衢佛寺，忽有女子夜入其室。士人惑之，自此比夜而至。月餘乃曰：『我實非人，乃數政前郡倅馬公之第幾女，小字絢娘，死于公廨，叢塗于此，即君所居鄰空室是也。然將還生，得接燕寢之夕，體已甦矣。君可具斤鍤夜密發棺，我自於中相助。然棺既開，則不復能施力矣。當懵然如熟寐，君但逼我，連呼我小字及行第，當微開目，即擁致臥榻，飲之醇酒，放令安寢。既寤，即復生矣。』士人如其言，果再生，脱金握臂俾士人辦裝，與俱遁去。轉徙湖湘間，數年生二子〔一〕。其後馬倅來遷葬此女，棺空無物，盡逮寺僧鞫之。一僧念數歲前士人不告去，物色得之。問得妻之由，女曰：『可併以我書寄父，業已委身從人，惟父母勿念。』父得書，真其亡女手札，不復終詰，亦忌見其女，第遣人問勞而已。」按：此事乃湯臨川《牡丹亭》傳奇藍本，「絢娘」即麗娘，但姓不同耳。

〔一〕 子，原訛「字」，據《睽車志》卷四改。

傳奇《白羅衫》有所本

《太平廣記》引《原化記》云：「唐天寶中，清河崔氏子居滎陽，受吉州太和縣尉。母盧氏戀故産，不之官，爲子娶太原王氏女，赴任。有吉州人姓孫，云空舟欲返，傭價極廉。遂擇日登舟。舟人窺其囊橐，伺崔不意，推落深潭。是夜抑納王氏。王方娠，後生男，舟人養爲己子，居於江夏。爾後二十年，子年十八九，入京赴舉。過鄭州，遇夜迷路，常有一火前引，而不見人。隨火而行，至莊門寄宿，乃崔莊也。其家人竊窺報母，母見此子慟哭，謂曰：『昔有一子赴官，遂絶消息。今見郎君狀貌酷似吾子，不覺悲慟。郎君回日必須相過，亦有奉贈。』此子應舉不捷，歸至鄭州。母留數日，贈貲糧兼與衣一副。此子歸，亦不爲父母言之。後忽著老母所遺衣衫，下襟有火燒孔。其母驚問：『何處得此衣？』乃述本末。母因言其事：『此衣是吾與汝父所製，初熨之時，誤遺火所爇。汝父臨發，阿婆留此爲念。』其子聞言慟哭，詣府論寃。誅孫氏，妻以不早自陳，斷合從坐，其子哀請而免。」按：今有《白羅衫》傳奇，似即演此事也。又有二事，亦與此似，并録於後。

其一事引《乾膞子》云：「陳彝爽與周茂芳皆東洛福昌人，同於三鄉習業。彝爽擢第，娶郭愔女。天寶中調集，受蓬州儀隴令。其母戀舊居，不從之官。郭氏以縑裁衣，上其姑云：『新婦手自成此衫子，上有翦刀誤傷血痕，不能澣去。大家見之，即不忘息婦。』其姑亦哭。彝爽固請茂方同行，其子義郎纔二歲。及去儀隴五百餘里，茂方忽生異志，命僕夫等先行具饌，二人徐步，自牽馬行。忽於山路斗拔之所，抽金鎚擊彝爽，碎顙，擠之浚湍，佯號哭云：『馬驚，踐長官殂矣！』一夜會喪。爽妻及僕御感慟。茂方曰：『事既如此，人無知者，吾便權與夫人乘名之官，且利一政俸禄。逮可歸北，即與發哀。』乃從其計到任。秩滿移官，家於遂州長江，又選授遂州曹掾。居十七年，子長十九歲矣。茂方秩滿，挈子應舉。茂方取北路，令子取南路。塗次三鄉，有鬻飯媪留食，將酬其值，媪曰：『吾憐子似吾孫姿狀。』因出郭氏所留血污衫子以遺，泣而送之。明年，下第歸長江。其母見血污衫子，驚問故。子以三鄉媪對，因大泣，具言之。其子密礪霜刃，候茂方寢，斷吭，詣官。連帥義之，免罪，即侍母東歸。」按：此事亦與《白羅衫》事相類，但爲其客所殺，非舟人耳。

又一事引《聞奇録》云：「唐李文敏者，選授廣州録事參軍。將至州，遇寇殺之，俘其妻崔氏，有子五歲，隨母而去。賊即廣州都虞候也。其子漸大，令習明經，詣京赴舉，下第，乃如華州。及渭南縣東，馬驚走，入一莊，遂投宿，有所衣天淨紗汗衫半臂。主媪見之曰：『此衣似頃年夫人與李郎送路之衣，郎既似李郎，復似小娘子。』取其衣視之，乃頃歲製時爲燈燼燒破，半臂帶猶在其家，遂以李文敏遭寇事説之。此子罷舉歸，問母，具以其事對，乃白官，擒都虞候誅之。」此事迹似小異，但亦有一衫則同也。

漆盒盛兒浮江中

宋周密《齊東野語》云：「有某郡倅江行，遇盜殺之，其妻有色，盜脅之曰：『能從我乎？』妻曰：『吾事夫十年，僅有一兒纔數月，吾欲浮之江中，庶有遺種，吾然後從汝。』盜許之，乃以黑漆圓盒盛此兒，籍以文褓，且置銀二片其旁，使隨流去。如是十餘年，盜至鄂，艤舟挾其妻入某寺設供，至一僧房，黑盒在焉。妻乘間問僧何從得此，僧言：『某年月日，得于水濱，有嬰兒白金在焉，吾收育之。今在此，年長矣。』呼視之，酷肖其父。乃爲僧言始末，僧爲報尉，一掩獲之，遂取其子以歸。」按：《西游演義》述玄奘事，似本此也。

黄鬚翁

宋范公稱《過庭録》云：「舊家多藏異書，兵火之後無復片紙。尚記有一《黄鬚傳》云：『李靖微時甚窮，寓於北郡一富家。一日，靖竊其家女而遁。行至暮，投一旅舍。飯罷濯足於門，見一黄鬚老翁坐于側，且熟視，神色非常。靖恐富家捕己者，欲避之。頃於皮篋中取一人頭切食，甚閒暇。靖異之，乃就問焉。翁曰：「今天下大亂，汝當平天下。然有一人在汝上，若其人亡，則汝當爲王，汝可從我尋之。」靖隨翁數程，至汴州，見一大第中數人奕。翁同竚立，云：「不見其人矣。」頃見一披衣從中出視奕者，蓋太宗也。翁驚曰：「即此人當之，汝善佐其事。」遂别，語靖曰：「此去四十五年，東夷中有一黄鬚翁殺其君而自立者，即我也。」靖既佐唐平亂，貞觀中東夷果奏一黄鬚翁殺其君而自立。』」按：此即唐人所傳虬髯公事，而情節小異。今世人皆知有虬髯公，莫知有黄鬚翁矣。

李勣救元吉

唐劉餗《隋唐嘉話》云：「英公始與單雄信俱臣李密，結爲兄弟。密既亡，雄信降王世充，勣來歸國。後與海陵王元吉圍雒陽，元吉恃其膂力，每親行圍。王世充召雄信告之，雄信馳馬而出，槍不及海陵者尺。勣惶遽，連呼曰：『阿兄！阿兄！』雄信攬轡而止。」按：世俗相傳以爲救太宗，不知實救元吉也。

國朝宋長白《柳亭詩話》云：「貫休作《懷素草書歌》曰：『忽如鄂公捉住單雄信，秦王身上塔〔一〕著棗木槊。』史稱敬德善避矟，與元吉鬬勝，嘗三奪之。後秦王與王世充戰，雄信躍馬奮槊，幾及秦王。敬德橫刺，雄信墜馬。蓋實事也。」

〔一〕塔，蔡啟盛《校勘記》改作「搭」。

小關索

宋范公稱《過庭録》曰：「忠宣守信陽時，漢上有巨賊曰羅鏨，擁衆直壓郡界。忠宣集郡僚謀守禦，皆懦怯，無敢當者。有酒吏秦生請行，獨以數十騎直對敵壘。賊副小關索者領十餘騎飲馬河側，秦射中賊關索心而死，賊衆竄走。」按：世俗以「關索」爲漢前將軍之子，實無其人。乃宋時賊盜中即有「小關索」之名，則其流傳亦遠矣。

《癸辛襍識》載龔聖與《宋江等三十六人贊》，其賽關索楊雄贊云：「關索之雄，超之亦賢。」則似古來真有「關索」其人也。

嚴三點

《齊東野語》云：「近世江西有善醫號嚴三點，以三指點閒知六脈之受病，世以爲奇。」按：小説中有「嚴三點」事，未始無本，然其人似是南宋時人，非北宋時也。

國朝王漁洋山人《夫于亭襍録》云：「元至正閒有范益者，京師名醫也。一日有媪攜二女求診，曰：『此非人脈，必異類也，當實告我。』媪泣拜曰：『我西山老狐也。』與之藥而去。今小説《平妖傳》實借用其事，而所謂嚴三點則南昌神醫也，予已記于《居易録》。又傳中杜七聖與蛋子和尚鬭法斬葫蘆事，見《五襍俎》，乃明嘉隆閒事，皆非杜撰也。」

《夫于亭襍録》又云：「蛋子和尚三盗猿公法，亦有所本。廣州有大溪山，有一洞。每歲五月，始見土人預備墨瀋紙刷，入其中，以手捫石壁上，有若鐫刻者，急搨出，洞亦隨閉。持印紙視之，或呪語，或藥方，無不神驗。見焦尊生《説楛》。」

王魁

世傳王魁負桂英〔一〕事，王魁實無其人，乃宋狀元王俊民事也。《齊東野語》云：「王俊民，嘉祐中登科爲第一，後得狂疾，服金虎碧霞丹而死。有道士奏章達上清，訴問鬼神，傳冥中語

〔一〕英，原作「美」，據《筆記小説大觀》本改。

云：『五十年前打殺謝、吴，留不結案事。』俊民死時纔二十七歲，五十年事必在宿生矣。其後遂有妄人託夏噩姓名作《王魁傳》。」

國朝許嗣茅《緒南筆談》載：葉忠節公映榴六七歲時，夢人口授一詩云：「君是王魁三世身，桂英仍著石榴裙。一枝遥寄湘江水，半幅平裁楚岫雲。弔古有情憐賈誼，請纓無路歎終軍。春風得意長安日，莫負香羅帕上人。」後公大參楚省，兵變殉難。公初有妾某小忤指，斥之，妾憤自繯。至正命時，妾某亦見。公叱之，拜曰：「君今歸冥，婢又當復侍巾櫛耳。」按：此婢豈即桂英邪？桂英事已屬子虚，何數百年後又有此公案也？

宋江等三十六人

《癸辛褋識》載龔聖與作《宋江等三十六人贊》，每人各四句，今不録。惟其名號與世所傳小有異同，故備録於此：呼保義宋江、智多星吴學究、玉麒麟盧俊義、大刀關勝、活閻羅阮小七、尺八腿劉唐、没羽箭張清、浪子燕青、病尉遲孫立、浪裏白跳張順、船火兒張横、短命二郎阮小二、花和尚魯智深、行者武松、鐵鞭呼延灼、混江龍李俊、九文龍史進、小李廣花榮、霹靂火秦明、黑旋風李逵、小旋風柴進、插翅虎雷橫、神行太保戴宗、先鋒索超、立地大歲阮小五、青面獸楊志、賽關索楊雄、一直撞董平、兩頭蛇解珍、美髯公朱仝、没遮攔穆横〔一〕、拚命三郎石秀、雙尾蝎解寶、鐵天王晁蓋、金鎗班徐寧、撲天鵰李應。按：「鐵天王」今作「托塔天王」，然其贊有「頑鐵鑄汝」之句，則當時固作「鐵」矣。「尺八腿」「一直撞」亦與今異。

「大刀關勝」贊曰：「大刀關勝，豈雲長孫。雲長義勇，汝其後昆。」則俗傳以關勝爲關公之裔，亦非無因。

今所傳有「一丈青扈三娘」，此則無之。然「浪子燕青」贊云：「平康巷陌，豈知汝名。太行春色，有一丈青。」未知何指。

宋孫升《孫公談圃》云：「蒲恭敏宗孟知鄆州日，有盜黄麻胡者劫良民，使自掘地倒埋之，觀其足動以爲戲。恭敏獲其黨，先剔去足筋，然後置於法。先是，寇依梁山濼，恭敏下令禁毋得乘小舟出入濼中，賊既絶食，遂散去。」按：梁山濼巨盜宋江等三十六人，人所知也。乃當時更有「黄麻胡」，則知者鮮矣。

〔一〕横，原訛「擴」，據蔡啟盛《校勘記》改。

明謝肇淛《文海披沙》云：「宋徽宗時，山東賊宋江等三十六人，聚衆横行。元順帝時，花山賊畢四等亦三十六人聚集茅山，出没無忌。宋江中有『一丈青』『花和尚』，而畢四中亦有一婦一僧最勇健，豈皆天罡之數歟？」

神行之術

《蓮社高賢佛馱邪舍傳》云：「羅什在姑臧，遣信要之。師恐國人止其行，取清水，以藥投之，呪數十言，與弟子洗足，即夜便發。比旦，行數百里，問弟子：『何所覺邪？』答曰：『惟聞疾風流響，兩目有淚。』師又呪水，洗足，乃止。」按：小説書有神行之術，本此。

俠客僞人頭

唐馮翊《桂苑叢談》云：「進士張祜自稱豪俠。一夕，有非常人裝飾甚武，腰劍，手囊貯一物，流血於外，入門謂曰：『此非張俠士居乎？』曰：『然。』客曰：『有一讐人，十年莫得，今夜獲之，喜不可已。』指囊曰：『此其首也。』問張曰：『有酒否？』張命酒飲之，客曰：『此去三數里，有一義士。余欲報之，則平生恩讐畢矣。聞公氣義，可假余十萬緡，立欲酬之，此後赴湯蹈火無所憚。』張深喜其説，乃傾囊與之。客曰：『快哉！無所恨也。』乃留囊首而去，期以卻回。及期不至，張慮囊首爲累，遣家人埋之，乃豕首也。」按：今稗官家有敷衍此事者，莫知其本此也，故記之。

蔡指揮女

明祝允明《野記》云：「吴邑朱生，宣德中商湖湘，泊舟官河下。有名妓新王二者，一優偕來，其船密比生舟。凡生言笑動静，娼罔不密察，使優邀之飲，潛告生曰：『君但言延我入舟，我欲有言於君耳。』生從之。娼入生舟，戚戚無歡容，中夜低語生曰：『我淮安蔡指揮女也。吾父調襄陽衛，挈家以行。舟人王賊乘父醉擠之水，并母死焉。以我色獨留犯之，呼爲妻。吾父貲素豐，賊厚載欲商於他，復爲盗劫罄焉，遂以餘貲買小舟，俾我學歌舞爲娼。君能復吾仇，我終身事君耳。』生許諾。翌日，優來曰：『二姐未起乎？』生罵曰：『賊不知死所，尚覓二姐乎？』優知事泄，投於水。生持娼歸家。」按：小説有蔡女忍辱報仇一事，即此也。

劉天敘

明朱國楨《湧幢小品》云：「劉天敘，鳳陽人，與其黨三人擡一小佛像募緣。至南京，妄言能畫地地陷，指天天開，且知人三世事，有納錢者來生爲指揮等官。一婦人哭於陌上，呼而視之曰：『來生當爲后妃。』遂攜與俱去行淫。衛軍某得其情，告之操江豐城侯李某等，張大其事。其實天敘等數人皆庸流下賤，餘四十人則南都菜傭、踏麴人也。時丁敬宇方爲操江都御史，改擬磔一人，斬一人，餘悉充戍。」今彈詞中有及「劉天敘」者，蓋真有此人此事也。

秋香

國朝董恂《宫閨聯名譜》引王行甫《耳談》云：「陳玄超，吴人，父以疏論嚴氏謫死。元超少年，倜儻不拘，嘗與客登虎丘。見宦家從婢佼好，笑而顧己，悦之，迹至其家，求傭書焉。留侍二子，文曰奇，父師大駭。已而以娶求歸，二子不從曰：『室中惟汝所擇。』曰：『必不得已，秋香可。』即前遇婢也。二子白父母，嫁之。玄既娶，婢曰：『君非虎丘遇者乎？』曰：『然。』曰：『君既貴公子，何自賤若此？』曰：『汝昔笑顧我，不能忘情耳。』曰：『妾昔見君服喪，表素而華其裏，少年佻撻可笑，非有他也。』會有貴客過，玄因假衣冠謁客，言及白吏部，蓋玄之外父正柄國尊顯。主人聞大駭，亟治百金裝并婢贈之。」按：世傳唐解元事即此。

國朝黄蛟起《西神叢語》云：「俞憲號是堂，次子見安，偶從舟次，見一女郎，心悦之，買舟尾其後。至吴門，知其爲某富室青衣也，因語舟人與其僕曰：『留此一月待我，勿移泊他所。』徑獨造女郎家，求爲蒼頭，主人留伴其子讀。見安爲其子代筆，爲塾師所覺，頗向主人稱其才。主人將欲於羣婢中擇佳者，授之室。時吴中大户多以糧役傾家，主人深以爲憂。蘇郡守某，是堂之同年也。見安潛入己舟，呼僕隨詣守署，以年家子晉謁，力爲主人求罷役。守允其請，翌日訪見安居停答拜。主人初不知，見郡守無端及門，倉皇失措，而見安已出迎道款矣。守既别，主人揖見安上坐，問所欲，乃以實告；且聞重役已釋，驚喜出意外，遂飾此青衣爲己女，厚嫁之。近人以其事爲唐寅，余詢其從孫祖源，始得其本末。女郎號美娘，蓋好事者駕言子畏耳。」按：黄蛟起字孝存，無錫人也，所著《叢語》即記無錫之事。然則俞見安固無錫人，而婢家則在蘇州，與世傳唐子畏至無錫訪華氏婢適相反也。惟子畏此事世知其僞託，而言人人殊。此記之説世罕知者，故并載之。

國朝褚人穫《堅瓠集》引《桐下听然》云：「華學士鴻山艤舟吴門，見鄰舟一人獨設酒一壺，斟以巨觥，科頭向之極罵。既而奮袂舉觥，作欲吸之狀，輒攢眉置之；狂叫拍案，因中酒，欲飲不能故也。鴻山注目良久，曰：『此定名士。』詢之，乃唐解元子畏。喜甚，肅衣冠過謁。子畏科頭相對，談謔方洽。學士浮白屬之，不覺盡一觴。因大笑極歡，日暮後，大醉矣。當談笑之際，華家小姬隔簾窺之而笑。子畏作《嬌女篇》貽鴻山，鴻山作《中酒歌》答之。後人遂有傭書獲配秋香之誣。」按：此則其事全屬子虛矣。

《玉嬌李》

明沈德符《顧曲襍言》云：「袁中郎《觴政》以《金瓶梅》配《水滸傳》爲外典。中郎又云：『尚有名《玉嬌李》者，亦出此名士手，與前書各設報應因果，武大後世化爲淫夫，上烝下報；潘金蓮亦作河閒婦，終以極刑；西門慶則一騃憨男子，坐視妻妾外遇，以見輪迴不爽。』中郎亦耳剩，未之見也。」今《金瓶梅》尚有流傳本，而《玉嬌李》則不聞有此書矣。余從前在書肆中見有名《隔簾花影》者，云是《金瓶梅》後本。余未披覽，不知是否此書也。

《清風閘》

國朝李斗《揚州畫舫録》云：「浦琳字天玉，右手短而捩，稱捩子。少孤，乞食城中。鄰婦爲之媒妁，偕至一處，香匳甚盛，納捩子而强爲婚焉。逾年，大東門釣橋南一茶爐老婦授捩子以呼盧術，百無一失，由是積金滿室。鄰婦有姪，以平話爲生。捩子耳擩已久，以平話不難學而各説部皆人熟聞，乃以己所歷之境，假名皮五，撰爲《清風閘》故事。養氣定辭，審音辨物，聞者驩咍嘔噱，進而毛髮盡悚，遂成絶技。」按：此書余曾見之，亦無甚佳處，不謂當日傾動一時也。殆由口吻之妙有不在筆墨閒耶？

《畫舫録》又云：「郡中稱絶伎者，吴天緒《三國志》、徐廣如《東漢》、王德山《水滸記》、高晉公《五美圖》、浦天玉《清風閘》、房山年《玉蜻蜓》、曹天衡《善惡圖》、顧進章《靖難故事》、鄒必顯《飛駝傳謊》、陳四《揚州話》皆獨步一時。」

雷峰白蛇

國朝徐逢吉《清波小志》引《小窗日記》云：「宋時法師鉢貯白蛇，覆於雷峰塔下。」似宋時實有此事也。

國朝陸次雲《湖壖襍記》「雷峯塔」一條有洪昉思附記云：「杭州舊傳有三怪：金沙灘之三足蟾，流福溝之大鼉，雷峰塔之白蛇。隆慶時，鼉已爲屠家釣起，蟾已爲力士捕得，惟白蛇之有無究不可知也。」按：今世已罕知有鼉、蟾二怪者矣，惟傳後湖有一大蚌，又有一大龜，或與鼉、蟾二怪代興者乎？

《女仙外史》

國朝劉廷璣《在園襍志》云：「吴人吕文兆熊性情孤冷，舉止怪僻，所衍《女仙外史》百回亦荒誕，而平生學問、心事皆寄託於此。」按：《女仙外史》一書，余在京師曾見之，不知爲吕文兆所作也。

明季傳奇

黄梨洲先生《思舊録》云：「史磐字叔考，長於填詞，如《兼釵》《合紗》《金丸》《夢磊》諸院本，皆盛行於世。」又云：「吴炳號石渠，長於填詞，所著有《西園》《情郵》《畫中人》《療妬羹》《緑牡丹》，雖多勦襲，而不落俗。」按：明季人喜著院本，蓋亦一時風氣使然也。

又按：國朝葉廷琯《鷗波漁話》云：「覺阿開士有《書〈壯悔堂集〉後》四絶句，其末章云：『傳奇爭愛《桃花扇》，誰唱温家《緑牡丹》？』」余按：陸桴〔一〕亭先生《復社紀略》云：「凡天如、介生游跡所及，兩越貴介子弟與素封家兒拜門下者無數，執贄後亦名流自負，目無前達。烏程温育仁者，首輔體仁介弟也，心醜之，著《緑牡丹》傳奇誚之。杭俗好異，爭相搬演。西張親莅浙，言之學臣黎元寬，因禁書肆，毁刊本，究作傳主名。而婁江、烏程顯開大隙矣。」又張秋水

〔一〕 桴，原訛「捊」，據《清史稿·陸世儀傳》改。

《冬青館集・書〈緑牡丹〉傳奇後》云：「此吾鄉温氏啟釁於復社之原。」據此則《緑牡丹》一書在當日頗有關係。《鷗波漁話》又引汪謝城曰：「據李笠翁《閒情偶寄》，此劇爲吴石渠所作。」今以黄氏《思舊録》證之，其説信矣。石渠固端人，何以爲温氏作此，不可解也。

阮大鋮所著傳奇《燕子箋》《春燈謎》外，尚有《雙金榜》《牟尼合》《獅子賺》等名，見《韵[一]石齋筆談》及《池北偶談》。今皆不傳，且知者亦尠矣。

國朝王應奎《柳南隨筆》云：「徐復祚字陽初，大司空栻之孫。博學能文，尤工詞曲。錢宗伯題其小令，以高則誠爲比。傳奇若《紅梨》《投梭》《祝髮》《宵光劒》《一文錢》《梧桐雨》諸本，至今流傳于世，然不知其爲陽初作也。」

《遼東傳》

明宦官劉若愚《酌中志》云：「馮銓害經略熊廷弼，因書坊賣《遼東傳》，其四十八回内有馮

[一] 韵，原訛「韵」，據蔡啟盛《校勘記》改。

布政父子奔逃一節，極耻而恨之。」按：《遼東傳》一書今無傳本，實紀當時之事，并姓氏官位亦大書之，明人之無忌憚如此。

《染莊社記》

國朝周春《遼詩話》附載《染莊社記》，金至寧中興平路猛安蒲察盂里撰，出《永平府志》。其事甚奇，云：「契丹時遼興軍凬尧者行貨，路收一卵，歸置錦囊，繫臍下。月餘，出蛇如簪，飼之以肉。漸長盈丈，圍將尺許，乃縱之於野。嘗命以名曰『雅』，雅知人，戀戀然，但不能言而去。數歲益大，始食野禽，繼而噬人。有司募能捕者，尧知其必雅，乃抵放處，呼其名而至，敍故舊而數其罪。蛇遂俯首伏誅，其血流及近村，土石悉染紅，而莊以名。莊老以尧能施恩除害而祀之，雅能知恩服罪而配焉。」按：《聊齋志異》所載大青、小青事，似即本此。「凬尧」姓名甚奇，周云：「凬疑卽風，古風字；尧疑尧字之訛。」

國朝宋長白《柳亭詩話》云：「西山潭柘寺有巨蛇二，呼大青、小青，聞磬聲即出。」是蛇名「大青」「小青」，實有之也。

又云：「王梧溪《題虎樹亭》詩：『舟泊東西客，詩招大小青。』注云：『宋聰禪師住華亭時，有二虎噬人。師降伏之，命名曰大青、小青。師卒，虎亦死，弟子瘞之塔旁。踰年生銀杏樹二。今主僧隱公闢亭樹閒，扁曰虎樹。』」是虎亦有「大青」「小青」之名。

按：《水經·濁漳水篇注》：「武强淵之西南側有武强縣故治。耆宿云：邑人有行於途者，見一小蛇，疑其有靈，持而養之，名曰擔生。長而吞噬人，里中患之，遂捕繫獄。擔生負而奔，邑淪爲湖。」是古有此事，「雅」與「二青」均因此附會也。

評注稗官

國朝劉廷璣《在園襍識》云：「《三國演義》敍述不乖正史，而桃園結義、戰陣回合不脱稗官窠臼。杭永年一倣聖歎筆意批之，似屬效颦，然亦有開生面處。《西遊》爲證道之書，丘長春借説金丹奥旨。汪憺漪批注處大半摸索皮毛，即通書之太極無極，何能一語道破邪？《金瓶梅》以淫説法，彭城張竹坡爲之先總大綱，次則逐卷逐段分注批點，可以繼武聖歎。」按：金聖歎評

《水滸》，人人知之。至《三國演義》爲杭永年評，《西遊》爲汪憺[一]漪評，《金瓶梅》爲張竹坡評，則知者鮮矣。《金瓶梅》余未寓目，至《西遊記》每回必有「悟一子」評，其即汪憺漪乎？惟丘長春别有《西游記》，非此書也。劉氏沿襲俗説，失之。

余從前在江西玉山縣署與汪調生夜話，戲以古人名屬對，男必對女，女必對男。余舉「脱十娘」，調生對「悟一子」。余彼時不知「悟一子」何人，調生曰：「君之博洽，未讀《西游記》乎？」爲之一笑，附記于此。

《池北偶談》云：「超一子者，唐陵殷氏女。早寡，學道三年，坐化。」按：以「超一子」對「脱十娘」，可謂工絶矣，但其人貞淫迥别耳。

又按：《夷堅志》云：「建炎初，車駕駐蹕揚州。有女巫聖七娘者行穢跡，法通靈，能知未來事。」以「聖七娘」對「悟一子」，適相當也。

〔一〕憺，原作「澹」，據上文改。下同。

金聖歎身後異事

國朝周亮工《賴古堂尺牘新鈔》載稽永仁《與黄余部尺牘》云：「周計百使君司李賡南，讀才子書，慕聖歎爲人，遣使齎舟車之費往迎之。聖歎適有《唐詩選》，未赴也，然業已心許之。越明年，使君夢一人披髮跣足，聳身案上，蒙面而泣曰：『我聖歎也。』使君晨起，謂客曰：『聖歎休矣。』遣使再至吴門，始知使君夢中之夕即聖歎絶命之辰也。」按：此聖歎身後之事，世罕知者。惟「賡南」不知何地，「賡」字亦未識，疑有誤。

國朝宋長白《柳亭詩話》云：「金聖歎既死，山左有官署召仙。仙乃聖歎，判一詩云：『石頭城畔草芊芊，多少愚人城下眠。惟有金生眠不得，雪霜堆裡聽啼鵑。』吴薗次云。」

國朝章有謨《景船齋襍記》云：「金聖歎前身爲杭州昭慶寺僧，死後，吾郡朱眉方夢聖歎謂之曰：『吾前身乃僧也，常遊歡愛河中，故有是刼。今脱矣，當爲鄧尉山神。』」

季麻子

國朝李斗《揚州畫舫録》云：「評話盛於江南，如柳敬亭、孔雲霄、韓圭湖諸人，屢爲陳其年、余澹心、杜茶村、朱竹坨所賞鑒。次之季麻子平詞，爲李宫保衛所賞。」按：李敏達所賞必非常技，乃不得與前諸人齊名，何邪？然前諸人亦惟柳敬亭最著，孔、韓二人有知有不知矣。又云：「《紫瘌痢》弦詞，蔣心餘爲之作古樂府。」「紫瘌痢」之名亦新奇可喜也。

史惠英

宋周密《武林舊事》「小説」有「史惠英」，注云：「女流。」此即今女妓説書之濫觴也。

《無雙譜》

世俗相傳有《無雙譜》圖畫。吴下陶明經然，亦知名士也，曾爲作詩。余問以譜始何人，而不能言。後讀山陰宋長白《柳亭詩話》曰：「《無雙譜》，吾友金墨禪所作，始於張子房博浪之椎，迄於文信國柴市之歌，凡若干人。及門盧使君、屠大尹雕版行世，而余與諸君序之。墨禪名古良，有《歷朝詩選》。」然後知作是譜者之姓名。宋長白乃康熙間人，則金墨禪疑是勝國遺氏。觀其始張子房終文文山，或亦有微意也。

茶香室叢鈔卷十八

蚩尤戲

梁任昉《述異記》云：「秦漢閒説蚩尤氏頭有角，與軒轅鬬，以角觝人，人不能向。今冀州有樂名《蚩尤戲》，其民兩兩三三，頭戴牛角而相觝。漢造角觝戲，蓋其遺製也。」按：「角觝」亦作「觳抵」，見《史記·李斯傳》；亦作「角抵」，見《漢書·武帝紀》。《李斯傳》注引應劭曰：「角者，角材也；抵者，相抵觸也。」常疑其望文生訓。今讀《述異記》，乃知本於《蚩尤戲》，故表出之。又按：《蚩尤戲》，即後世扮演古事之權輿矣。

演戲之始

國朝納蘭成德《淥水亭襍識》云：「梁時《大雲之樂》作一老翁演述西域神仙變化之事。優伶實始於此。」

猿騎

晉陸翽《鄴中記》云：「石虎正會殿前作樂，設馬車，立木橦其車上，長二丈。橦頭安横木，兩伎兒各坐木一頭，或鳥飛，或倒挂。又衣伎兒作獼猴之形，走馬上，或在脅，或在馬頭，或在馬尾。馬走如故，名爲猿騎。」按：今時尚有此伎，江湖閒跑馬、走索皆此類也。

武英殿叢書按語曰：「《太平寰宇記》載此條云：作戲馬，令人于馬上立書，而字皆正好。又衣伎兒作獼猴形走馬，或在頭尾卧側縱横，名爲猿騎。」按：馬上作字，此伎今未見也。

襍劇

明沈德符《顧曲雜言》云：「襍劇如《王粲登樓》《韓信胯下》《關大王單刀會》《趙太祖風雲會》之屬，不獨命詞高秀，而意象悲壯，自足籠蓋一時。他如《千里送荆娘》《元夜閙東京》之屬，則近粗莽。《華光顯聖》《目連入冥》《大聖收魔》之屬，則太妖誕。」按：此等襍劇今傳者無多，惟《關王單刀》尚盛行于世，未知與明代有異同否也。

元曲

世傳元人以曲取士，此於《元史》無徵。明沈德符《顧曲襍言》云：「元人未滅南宋時，以此定士子優劣。每出一題，任人填曲，如宋宣和畫學出唐詩一句，能得畫外趣者登高第。故宋畫元曲，千古無匹。」

傀儡戲

元吴自牧《夢粱録》云：「傀儡者，起於陳平六奇解圍故事也。今有金線盧大夫、陳中喜等，弄得如真無二。」

影戲

元吴自牧《夢粱録》云：「更有弄影戲者，汴京初以素紙雕簇，自後人巧工精，以羊皮雕形，用以綵色妝飾，不致損壞。杭城有賈四郎、王昇、王閏卿等，熟于擺布，立講無差。其話本與講史書者頗同，公忠者雕以正貌，奸邪者刻以醜形。」

宋周密《武林舊事》「影戲」有「三賈」「三伏」。注云：「賈偉、賈儀、賈佑，伏大、伏二、伏三。」又有「黑媽媽」，當是女流。按：此戲今惟村落中有之，士大夫罕有寓目者，不謂此伎中亦有傳人也。

又有「放風筝周三、吕偏頭」，此兩人者殆放風筝之妙手邪？余舊有《美人風筝》詩云：「楚楚臨風張小脚，眈眈注目吕偏頭。」以太纖小不入集，聊識於此。張小脚，見《板橋襍記》。

肩擔戲

國朝李斗《揚州畫舫録》云：「圍布作房，支以一木，以五指運三寸傀儡，金鼓喧闐，詞白則用叫顙子，均一人爲之，謂之肩擔戲。」

《花十八》

宋張邦基《墨莊漫録》云：「王禹玉《寄程公闢》詩：『舞急錦腰迎十八，酒酣玉艬照東西。』樂府《六幺曲》有《花十八》，古有玉東西杯，設對甚新。」又王晦叔《碧雞漫志》云：「歐陽永叔詩『貪看《六幺》《花十八》』，此曲内一疊名《花十八》，前後十八拍，又四花拍，共二十二拍。樂家所謂花拍，蓋非其正也。曲節抑揚可喜，舞亦隨之，而舞築毬《六幺》至《花十八》益奇。」

余嘗於書院中出《花十八賦》題，松江朱明經昌鼎云：「歐陽文忠詞『杯深不覺琉璃滑，貪看《六幺》《花十八》』，不曰聽而曰看，其爲舞曲無疑。」余謂此説良然。范石湖詩「新樣築毬《花十八》，丁寧小玉謾吹簫〔一〕」，亦謂築毬者以此爲節也。國朝朱竹垞詞「月斜聽到歌聲滑，《六幺》《花十八》」，袁隨園詩「今夕儘歌《花十八》，明朝剛是月初三」，言歌不言舞，蓋宋人猶親見此舞，今人則不復知之矣。

過錦

明宦官劉若愚《酌中志》云：「《過錦》之戲約有百回，每回十餘人不拘，濃淡相閒，雅俗並陳，全在結局有趣，如説笑話之類。又如襍劇故事之類，各有引旗一對，鑼鼓送上。所扮者備極世閒騙局醜態，並閨閫拙婦騃男及市井商匠刁賴詞訟、襍耍〔二〕把戲等項，皆可承應。」按：吳

〔一〕 簫，原訛「蕭」，據《石湖詩鈔》改。
〔二〕 耍，原訛「要」，據蔡啟盛《校勘記》改。

梅村詩中有所謂「過錦」者，初不知何戲，觀此乃得其詳。

扮馬上故事

明張岱《陶庵夢憶》云：「楓橋楊神廟九月迎臺閣，扮馬上故事，二三十騎扮傳奇一本。其人與傳奇中人必酷肖方用。人定，然後議扮法，果其人其袍鎧須某色某緞某花樣，雖匹錦數十金，不惜也。」又云：「壬申七月，村村禱雨，余里中扮《水滸》，於是分頭四出，尋黑矮漢，尋梢長大漢，尋頭陀，尋胖大和尚，尋茁壯婦人，尋姣長婦人，尋青面，尋歪頭，尋赤鬚，尋美髯，尋黑大漢，尋赤臉長鬚。大索城中，無則之郭、之村、之山僻、之鄰府州縣，用重價聘之，得三十六人。梁山泊好漢，箇箇呵活。」按：此二則可見明季風俗之侈。

弄假婦人

唐段安節《樂府襍録》云：「咸通以來即有范傳康、上官唐卿、吕敬遷等三人，弄假婦人。」

按：此即戲旦之濫觴也。《隋書・音樂志》云：「周宣帝即位，廣召褋伎，好令城市少年有容貌者婦人服而歌舞。」此又弄假婦人之始。

花旦

元人雪蓑釣隱《青樓集》云：「凡妓以墨破其面者曰花旦。」

點戲

唐崔令欽《教坊記》云：「凡欲出戲，所司先進曲名，上以墨點者即舞，不點者即否，謂之進點。」

彭天錫串戲

明張岱《陶〔一〕庵老人夢憶》云：「彭天錫串戲妙天下，多扮丑淨，千古之奸雄佞倖，經天錫而心肝愈狠，面目愈刁，口角愈險。余嘗見其一齣好戲，恨不得法錦包裹，傳之不朽。」按：彭天錫一串戲人，而亦名傳後世，世閒無事不可以傳人也。

江湖十二脚色

國朝李斗《揚州畫舫録》云：「梨園以副末開場爲領班，副末以下老生、正生、老外、大面、二面、三面七人謂之男脚色，老旦、正旦、小旦、貼旦四人謂之女脚色，打諢一人謂之襍。此江湖十二脚色，元院本舊制也。」

〔一〕陶，原訛「隱」，據《陶庵夢憶》卷六改。

又云：「大面周德敷以紅黑面笑叫跳擅場，笑如《宵光劍》《鐵勒奴》，叫如《千金記》《楚霸王》，跳如《西川圖》《張將軍》諸齣。」按：笑、叫、跳亦梨園中名目，雖老於觀劇者或未知也。

又云：「團班之人，蘇州呼爲戲螞蟻。」按：蘇俗凡人之奔走其事者，輒以「蟻」呼之。「戲螞蟻」之名甚新，可入《竹枝詞》。

衣盔襍把

國朝李斗《揚州畫舫録》云：「戲具謂之行頭，分衣、盔、襍、把四箱。衣箱、盔箱均有文扮、武扮、女扮之分。襍箱中皆用物，把箱中則鑾儀兵器，此謂江湖行頭。」

桂府面具

陸放翁《老學庵筆記》云：「政和中大儺，下桂府進面具，比進到，稱一副。初訝其少，乃是以八百枚爲一副，老少妍陋無一相似者。」

宋范成大《桂海虞衡》云：「桂林人以木刻人面，窮極工巧，一枚或值萬錢。」

掐琵琶

唐韋絢《劉賓客嘉話録》云：「貞觀中，彈琵琶裴洛元，始廢撥用手，今俗謂掐琵琶是也。」按：此則白香山所謂「沈吟放撥插絃中」者，其時實已不用「撥」矣。唐段安節《樂府雜録》云：「琵琶始自烏孫公主造，開元中有賀懷智，其樂器以石爲槽，鵾鷄筋作絃，鐵撥彈之。」又載貞元中康崑崙遇段師事云：「及下撥，聲如雷，其妙入神，崑崙驚駭。」則貞觀以後未始不用「撥」，《嘉話録》所云殆謂裴洛元掐琵琶自成一技，未必人人從之而廢「撥」也。

九絃琴

國朝錢曾《讀書敏求記》朱長文《琴史》下云：「宋太祖謂五絃之琴，文武加之以成七。乃留睿思而究遺音，作爲九絃之琴、五絃之阮。苟非伯原此書，不復知琴有九絃者矣。又如竇儼上疏周世宗，凡三絃之通、七絃之琴、十三絃之筝、二十四絃之離、二十五絃之瑟、三漏之籥，六漏之喬、七漏之笛、八漏之箎、十三管之和、十七管之笙、十九管之巢、二十三管之簫，皆列譜録。偶記得古人《小李毛女》詩『雲裏巢笙唤鶴騎』，曉然巢、笙爲兩物也。學者不多讀書，展卷茫然，幾何而不面牆乎？」愚按：「二十五絃之瑟」下當增「二十七絃之灑」，見《爾雅》郭注。

又按：《爾雅》：「大琴謂之離。」郭注曰：「或曰琴，大者二十七絃。」是琴并有二十七絃者。此所云「二十四絃之離」，又與不合。

「巢」爲笙之大者，亦見《爾雅》。

敲瓦楪

國朝李斗《揚州畫舫録》云：「鄭玉本儀徵人，居黄珏橋，善大小諸曲，以兩象箸敲瓦楪作聲，能與琴、筝、簫、笛相和。」余謂此即古者「擊甌」之遺法。

十番鼓

國朝李斗《揚州畫舫録》云：「十番鼓者，不用小鑼、金鑼、鐃鈸、號筒，祇用笛、管、簫、絃、提琴、雲鑼、湯鑼、木魚、檀版、大鼓十種，故名十番鼓。有花信風、雙鴛鴦、風擺荷葉、雨打梧桐諸名。若夾用鑼、鐃，則爲粗細十番。如雨夾雪、大開門、小開門，乃鑼鼓，非十番鼓也。夢香詞云：『揚州好，新樂十番佳。消夏園亭雨夾雪，冶春樓閣蝶穿花。』以雨夾雪爲十番，可謂强作解事矣。」

打野呵

宋周密《武林舊事》云：「瓦子勾欄，城内隸修内司，城外隸殿前司。或有路歧，不入勾欄，只在耍鬭寬闊之處做場者，謂之打野呵，此又藝之次者。」

倒喇

國朝徐釚《南州草堂詞話》云：「《倒喇》，金元戲劇名也。錢唐陸雲士次雲賦《滿庭芳》詞云：『左抱琵琶，右持琥珀，胡琴中倚秦箏。冰絃忽奏，玉指一時鳴。唱到繁音入破，龜慈曲、盡作邊聲。傾耳際，忽悲忽喜，忽又恨難平。舞人矜舞態，雙甌分頂，頂上然燈。更口噙湘竹，擊節堪聽。旋復迴風滚雪，摇絳蠟、故使人驚。哀豔極，色飛心駴，四坐不勝情。』」按：《倒喇》之戲，今所未聞。朱竹垞、查初白俱有《觀倒喇》詩，讀之亦不知爲何技。觀此詞，乃始得其大概矣。

迎春社火

國朝李斗《揚州畫舫録》云：「立春前一日，太守迎春於城東蕃釐觀，令官妓扮社火：春夢婆一、春姊二、春吏一、皁隸二、春官一。次日打春官，給身錢二十七文，賞春官通書十本。康熙間裁樂户，遂無官妓，以燈節花鼓中色目替之。」

龍船太子

國朝李斗《揚州畫舫録》云：「龍船長十餘丈，前爲龍首，中爲龍腹，後爲龍尾。上供太子，不知何神。或曰屈大夫，楚之同姓，故曰太子。」按：以龍爲龍王，則宜有太子，吾鄉龍船亦然。以爲屈大夫，失之附會矣。

紐元子

元吴自牧《夢粱録》云：「舊有百業皆通者，如紐元子學像生叫聲。」按：即今之口技。「紐元子」乃襍劇名目，見宋人耐得翁《都城紀勝》。

釘打鐵

國朝李斗《揚州畫舫録》云：「乞兒隨船呌化，歌《釘打鐵曲》，其詞曰『釘打鐵，鐵打釘』云云。是廣東《布刀歌》之屬。」

爭交

元吴自牧《夢粱録》云：「角觝者，相撲之異名也，又謂之爭交。瓦市相撲者先以女颭數對打套子，令人觀覩，然後以膂力者爭交。若論護國寺南高峰露臺爭交，須擇諸道州郡膂力高强、天下無對者，方可奪其賞。如頭賞者，旗帳、銀盃、綵段、錦襖、官會馬匹而已。景定間，賈秋壑秉政時，曾有温州子韓福者勝得頭賞，補軍佐之職。杭州有周急快、董急快、王急快、賽關索、赤毛朱超、周忙憧、鄭伯大、鐵稍工韓通住、楊長脚等，及女颭賽關索、囂三娘、黑四姐，俱瓦市諸郡爭勝，以爲雄偉。」按：今小説家有所謂「打擂臺」者，即此是矣。

珠娘拳

國朝李斗《揚州畫舫録》云：「徐五庸以拳勇稱，晚年畜一婢名珠娘，吴人，腰細善舞，教之拳，名噪一時。其鄉人徐梅庵爲之繪《珠娘拳式圖》。」

《小郎兒曲》

國朝李斗《揚州畫舫録》云：「玉版橋一乞兒家業素豐，以好小曲蕩盡，至于丐。乃作男女相悦之詞爲《小郎兒曲》，人豔聽之。《小郎兒曲》即《十二月》《採〔一〕茶》《養蠶》諸歌之遺，非如市井中小唱淫靡媚褻可比。郡中剞劂匠多刻詩詞、戲曲爲利，近日是曲翻版數十家，遠及荒村僻巷之星貨鋪，所在皆有，乃知聲音之道感人深也。」按：此曲今亦無聞矣。星貨鋪所鬻無非

〔一〕採，原訛「探」，據《揚州畫舫録》卷十一改。

《嘆五更》《蕩湖船》淫靡媟褻之詞，得無此曲又爲古調乎？

五更曲

今世俗有俚曲名《歎五更》，考宋時已有之。宋王楙《野客叢書》云：「陳伏知道《從軍五更轉》有曰：『一更刁斗鳴，校尉逴連城。遥聞〔一〕射鵰騎，懸憚將軍名。二更愁未央，高城寒夜長。試開弓竝月，聊持劍比霜。』似此五轉，今教坊演爲五曲，爲街市唱。」然則此曲固原於宋教坊也。

唐南卓《羯鼓録》所列諸宮曲《太簇商》有《五更轉》。

象棋

宋周密《武林舊事》「棋待〔二〕詔」有「杜黄、沈姑姑、金四官人、李黑子」等，皆注「象」字，葢謂

〔一〕聞，原訛「閒」，據《野客叢書》卷十八改。

〔二〕待，原訛「侍」，據蔡啟盛《校勘記》改。

象棋也。其名皆可入詩料。

骰子

唐張讀《宣室志》云：「東都陶化里有空宅，太和中張秀才借居肄業。夜深見道士與僧徒各十五人從堂中出，形容長短皆相似，排作六行。別有二物展轉於地，每一物各有二十一眼，内四眼剡剡如火色，相馳逐，砉然有聲。僧道三十人或馳或走，其二物周流於僧道之中，未嘗暫息。秀才以枕擲之，遂皆不見。明日於壁角得一敗囊，中有長行子三十箇并骰子一雙。」按：此骰子形狀與今正同，惜長行子之法不傳。此僧道三十人，未覩其義耳。

葉子戲

《太平廣記》引《感定録》云：「唐李郃爲賀州刺史，與妓人葉茂蓮江行，因撰《骰子選》，謂之葉子，咸通以來天下尚之。不知應本朝年祚，正體書葉字廿世木子，自武德至天祐，恰二十世。」

碰壺

國朝李斗《揚州畫舫録》云：「碰壺以十壺爲上，四人合局，三人輪鬬，每一人歇，謂之作夢。有斷幺、飄壺、全葷諸名目。」按：杭人繆蓮仙《文章游戲》有《由吾賦》，即此戲也。其字作「吾」，謂之「由吾」；此作「壺」，謂之「碰壺」。今蘇杭閒「碰壺」之名亦盛行，而皆莫能正舉其字。「由吾」「碰壺」於義均未詳也。「作夢」亦謂之「坐醒」，義似較勝，葢謂角輸贏者皆在夢中，惟此人獨醒也。名利場中安得有此坐醒之人乎？

余作《八卦葉子格》，亦即借用十壺之例，詳見《曲園褉纂》〔一〕。

趹成

國朝李斗《揚州畫舫録》云：「趹成，古博戲也。用三錢者爲三星，六錢者爲六成，八錢者

〔一〕《八卦葉子格》見《曲園三耍》。

爲八叉。均字均幕爲成，四字四幕爲天分，天分必幕與幕偶、字與字偶，長一尺，不襍不斜，以此爲難。元李文蔚有《燕青博魚曲》，摹寫極工。」按：余每見兒童擲錢爲戲，不知何事，殆即此戲乎？

彩選

宋王鞏《聞見近録》云：「張文懿爲社洪令，一道士留一書，封緘甚密，候作相老勸時開。文懿八十六歲，偶思道士所留書，啟之，乃彩選一册，因會子弟作選。至宰相，視上惟有真人耳，始悟道士意。」按：「彩選」即今陞官圖也，唐時已有之。此册於宰相上有真人，有由富貴而至神仙之意，用意更勝也。

燈蘭

國朝楊復吉《夢闌瑣筆》云：「笠澤書院山長王西莊先生課士詩，以『燭上燒欖核，吐火成蘭花』命題，衆咸怪其不典。余因檢《明文授讀》中四明周鄮山容《燈蘭賦》示之，其序曰：『作客莫春，朋酒卜夜。清歌乍歇，燭影猶高。有起剔煤心、栽以欖核者，吐焰如蘭三四而燼，感而賦之。』」按：余有《夜合花》詞一闋，即賦此題。

茶香室叢鈔卷十九

鄭莊公望母臺

《水經》：「洧水又東爲洧淵水。」《注》曰：「水南有鄭莊公望母臺。莊公居夫人于城潁，誓曰：『不及黄泉，無相見也。』故成臺以望母，用伸在心之思。」按：世知莊公闕地見母，不知莊公築臺望母。鄭莊公望母臺與漢武帝思子臺，情事略同。

宋伯姬黄堂

《水經·睢水篇注》云：「睢水又東，逕相縣故城南，宋共公之所都也。國府園中猶有伯姬黃堂基，斯堂即伯姬燌死處。」按：世知春申故居有「黃堂」之名，不知伯姬亦有此名也。

百里奚故宅

《水經·淯水篇注》云：「淯水又南，梅溪水注之，出縣北紫山南，逕百里奚故宅。奚，宛人也。」按：百里奚故宅在紫山，亦世所罕知。

顔淵郭内圃

國朝蕭曇《經史管窺》云：「皇甫謐〔一〕《高士傳》：『顔回有郭外田六十畝，足以供饘粥；有郭内圃六十畝，足以供絲麻。』今人但知有郭外田，不知有郭内圃。」余檢《高士傳》云「回有郭外之田五十畝，足以給饘粥；郭内之圃十畝，足以爲絲麻」，則是合郭外、郭内共成六十畝，蕭説

〔一〕謐，原訛「謚」，據蔡啟盛《校勘記》改。

有誤。

范蠡宅

《水經·淯水篇注》云：「宛城南三十里有一城，甚卑小，相承名三公城。城側有范蠡祠。蠡，宛人，祠即故宅也。後漢末有范曾，字子閔，爲大將軍司馬，討黄巾賊，至此祠，爲蠡立碑。」按：《史記正義》引《會稽典録》云：「范蠡字少伯，本是楚宛三户人。」則所謂「三公城」者或即「三户」之異名也。

《夏水篇注》云：「夏水歷范西戎墓南，撿其碑，題云『故西戎令范君之墓』。碑文缺落，不詳其人，稱蠡是其先也。碑是永嘉二年立。」然則范蠡子孫在漢、晉頗有聞人也。

賈誼宅

《水經·湘水篇注》云：「永嘉元年，分荆州湘中諸郡立湘州，治此。城之内有陶侃廟，云舊是賈誼宅地。中有一井，是誼所鑿，極小而深，上斂下大，其狀似壺。傍有一腳石牀，纔容一人坐形，流俗相承，云誼宿所坐牀。又有大柑樹，亦云誼所植也。」

銅雀

《三輔黄圖》引繁欽《建章序》云：「秦漢規模廓然泯毁，惟建章鳳闕聳然獨存。古歌云：『長安城西有雙闕，上有雙銅雀，一鳴五穀成，再鳴五穀熟。』銅雀即銅鳳凰也。」按：以此推之，魏武帝銅雀臺當亦銅鳳凰矣。

晉陸翽《鄴中記》云：「銅爵、金鳳、冰井三臺，皆在鄴都北城西北隅。」似乎有銅雀，又有金鳳，分爲二臺。然考《三國志·魏武紀》，建安十五年作銅雀臺，十八年作金虎臺。或「金鳳」即「金虎」之訛。陸氏考之不審，故金鳳、金虎並見。

《鄴中記》云：「鄴中爲石虎諱，呼白虎旛爲天鹿旛。」疑魏時金虎臺，石虎改爲金鳳臺，亦辟諱也。《鄴中記》又云「石虎改虎頭鞶囊爲龍頭鞶囊」，事正一律。

凌煙樓

《鮑參軍集》有《凌煙樓銘》，其序曰：「伏見所製凌煙樓，棲置崇迥，延瞰平寂。即秀神皋，因基地勢。東臨吴甸，西眺楚關。」按：此知唐時「凌煙閣」之名本宋之「凌煙樓」也。

飛霜殿

明楊慎《藝林伐山》引范元實《詩話》云：「白樂天《長恨歌》：『七月七日長生殿，夜半無人私語時。』長生殿乃齋戒之所，非私語地也。華清宫自有飛霜殿，乃寢殿也，當改『長生』爲『飛霜』。」按：長生殿爲千載口實，不意乃有此一説。然「飛霜」之名知者少矣。

戢武閣

宋姚寬《西溪叢語》云：「唐初功臣皆云『圖形凌煙閣』，而《河閒元王孝恭碑》乃作『戢武閣』，豈『凌煙』先名『戢武』邪？又《段志元碑》亦云『圖形戢武閣』。」

爾雅臺

宋范成大《吴船録》云：「峽州郡圃有爾雅臺，相傳郭景純注《爾雅》於此臺。」按：「爾雅臺」之名正可與「文選樓」相儷。

哭金祠

明鄺露《赤雅》有《哭金祠》一條云：「隋梁毗爲西寧刺史，諸夷酋長以金餽。毗引之坐側，慟哭相戒曰：『此物飢不可食，寒不可衣。汝等以此相滅，不可勝數。今將此來，欲殺我邪？』嗚呼！啜貪泉如醴者，安得起梁毗而哭之？」按：此事甚新，未見人引用。

紫陽觀

梁任昉《述異記》云：「成陽山中有神農鞭藥處，山上紫陽觀，世傳神農於此辨百藥。」按：「紫陽」之名自張紫陽，後又爲朱文公所擅，不知神農遺跡亦有此名也。

黄鶴樓

元吴師道《禮部詩話》云：「崔顥《黄鶴樓》詩題下自注云『黄鶴乃人名也』，云『昔人已乘白雲去』，則非乘鶴矣。《圖經》載費文禕登仙駕鶴於此，《齊諧志》載仙人子安乘黄鶴過此，皆因黄鶴而爲之説者，當以顥之自注爲正。」

緑野堂

唐鄭處誨《明皇襍録》云：「開元中，樂工李龜年、彭年、鶴年兄弟三人，皆有盛名。彭年善舞，鶴年、龜年善歌。特承顧遇，於東都大起第宅，僭侈之制踰於公侯。宅在東都通遠里，中堂制度甲於都中。」其下有原注云：「今裴晉公移於定鼎門内，別墅號緑野堂。」「緑野」之名千古美談，安知其始乃李龜年之故居乎？

六一堂

宋周煇《清波襍志》云：「歐陽文忠公父鄭公任緜州推官日，生文忠。後有謝固居是官，於治所之左葺一堂，號『六一』。唐子西賦長歌，有『即彼生處所，館之與周旋』之句。」按：今人止知有杭州之六一泉，不知有緜州之六一堂。一慶其生，一哭其死。

竹樓雪堂

宋朱弁《曲洧舊聞》云：「安詠字信可。宣和初守齊安，下車訪東坡雪堂，遺址雖存，木瓦已爲兵馬都監拆〔一〕而爲教場亭子矣。信可即呼都監責之，且命復新之。」

又云：「王元之在黄日，作《竹樓》與《無愠齋記》。信可始至，訪其齋，則已爲馬廄〔二〕矣；求其記文，則庖人取其石壓羊肉。信可皆復其舊，而以其記龕之於壁。」觀此二事，則居官者有所營造，仍必視其人爲輕重。使非王、蘇二公所爲，雖安君亦不復顧問。所營建者，安知不長爲教場亭子，而大書深刻之石亦終爲庖人壓肉而已。

徐十郎家

國朝王漁洋《香祖筆記》云：「南唐二徐，鉉無子，鍇有後人，居攝山前開茶肆，號『徐十郎家』。王鋞性之常訪之，鉉、鍇告敕具在。」

〔一〕拆，原訛「折」，據《曲洧舊聞》卷九改。
〔二〕廄，《曲洧舊聞》卷九作「廐」。

邵康節宅契

宋周煇《清波襍志》云：「邵康節居洛陽，宅契，司馬温公户名；園契，富鄭公户名；莊契，王郎中户名。或謂田宅乃三公所予者，特未知王之名，當亦是元祐閒人。」按：今人田宅稱某人户下，亦承宋人之舊也。

邵伯温《聞見前録》云：「嘉祐七年，王宣徽尹洛，就天宮寺西、天津橋南五代節度使安審珂宅故基，以郭崇廢宅遺材爲屋三十間，請康節居之。富鄭公又命其客孟約買對宅一園，皆有水竹花木之勝。熙寧初，行買官田之法，天津之居亦官地。榜三月，人不忍買。諸公曰：『使先生之宅他人居之，吾輩蒙恥矣。』于是司馬温公而下集錢買之。今宅契司馬温公户名，園契富鄭公户名，莊契王郎中户名，康節初不改也。」

吕文穆讀書龕

宋吴處厚《青箱襍記》云：「洛陽龍門有吕文穆讀書龕，云文穆昔嘗棲偃於此。」今棃園演呂蒙正破窰事，亦非無因。

葉夢得《避暑録話》云：「呂文穆公父龜圖與其母不相能，併文穆出之，衣食不給。龍門山利涉院僧識其爲貴人，延致寺中，爲鑿山巖爲龕居之，文穆處其閒九年。其後諸子即石龕爲祠堂，名曰肄業，富韓公爲作記。」

宅子

宋王銍《默記》云：「先公與閻二丈詢仁同赴省試，遇一少年於相國寺，乃王元澤也。詢仁問荆公出處，答曰：『大人久病，非有他也。近以朝廷恩數至重，不晚且來。雱不惟赴省試，蓋大人先遣來京尋宅子耳。』」按：今時京朝官寓京師謂所居曰「宅子」，宋時已然。

酒樓紅牆

宋朱弁《曲洧舊聞》云：真定康敦復語予云：「河東見所在酒壚皆飾以紅牆，不知其所始。

後讀《李留臺集》有《懷湘南舊遊》詩云：『静尋緑徑煎茶寺，偏上紅牆賣酒樓。』則湖南亦有之，不獨河東也。」按：酒樓紅牆與紅衣垂釣何異？宜明以來不復有此也。

一字廳

國朝李斗《揚州畫舫録》云：「湖上廳事有以字名者，如一字廳、工字廳、之字廳、丁字廳、十字廳之類。」

客園

國朝陳玉璂《學文堂集》有《客園記》云：「陳子因所居西偏隙地種竹，累石、鑿池環繞其左右，名曰客園。園雖創於陳子，然凡陳子之客皆得往來坐卧于其閒，陳子不得而私也，故曰客也。」

按：陳子號椒峯，其集中又有《家舫記》云：「丁未秋，予出都門，買小舟歸江南，頗稱人意，因題其名曰『家舫』。予數年來浮淮絶泗，泝江而至洞庭，由江下越，南入於閩。今年又往來京師，自春而夏而秋。予之視此舟也，若將家焉，何不可以是名之邪？」以「客」名園，以「家」名舫，兩記參觀，頗有妙理。

蝸廬

國朝蒲立悳文集有《蝸廬記》云：「予門人黄搢方珽搆室於其書堂、先祠之閒，可置一牀一几，門之外尺許，即復有牆以護之，而其側更爲門以通焉。地狹而勢阻，外嚴而内曲，立其外不知其内之更有一境焉。旋而入宛，宛而上有蝸之象焉，予顔之曰『蝸廬』。」

按：蒲立悳字東石，即著《聊齋志異》蒲留仙之子。

十二闌干

國朝杜昌丁《藏行紀程》云：「初八日，行三十里，過螺螄灣十二闌干。路止尺許，連折十二層而上。兩騎相遇，則於山腰脊先避，俟過方行。高插天，俯視山溝深萬丈，絶險爲生平未歷。」

按：褚人穫《堅瓠集》引《聞見卮言》云：「南詔苗獠不解營宫室，倚樹架木以居。四周用長木横闌之，每面各三，禁猛獸不得越而入，此所謂『十二闌干』也。後入唐人詩料，遂與流蘇、珠箔相附而行，豈復知爲蠻獠荒陋之用乎？」乃今讀杜氏《藏行紀程》，「闌干十二」又有此一義，自來言「闌干」者所未識也。

塌房

元吴自牧《夢粱録》云：「城郭内北關水門裹有水路，週迴數里。富豪内侍諸司等人家于水次造塌房數十所，爲屋數千閒，專以假賃與市郭閒鋪席宅舍及客旅寄藏物貨并動具等物。四面皆水，不惟可避風燭，亦可免偷盗，極爲利便。」按：今無此等屋，且「塌房」之義亦不知何解也。

浴堂

國朝李斗《揚州畫舫録》云：「浴池之風，開於邵伯鎮之郭堂。後徐寧門外之張堂效之，城内之張氏復於興教寺效其製，由是四城内外皆然。並以白石爲池，方丈餘，間爲大小數格。其大者近鑊水熱，爲大池，次者爲中池，小而水不甚熱者爲娃娃池。」按：浴堂各處有之，而見於記載則惟此書爲詳。「郭堂」「張堂」竟爲浴堂之祖，但未知如京師、如蘇州各浴堂又爲誰氏所創始也。

又按：其所載諸浴堂之名有「小蓬萊」「廣陵濤」「白玉池」「清纓泉」之名，亦極文雅，可入詩也。

茶香室叢鈔卷二十

禹鼎有陰陽之分

晉王嘉《拾遺記》云：「禹鑄九鼎，五者以應陽法，四者以象陰數。使工師以雌金爲陰鼎，以雄金爲陽鼎。」按：《左傳》但言「九牧貢金」，不言金有雌雄；但言「鑄鼎象物」，不言鼎有陰陽。

項羽刀

梁陶弘景《刀劍録》云：「董卓少時耕野，得一刀，無文字，四面隱起作山雲文，劚玉如泥。及卓貴，示五官郎將蔡邕。邕曰：『此項羽之刀也。』」

諸葛瓦

國朝梁章鉅《浪跡叢談》云：「四川成都貢院相傳是蜀漢宫基，至公堂上瓦，尚多舊物，質堅而細，可以爲研。每方縱横皆尺餘，旁有小字云『臣諸葛亮造』。素禁竊匿，故士子出場亦必搜檢。後因防範非易，於乾隆三十年盡行拆卸解京。此《一斑録》所據蜀人之言，并云伊家尚有瓦一片，不知確否。」

石季倫家鐵甎

國朝吴長元《宸垣識餘》云：「北京工部廳前有鐵甎，相傳爲石季倫家舊物。」

梁武帝硯銘

《梁武帝集》有《硯銘》，止八字，反覆讀之，皆成韵語，今録於左：

音模德寫

假墨圖心

「音模德寫，心圖墨假」一讀也，「模德寫心，圖墨假音」二讀也，「德寫心圖，墨假音模」三讀也，「寫心圖墨，假音模德」四讀也，「音假墨圖，心寫德模」五讀也，「假墨圖心，寫德模音」六讀也，「墨圖心寫，德模音假」七讀也，「圖心寫德，模音假墨」八讀也。

《梁簡文帝集》有《紗扇銘》，亦同此體，今亦録於左：

風　發　曜　光　炫　月　照　霜

楊太真玉磬

唐鄭棨《開天傳信記》云：「太真妃最善擊磬，雖太常梨園之能人，莫能加也。玄宗令採藍田緑玉琢爲磬。及幸蜀還，樂器多亡失，獨玉磬偶存。上顧之，悽然不忍，令載送太常署，至今藏於太樂署正聲庫。」按：自來詠楊妃者罕及玉磬事。

事亦見《太真外傳》。又《外傳》載太真侍兒紅桃娘，及上皇既居南内，紅桃猶在，亦人所罕知。

陳摶酒杯

宋張唐英《後蜀紀事》云：「孟昶時，中書舍人劉光祚獻蟠桃核酒杯，云得于華山陳摶。」

玉柱斧

宋蔡絛《鐵圍山叢談》云：「太上晚歲雖倦勤，然命相猶自擇日，在宣和殿親札其姓名於小幅紙，緘封垂於玉柱斧子上，俾小璫持之，導駕於前，自内中出至小殿，見學士始啓封焉。以姓名垂玉柱斧子，與唐人金甌覆之何異？」按：「金甌」事人所恒用，「玉斧」則罕知之矣。

葉夢得《石林燕語》云：「崇寧初，發崇政殿舊基，正中得玉斧，大七八寸，玉色如截肪，制作極工妙。今乘輿行幸，最近駕前所持玉斧是也。」「玉柱斧子」當即此斧。

宋時弓弩斗石數

《楓窗小録》云：「熙寧元年十月，詔頒河北諸軍教閲法，凡弓分三等：九斗爲第一，八斗爲第二，七斗爲第三。弩分三等：二石七斗爲第一，二石四斗爲第二，二石一斗爲第三。」

宋玉杯

國朝章有謨《景船齋襍記》云：「宋徽宗内府所藏玉杯三：其一名教子昇天，二名八面威風，三無名。其一、其三向在我松朱尚書旅溪家，孫少愚文巖得之，後歸其從兄文石司成。司成無子，以弟太學文泉子爲子，而寶器則司成夫人陸氏守之。萬曆壬午秋，陸氏卒。宗族無不垂涎其寶，乃訟太學君於浙平湖令，逮至圜扉。陸有顯者曰：『兩玉杯至，太學君還矣。』亟取獻之，出太學於獄。後四十年，太學之子本洽成進士，適陸之孫名鍾奇者以馬道衡謀叛案波及，陸氏歸璧於朱，鍾奇獲免。本洽以杯祭其父，即碎其杯於像前。」

世有《一捧雪》傳奇，皆知即太倉王氏《清明上河〔二〕圖》事，而不知何以變圖爲杯也。今觀此則知真有以玉杯賈禍者。

又按：《天水冰山録》有《清明上河〔三〕圖》，不知即王氏使黄彪所摹之贋本邪？抑嚴氏別覓得張擇端之真蹟也？

文公檜鼯臘墨

元李冶《敬齋古今黈》云：「東坡蓄墨，墨文有『文公檜鼯臘墨』六字者，自言不知其所謂。

〔二〕河，原作「湖」，據《三鈔》卷十六《清明上河圖第二本》改。

〔三〕河，原作「湖」，據《天水冰山録》改。

予以爲『文公檜』當是作者之姓名，『鼯鼲』則所造之歲月耳。鼯，鼠也，謂歲陽直子，鼲則十二月也。」按：「鼯鼲」之義未知如李氏所説否。余在詁經精舍曾以《鼯鼲墨賦》命題，其年爲丙子年，其時爲冬月，即用李氏説也。

朱子造墨

國朝陸烜《梅谷偶筆》云：「王玉衡藏古墨一挺，有『朱熹監造』字。」

元時庫中古物

元楊瑀《山居新話》云：「余爲太史院官時，吏云本院庫中有漢高祖斬白蛇劍。余按：晉太康中，武庫火已燬此劍，何緣更有？每欲過目，因循未果。又聞官庫有昭君琵琶，天曆太后以賜伯顏太師妻，今不知何往。又大都鐘樓街富民家藏宣聖履在焉。」

按：《文選》石季倫《王明君詞》一首，其序云：「昔公主嫁烏孫，令琵琶馬上作樂，以慰其道路之思。其送明君，亦必爾也。」然則「馬上琵琶」乃因烏孫公主而推之於昭君，想當然耳。安得有昭君琵琶流傳至元代哉？

沈萬三聚寶盆

國朝宋長白《柳亭詩話》云：「金陵水西門有豬龍爲患，相傳明祖以沈仲榮聚寶盆鎮之，乃止。」注云：「仲榮名富，行三，人因呼爲沈萬三。張三丰授以鑪火術，有『八百火牛耕夜月』之句。其富敵國，盆即鼎器也。」按：沈萬三聚寶盆，至今婦豎豔稱之，讀此乃知其有自也。

國朝褚人穫《堅瓠集》引《挑燈集異》云：「明初沈萬山貧時，夜夢青衣百餘人乞命。及旦，見漁翁持青蛙百餘，將事刲刳。萬山感悟，以鏹買之，縱於池中。嗣後喧鳴達旦，聒耳不能寐。晨往毆之，見俱環踞一瓦盆。異之，持歸，以爲盥手具。萬山妻遺一銀記於其中，已而見盆中銀記盈滿，不可數計。以金銀試之亦如是，由是財雄天下。」按：此當是俗傳之説。

脂粉箱

國朝商盤《質園詩集》有《宣德脂粉箱歌序》云：「明宣德窑脂粉箱二具，本宫中之物，散落民間。」

都丞盒

明人《天水冰山録》有《都丞文具》一條，列「銅水注」「銅筆架」等若干物，云「以上共貯都丞盒一箇内」。按：今人所用「都盛盤」即此也。據此應作「都丞」，但未詳「丞」字之義。

立饋

宋沈括《補筆談》云：「『大夫七十而有閣』，閣者板格，以皮膳羞，正是今之立饋。今吴人謂立饋爲厨者，原起於此。以其貯食物也，故謂之厨。」按：此條知今人呼「厨」爲「櫝」，當作「饋」，乃宋時「立饋」之名至今猶在人口者也。世俗不知其爲「立饋」之遺語，書作「櫝」字，誤也。「櫝」者篋也，與「厨」不同。

神樓

國朝王漁洋《香祖筆記》引《金陵瑣事》云：「神樓乃劉南坦尚書製爲修煉者，用篾編成，似陶靖節之籃輿。縣于屋梁，僅可弓卧，其上下收放之機，皆自握之，不須他人。文徵仲寫其圖，諸詞人多詠歌之，皆不得其旨。」按：「神樓」之名，余聞之久矣，亦不得其旨。疑是黄九煙「將就園」之比，故余詞有「幾處神樓空結想」之句。讀《香祖筆記》，乃始得之。

倒掖氣

國朝汪琬《説鈴》云：「劉比部體仁晨入朝，遇鬻羣兒嬉遊之具，俗所謂『倒掖氣』者。指揮從人買數枚，次第於馬上吹之，了無怍色。『倒掖氣』之名，見劉侗《帝京景物略》。」今未知尚有其物否。

鐵行者

宋張鎡《南湖集》有《鐵行者》詩，自注云：「阜林普濟院老僧每初睡時，以叉頭釘夾紙燭寘案上，名鐵行者。」其詩云：「僧舍生涯只且然，養他行者不須錢。龍潭莫問僧參得，吹滅燈時各自眠。」按：東坡以「木上坐」對「竹夫人」，得此則又增一佳對矣。

頗眩伽

宋王鞏《隨手雜録》云：「錢王有外國所獻頗眩伽寶，其方尺餘，其狀如水精，云可厭十里火殃。乃置於龍興寺佛髻中。餘杭數回禄，而龍興不可近也。皇朝改爲太平祥符寺。自唐至皇朝凡有十寶，此其一也。」

玉等子

宋張世南《游宦紀聞》云：「宣和殿有玉等子，以諸色玉次第排定。凡玉至，則以等子比之，高下自見。内帑有金等子，亦此法。」按：「金等子」今市肆尚有之，「玉等」則未之見。

玉活計

國朝李斗《揚州畫舫録》云：「蘇州玉工用碎玉鑲嵌屏風、挂屏、插架，謂之玉活計。」

翡翠

宋歐陽文忠公《歸田録》云：「余家有一玉罌，形製甚古而精巧。始得之，梅聖俞以爲碧玉，在潁州時嘗以示僚屬。坐有兵馬鈐轄鄧保吉者，真宗朝老内臣也，識之，曰：『此寶器也，謂之翡翠。』云禁中寶物皆藏宜聖庫，庫中有翡翠盞一隻，所以識也。」按：此知宋時翡翠貴重如此，士大夫家至不識何物，則難得可知矣。

國朝紀文達公《閲微草堂筆記》云：「余幼時，人參、珊瑚、青金石皆不貴。雲南翡翠當時不以玉視之，不過如藍田乾黄，强名以玉耳。今則以爲珍玩，價遠出真玉上。」是翡翠在國初時又不甚貴也。

耍金耍銀

《清異録》云：「劉鋹在國，春深令宮人鬭花，負者獻耍金耍銀買宴。」按：今謂游戲曰「耍」，觀此則其語亦古矣。

銠劢錢

宋洪遵《泉志》引陶岳《泉貨録》云：「王審知鑄大鐵錢，闊寸餘，甚麤重，亦以『開元通寶』

爲文，以五百文爲貫，俗謂之『銠劢錢』，與銅錢竝行。」按：二字音義未詳。

猛火油

宋張世南《游宧紀聞》云：「唐顯德五年，占城國王遣使者來貢猛火油八十四瓶、薔薇水十五瓶。猛火油以洒物，得水則出火；薔薇水洒衣，雖弊而香不滅。」按：「猛火油」疑即今「洋油」之類。今洋油得水則益熾，因有「得水則出火」之説矣。

宋王得臣《麈史》云：「宋次道《東京記》説八作司之外，又有廣備攻城作，其作凡十一目，所謂火藥、青窑、猛火油、金火、大小木、大小爐、皮作、麻作、窑子作是也。」據此則「猛火油」宋時能作之。

宋蔡絛《鐵圍山叢談》云：「舊説薔薇水乃外國採薔薇花上露水，殆不然。實用白金爲甑，採薔薇花蒸氣成水，屢採屢蒸，積而爲香。」按：此即今蒸諸花露之法。

地老鼠

《齊東野語》載：「穆陵初年，嘗於上元日清燕殿排當，恭請恭聖太后。既而燒煙火於庭，有所謂地老鼠者徑至大母聖座下。大母驚惶，拂衣徑起。」按：今煙火戲中尚有此名。

桂管布衫

《玉泉子》云：「夏侯孜爲左拾遺，常著桂管布衫朝謁。文宗問孜衫何太麄澁，具言桂管産此布，厚可以禦寒。他日上問宰相：『朕察拾遺夏侯孜必貞介之士。』宰相曰：『其行今之顔、冉。』上嗟嘆，亦效著桂管布。滿朝皆倣之，此布爲之驟貴。」按：此即今之木綿布也，唐時已盛行。丘瓊山謂元時始入中國，何歟？

羽紗羽緞

國朝王漁洋《香祖筆記》云：「羽紗羽緞出海外荷蘭、暹羅諸國。康熙初入貢止一二疋，葢緝百鳥氄毛織成。」按：近世所謂「羽紗羽緞」者襲其名，而非復是物矣。

福色

國朝李斗《揚州畫舫録》云：「揚郡著衣尚新樣，近用膏粱紅、櫻桃紅，謂之福色，以福大將軍征臺匪時過揚著此色也。」按：「福色」之名今猶沿之，莫知其由福大將軍得名矣。

繡袴繡裹肚

《老學庵筆記》云：「祖妣楚國鄭夫人有先左丞遺衣一篋，袴有繡者，白地白繡，鵝黄地鵝黄繡，裏肚則紫地皁繡。祖妣云當時士大夫皆然也。」

鷫鷞巾

宋劉敞《公是集》有《鷫鷞巾》詩，自注云：「余率意作之，以便當暑，其形製如燕也。」

嬾版

宋費衮《梁谿漫志》云：「東坡北歸，至儀真，得暑疾，止於毗陵顧塘橋孫氏之館，氣寖上逆，不能卧。時晉陵邑大夫陸元光獲侍疾卧内，輟所御嬾版以獻。縱横三尺，偃植以受背，公殊以爲便，竟據是版以終。後陸君之子以屬蒼梧胡德輝爲之銘，有云：『木君戚施，匪屏匪几。詒萬子孫，無曰不祥之器。』」余年來亦常苦氣逆，卧必高枕，亦擬仿嬾版之制爲之，但不知將來有胡德輝爲作銘否。

安哉

漢蘭臺令《李尤集》有《安哉銘》云：「安哉令名，甘旨是盛。埏埴之巧，甄陶所成。食彼美珍，思此鹿鳴。」「安哉」不知何物，當是陶器而盛飲食者。

《方言》云：「盂謂之榼，河濟之間謂之盌𥂕。」「安哉」疑即「盌𥂕」也。

罍

唐許渾詩曰：「橘邊沽酒半罍空。」是「罍」字可入詩。

盞子

邵康節詩：「大盞子中消白日，小車兒上看青天。」「盞子」謂酒盞也，今作「酒醆」，非是。

宋周密《武林舊事·御教儀衛次第》有「酒鱉子」，則其字已作「鱉」矣。

刀兒

明劉若愚《酌中志》云：「刀兒，小牙筯一雙，小尖刀一把，長六七寸不等，銀鑲鯊魚皮等鞘，以紅絨辮繫束於衣左牌繐之上，以昭近臣殊寵，非外衙門所敢望也。」按：此刀今尚有之，在明時實爲内官所佩，非士大夫所用也。

剔齒纖

國朝喬松年《蘿藦亭札記》云：「陸雲與兄機書記曹公器物有剔齒纖。此即今所用剔齒之牙籤。」

按：《陸清河集·與兄平原書》第一通云：「疏枇剔齒纖綖皆在。」第四通云：「取其剔齒殲一箇，今以送兄。」字有「纖」「殲」之異，未知有誤否。

國朝王之春《椒生隨筆》云：「道光間，蘇州山塘有老夫婦，削柳木爲剔牙籤，以此致小康。近讀趙文敏詩云：『食肉先尋剔齒籤。』則宋、元時已有之矣。」按：趙詩正本《陸清河集》也。《陸集》所言「曹公器物」，又有「拭目黄絮二」。

羽扇

晉《傅〔一〕咸集》有《羽扇賦》，其序云：「吴人截鳥翼而摇風，既勝於方圓二扇，而中國莫有生意，滅吴之後，翕然貴之。」按：此知羽扇始於南中也。

撒扇

明宦官劉若愚《酌中志》云：「撒扇，其制用木柄，長尺餘，合竹作小骨二十餘根，用藍絹糊

〔一〕傅，原訛「傳」，據《傅中丞集》改。

裱兩面，皆撒大塊金箔，放則遮日，收則入囊。自司禮監掌印至管事牌子，皆於宫中夏日用之，只可取陰，不能取風。」按：此似摺疊扇而非。

國初所用之扇

國朝王漁洋《香祖筆記》云：「二十年來，京師士大夫不復用金扇。初則尚金陵仰氏、伊氏素紙扇，繼又尚青陽扇、武林各色夾紗扇。未幾廢而不行，獨尚曹氏靴扇、溧陽歌扇。」按：此等扇名，今世無復知者矣。余謝徐花農贈竹扇詩云：「武林舊夾紗，止堪伊仰伍。」讀者多不解也。

轎音橋

國朝徐昂發《畏壘筆記》云：「《班史》淮南王上書云：『輿轎而踰嶺。』服虔注：『轎音橋。』臣瓚曰：『今竹輿也。』師古曰：『服音、瓚説是。』今轎字俗作去聲，不復知有橋音矣。」

藍輿之輿讀去聲

國朝宋長白《柳亭詩話》云：「右丞《酬嚴少尹徐舍人見過不遇》詩：『偶值乘藍輿，非關避白衣。』『藍』字從草，對『白』，『輿』作仄聲。」

按：《廣韵》九《御》有「輿」字，亦注云「車輿」，則「輿」字自可讀去聲也。其「藍字從草」未詳。

鼠尾轎

宋王銍《默記》云：「王荆公居蔣山，聞陳秀公來，以二人肩鼠尾轎迎於江上。」按：「鼠尾轎」當是轎之極小者，未知其制云何。

椶船

國朝張尚瑗《石里褀識》云：「庚午、辛未間，有彝陵嚴總戎者歸吴門，師心造奇，以椶覆船，施于山塘游舫之上，製似茅亭，體方而船身宜長，乃於前後積土栽花，隨時易之，又如小亭閒榭矣。華亭靖逆侯喜而傚之，遂盛傳江左。」按：此亦雅製，足與西湖「浮梅檻」並傳也。

西湖船用布帆

元張天羽《貞居詞》有《太常引》一闋，注云：「漫翁新製畫舫，予爲名其舫曰『浮家泛宅』。翁姓李，字仁仲。湖船用布帆自李始。其詞有云：『生怕在樓居，也用著風帆短蒲。』」是西湖船亦有用帆者，今則無矣。

元吴自牧《夢粱録》云：「賈秋壑府車船，船棚上無人撑駕，但用車輪腳踏而行，其速如飛。」是西湖不特有帆船，且有輪船也。《夢粱録》又云：「西湖中大小船隻不下數百。有一千料者，約長二十餘丈，可容百人。」按：此等大船今則無矣。

曹船

國朝李斗《揚州畫舫録》云：「曹大保性好游，每日放舟湖上。嘗以木蘭一本斲爲划子船，長二丈二尺，廣五之一。入門方丈，足布一席，屏間可供卧吟，屏外可貯百壺。兩旁帳幔，花晨月夕，如乘彩霞而登碧落。若遇驚飈蹴浪，顛橋〔一〕平橋，則卸闌捲幔，輕如蜻蜓。湖上人呼之曰『曹船』。」

木脚道

宋趙溍《養疴漫筆》載：「曹彬、潘美伐江南，城既破，李煜白衫紗帽見二公。二公召煜飲茶，船前獨設一木脚道，煜徘徊不能進。」按：此即今所謂「跳版」也。

〔一〕 橋，《揚州畫舫録》卷五作「樹」。

大木栰

宋陸游《入蜀記》云：「大江遇一木栰，廣十餘丈，長五十餘丈。上有三四十家，妻子、雞犬、臼碓皆具，中爲阡陌相往來，亦有神祠。舟人云：『此尚其小者耳，大者於栰上鋪土作蔬圃，或作酒肆。』」按：如此大栰，真可謂浮家矣。不知今尚有之否。

海船用櫓

明朱國楨《湧幢小品》載：「出使琉球之舟，櫓用三十六枝，風微逆，或求以人力勝，備急用也。」是海船亦用櫓。

順風耳

國朝查慎行《人海記》云：「順風耳，西洋巧工所製。以銅爲管，節節相續，約長丈餘，如千里鏡之式。虚其中，口大而末小。向空中傳語，自上而下，或自下而上，相去五六里，聲息相聞。」然今西法盛行於中土，而此器無聞焉。葢其傳語之巧，又有百倍於此者矣。

古人奇巧之器

晉陸翽《鄴中記》云：「石虎有指南車及司里車。又有舂車，木人及作行碓于車上，車動則木人踏碓舂，行十里，成米一斛。又有磨車，置石磨于車上，行十里，輒磨麥一斛。中御史解飛、尚方人魏猛變所造也。」

又云：「嘗作檀車，作金佛像坐於車上，九龍吐水灌之。又作木道人，恒以手摩佛心腹之間。又十餘木道人，長二尺餘，皆披袈裟繞佛行，當佛前輒揖禮佛；又以手撮香投爐中，與人無異。車行則木人行，龍吐水，車止則止。亦解飛所造也。」按：解飛、魏猛變之巧，雖古偃師無以過。可見中國古來自有此巧人矣。

國朝李斗《揚州畫舫録》云：「天雷壇在小金山後，祀吕祖，有木鶴，首能運動，子時首向外，午時首向内，因名曰子午鶴。」按：此亦必有機巧存乎其中。

茶香室叢鈔卷二十一

炮鳳烹龍

明宦官劉若愚《酌中志》云：「凡遇大典禮，司禮監催督光禄寺備辦茶飯，有所謂『炮鳳烹龍』者，鳳乃雄雉，龍則宰白馬代之。」

騎驢酒

後魏楊衒之《伽藍記》云：「河東人劉白墮善釀酒，京師朝貴遠相餉饋，踰於千里。以其遠至，號曰『鶴觴』，亦名『騎驢酒』。永熙中，南青州刺史毛鴻賓齎酒之番，路逢劫，賊盜飲之即醉，皆被擒獲，因此復爲擒奸酒。游俠語曰：『不畏張弓拔刀，惟畏白墮春醪。』」按：「劉白墮」之名甚著，即「鶴觴」故事人亦習知之，至「騎驢」之號、「擒奸」之稱，則知者寥寥矣。

《水經注》云：「民有姓劉名墮者，宿擅工釀，採挹河流，醖成芳酎。」「劉墮」即劉白墮也。

蟹黄水

宋周煇《清波雜志》云：「泰州雪醅著名，蓋用州治客次井蟹黄水，蟹黄不堪他用，止可供釀。紹興閒，有至都下用西湖水釀成，頗不逮。有詰之者，云：『蟹黄水重，西湖水輕。』」按：「蟹黄水」名色其新，世罕有用此事者。

簇酒

唐馮贄《雲仙雜記》云：「辛洞好酒而無資，常攜榼登人門，每家取一盞投之，號爲簇酒。」又云：「伊處士從衆人求尺寸之帛，聚而服之，名曰斂衣。」按：此二事正堪爲對。

空飯

《太平廣記》引《廣古今五行記》云：「唐定州安嘉縣人王珍斷肉食，以咸亨五年入海運。船上無菜，人皆食肉，珍不食，惟湌空飯而已。」按：此即今人所云「白飯」。

團油飯

《老學庵筆記》引《北户録》云：「嶺俗，家富者婦産三日或足月洗兒，作團油飯，以煎魚蝦、雞鵝、猪羊灌腸、蕉子、薑、桂、鹽豉爲之。此即東坡先生所記『盤游飯』也。二字語相近，必傳者之誤。」按：今人知「盤游飯」，不知「團油飯」矣。「灌腸」未詳。

饅頭

宋張世南《游宧紀聞》引雲林先生黄長睿云：「饅頭當用『䅲頭』，見束皙《餅賦》。」按：《廣韻》二十六《桓》有「糫」字，注曰：「糫頭，餅也。」又有「饅」字，注曰：「俗。」則自以作「糫」爲近古矣。國朝盧文弨跋此書，乃云「字書不見有糫字」，何也？

饅頭不可多食

宋龔鼎臣《東原録》云：「樞密學士張公奎嘗言，頃在疾告，既愈，仁宗問：『因何得疾？』公曰：『因食饅頭。』仁宗曰：『饅頭豈是多食之物邪？』」余食饅頭往往成疾，今則并不能食矣，書此自歎。

水飯

南唐劉崇遠《金華子襍編》云：「鄭傪爲江淮留後。一日早辰，其妻少弟至妝閤，問其姊起居。姊方治妝未畢，家人備夫人晨饌於側，姊謂其弟曰：『我未及餐，爾可且點心。』止于水飯數匙。」按：「水飯」即粥也。今南人多於早辰喫粥，此風古矣。

宋《杜清獻公文集》有奏劄云：「今范鍾令臣粥後過堂議事，臣精力雖未强，只得勉從其言，在初八日粥後一往。」然則晨起啜粥，宋時且形之奏牘也。

小八珍

國朝李斗《揚州畫舫録》云：「酒店之類賣小八珍，皆不經煙火物。如春夏則燕筍、牙筍、香椿、早韭、雷菌、萵苣，秋冬則毛豆、芹菜、冬筍、醃菜，水族則鮮蝦、螺螄，牲畜則凍蹄、版鴨、鷄炸、薰鷄，皆門户家軟盤，達旦弗輟也。」按：陸放翁詩有「野八珍」之語，可以並傳矣。

未酉亥脾肫

宋黄庭堅《宜州家乘》云：「正月二日，作未酉亥脾肫。」按：此當是雜羊肉、雞肉、豬肉爲之，故以「未酉亥」爲名。《清異録》有「丑未觴，用雍酥棧羊筒子髓置醇酒中」，其名正與相近。

消夜果子

元吴自牧《夢粱録》云：「除夕，内司意思局進呈精巧消夜果子合，合内簇諸般細果、時果、蜜煎、糖煎等品。」按：今杭俗猶有「消夜果子」之語，不知其爲除夕事也。

茶湯

宋無名氏《南窗紀談》云：「客至則設茶，欲去則設湯，不知起於何時，上自官府，下至閭里，莫之或廢。有武臣楊應誠獨曰：『客至設湯，是飲人以藥也。』故其家每客至，多以蜜漬橙木瓜之類爲湯飲客。」按：客至設茶，至今仍之，湯則久廢矣，且不知當日上下通用之湯爲何等湯也。

文思豆腐

國朝李斗《揚州畫舫録》云：「枝上村天寧寺西園，下院也，僧文思居之。文思字熙甫，工詩，又善爲豆腐羹、甜漿粥。至今效其法者謂之『文思豆腐』。」

蜂糖餻

國朝許宗衡《玉井山館筆記》云：「余以胃病不晚食，申刻食蜂糖餻數片，佐以甌粥。蜂糖餻以麪與糖蒸之，麪作小窠如蜂房然。閲周公謹《武林舊事》，其《市食》一條，餻名有蜂糖者，是南宋時臨安已有此名。别有小甑餻，殆即揚州之甑兒餻。」按：今吴下有所謂「蜜蜂餻」者，或即蜂糖之遺製乎？然以米粉爲之，不以麪也。至「甑兒餻」，則吴下亦有之。余晨起或以此代粥，嘗有句云：「家常只喫大鍋菜，胃薄惟宜小甑餻。」

二韭十八

《洛陽伽藍記》云：「後魏陳留侯李崇爲尚書令儀同三司，富傾天下。而性儉吝，食常無肉，止有韭茹、韭葅。崇家客李元祐語人云：『李令公一食十八種。』人問故，曰：『二韭十八。』

聞者大笑。」按：庾杲之食二十七種，人習知之，而罕知有此。

日本人梁緯，字星巖，有詩曰：「庾郎三九李侯二，未礙寒廚并薦之。」合二典并用。

海哩嵰

國朝吳長元《宸垣識餘》云：「明制，冬至日賜諸臣甜食一盒，凡七種，一松子海哩嵰。嵰字諸字書不載，今亦不識海哩嵰爲何物也。」

茗飲始於南人

後魏楊衒之《伽藍記》載楊元慎口含水噀陳慶之云：「吳人之鬼，住居建康。小作冠帽，短製衣裳。自呼阿儂，語則阿傍。菰蒲爲飯，茗飲作漿。呷啜鱒羹，唼嗍蟹黄。手把豆蔻，口嚼檳榔。乍至中土，思憶本鄉。急急速去，還爾丹陽。」按：楊元慎北魏人，陳慶之南齊之使臣也，嘲語可謂酷肖。觀此知彼時南中已盛行茗飲，而豆蔻、檳榔爲南人所嗜，自昔然矣。

《伽藍記》又云：「王肅字恭懿，琅琊人也。初入國，不食羊肉及酪漿等，常飯鯽魚羹，渴飲茗汁。時給事中劉鎬慕肅之風，專習茗飲。彭城王謂鎬曰：『卿不慕王侯八珍，好蒼頭水厄。海上有逐臭之夫，里内有學顰之婦。以卿言之，即是也。』自是朝貴燕會雖設茗飲，皆恥不復食，惟江表殘民遠來降者飲焉。」按：此則茗飲之始於南人審矣。

又按：自來言茗飲者，每引王濛水厄故事，而不知「水厄」二字又見於此，蓋其時北方亦習聞王濛事，故以爲口實也。下文又云：「後蕭衍子西豐侯蕭正德歸降，時元義欲爲設茗，先問：『卿於水厄多少？』正德不曉，答曰：『下官雖生於水鄉，而立身以來，未遭陽侯之難。』舉坐大笑。」則此語盛傳於北，而南人轉有不知者矣。

杭州蘇州茶

唐陸羽《茶經》云：「浙西、湖州上，常州次，宣州、杭州、睦州、歙州下，潤州、蘇州又下。」按：今杭州之龍井茶、蘇州洞庭山之碧螺春茶皆名聞天下，而在唐時則皆下品也。又杭州注云「生天竺、靈隱二寺」，然則當時龍井亦未知名。

閔茶

閔茶有二：一在九華山，相傳地藏卓錫九華，有閔長者家居山中，性喜施與，地藏就之募一袈裟地，遂將閔氏田園山宅一罩而盡。長者曰：「既諾無悔，但置我何地？」地藏擲丹砂，使長者闔舍以白日拔宅飛昇。其宅今爲梵殿，其畦今號閔園。茶出於此，故以名之。一在休寧，萬曆末閔汶水所製，其子閔子長、閔際行繼之。既以得名，亦以獲利，市於金陵桃葉渡邊，名花乳齋。董文敏以「雲腳閒勳」顔其堂，陳眉公爲作歌，詳見國朝劉鑾《五石瓠》。余與皖南北人多相識，而未得一品閔茶，未知今尚有否也。

清泉白石

明都穆《都公談纂》云：「倪元鎮素好飲茶，在惠山中，粉胡桃及雜果成膏，切置茶内，名清泉白石。」

敷于散

宋趙彦衞《雲麓漫鈔》云：「正月旦日，世俗皆飲屠蘇酒，自幼及長。梁宗懔《荆楚歲時記》云：『是日進椒柏酒，飲桃湯，服却鬼丸、敷于散，次第從小起。』則知『敷于』音訛轉而爲『屠蘇』。」按：此説人所罕知。又云：「『小歲』訛而爲『從小起』。」未詳其説。

牛黄清心丸

《癸辛雜識》云：「和劑局方乃精集諸家名方，至提領以從官内臣參校，可謂精矣。然差舛亦不少，且以牛黄清心丸言之，凡用藥二十九味，寒熱訛雜，殊不可曉。一名醫云：此方止是前八味至蒲黄而止，自乾山藥以後凡二十一味乃補虚，名中山芋丸，當時誤寫在此方之後，因循不曾改正。」據此知古方流傳亦不可恃，甚矣醫之難言也。

聖散子

武英殿叢書《蘇沈良方》第三卷載有《聖散子方》，共二十味，末附識陳無擇之言曰：「此藥似治寒疫，因東坡作序，天下通行。辛未年，永嘉瘟疫，被害者不可勝數。今録以備療寒疫，用者宜審究其寒温二疫，無使偏奏也。」

國朝錢曾《讀書敏求記》云：「《聖散子方》一卷。此方不過二十八味，諸病俱可治。東坡得之於眉山人巢穀，惜其方世罕之見。郭五常得之於都憲袁公，爲梓行於鄖陽。」《聖散子方》自坡公爲之作序，士大夫多知之，而不知用之不當，亦以爲禍。余生平喜爲丸散以施人，書此亦以自鑒也。

人參貴紅賤白

國朝吴振臣《寧古塔紀略》云：「人参多如吾鄉之桃李，草本方梗，對節生葉。葉似秋海棠，六七月間開小白花，八月結子，似天竹子，生於深山草藂中，較他草高尺許，以八九月間者爲最佳。生者色白，蒸熟輒帶紅色，紅而明亮者，其精神足爲第一等。今之醫家以白色者爲貴，謂其土不同，故有此二種，大謬。凡掘參之人一日所得，至晚便蒸，次日曬於日中。曬乾後有大有小，有紅有白，並非地之不同，總因精神之足不足也。故土人貴紅而賤白。」

按：高麗參亦然。余親家翁彭雪琴尚書言，有人贈以高麗參，大幾如小兒臂，一種紅，一種白，白者賤而紅者貴。尚書不受，未知其功效如何也。

人參在本地不效

國朝吴振臣《寧古塔紀略》云：「參在本地，服之不效。予父初到寧古塔時，以參半斤煎服，反瀉半日，不可解也。」按：吴振臣之父即吴漢槎，漢槎以科場事遣戍，生振臣於戍所。

高麗人參

唐陸羽《茶經》云：「猶人參，上者生上黨，中者生百濟、新羅，下者生高麗。」按：此則唐時已有高麗人參，但以爲下品耳。

又云：「有生澤州、易州、幽州、檀州者，爲藥無效。」然則唐時人參出處甚多。

金汗、鉛汗

國朝納蘭成德《渌水亭雜識》云：「以藥汁蒸取黄金之汗，以治火病，其效如神。明末宿將曾有之，嘗以示客，狀如麻油，自云：『攻南方時，有大將被銃傷垂死，與二匙即愈。』鉛汗亦可用噎隔者，進之直下無阻。」按：今西人以鐵汁治病，即此法也。明末已有之，則亦非出於西人矣。

土石化麪

宋龔鼎臣《東原録》云：「元豐三年，河朔、京東饑，時予守青社，南山中土石化爲麪，可作餅餌，因此全活甚多。」按：近有所謂「觀音粉」者，即此類也。

地雞、地鴨

宋無名氏《鬼董》云："嘉定戊寅冬，廣西諸司奏知欽州林千之食人事。始千之得末疾，有道人教以童男女肉强人筋骨，遂捕境内男女，腊而食之，謂之地雞、地鴨。"按：以士大夫而至於食人，亦可怪矣。"地雞、地鴨"其名甚新，後此獄久不決，千之竟得不死。宋政之不綱，於此可見。

茶香室叢鈔卷二十二

子産墓柏

《水經·㶁水篇注》云：「東逕陘山北，山上有鄭祭仲冢。冢西有子産墓，累石爲方墳，墳東有廟，並東北向鄭城，杜元凱言不忘本際。廟舊有一枯柏樹，其廛根故株之上，多生稚柏成林。」按：人知孔明廟前之柏，不知子産墓前之柏也。

余葬亡室姚夫人於錢唐右台山，并自營生壙，亦東北向，以德清在杭州東北，故有詩云：「鄉山仍可望重泉。」亦「不忘〔一〕本際」之意，竊比子産矣。

〔一〕 忘，原訛「望」，據蔡啟盛《校勘記》改。

武侯祠前大柏至宋猶存

杜少陵詩所云「孔明廟前有老柏」者，此柏至宋猶在。宋人失名《儒林公議》云：「成都諸葛武侯祠前有大柏，唐相段文昌有詩石刻在焉。唐末漸枯，歷王建、孟知遠二僞國，不復生。皇朝乾德五年丁卯夏五月，枯柯再生，時人異焉。三國至乾德丙寅，歷年一千二百餘年。」按：段詩刻石，而至今惟知有杜詩，亦猶韓碑改用段碑，而膾炙千古者仍韓碑也。文章之不可假借如此。

東坡竹

國朝宋長白《柳亭詩話》云：「富川有東坡竹，相傳大蘇過此，嘗以題壁餘墨洒叢竹間，其新篁枝葉俱帶墨痕。」自注云：「見《九江志》。」按：此可與湘妃淚竹並傳矣。

夫人竹

國朝陳鼎《竹譜》云：「夫人竹産漢陽桃花洞息夫人祠側。伐竹忌男子持斤，男子伐之，竹寸寸裂，女子伐之則完。君子曰：『竹之貞者也，宜以夫人呼之。』」按：自來詠息夫人者止言桃花，無言竹者。據劉向《列女傳》，夫人固烈女子也，千載之下猶有此竹以表貞萋，足爲桃花夫人一洗之矣。

竷竹

國朝王漁洋《香祖筆記》云：「雪峰百里間，多竷竹筍，味甚美。考戴凱之作記，無竷竹。竷音豁，字書云：『空大也。』」

月月竹

國朝陳鼎《竹譜》云：「月月竹，月生一筍，歲十二次，逢朔則筍生，晦日則籜脱盡而葉舒矣。産嘉定州。」按：此竹人亦罕知者，惜未言其遇閏何如也。

筍王、筍將

國朝景星杓《山齋客談》云：「甬東竹多作筍脯，俗呼毛筍。每歲出巨筍一枝，曰筍王。必有二筍傍出，差弱於王，曰筍將。其形必有異於凡筍，籜稍如錦帶，長有尺餘，出土即能辨之，誤劚之不祥。」

宋人猶不以木樨爲桂花

宋張邦基《墨莊漫録》云：「木犀花江浙多有之，一種色黄，一種色白。湖南呼九里香，江東曰巖桂，浙人曰木犀，以木紋理如犀也。古人殊無題詠，不知舊何名，故張芸叟詩云：『竚馬欲尋無路入，問僧曾折不知名。』」據此條，知宋時雖湖南有巖桂之名，然猶不竟呼木犀爲桂也。

國朝王漁洋《香祖筆記》引《南園漫録》云：「桂有桂樹之桂，有桂花之桂。桂樹則楚詞『桂酒』『箘桂』之類，今醫藥所用，取其氣味甘辛，乃尚其皮也；桂花則詩詞所云，今人家園囿所植，取其香氣郁烈，乃尚其花也。類書所載皆未別白，雖《白孔六帖》亦然。」

松羔

國朝梁同書《日貫齋塗説》云：「元遺山《種松》詩『百錢買松羔』，小松也。比松於羊，奇。」余謂小松稱「羔」，猶小魚稱「苗」。

柳絮不化萍

宋姚寬《西溪叢語》云：「絮中有小青子，著水泥沙灘上，即生小青芽，乃柳之苗也。東坡謂絮化爲浮萍，誤矣。」

牡丹花見於唐以前畫

唐李綽《尚書故實》云：「世言牡丹花近有，張公嘗言楊子華有畫牡丹處極分明。子華北齊人，則知牡丹花亦已久矣。」

秋冬牡丹

國朝朱象賢《聞見偶録》云：「康熙五十七年九月中，蘇州西禪寺内有牡丹一本，葉皆雕落，特開花一朵，淡紅鮮嫩，襍於菊花叢中。」

又景星杓《山齋客談》云：「康熙丁丑十月，東苑民家開牡丹一枝。」按：丁丑爲康熙四年，景乃杭人，東苑疑杭地也。

大小將軍

國朝王士禛《香祖筆記》云：「蜀青城山有牡丹二株，皆高三十丈，號大將軍、小將軍，見元人題跋。」牡丹花王，兹乃以「將軍」名之，亦奇稱也。

一品妃

國朝王漁洋《香祖筆記》云：「門人汪洪度有《詠一品妃》詩，自注云：『當歸花曾入禁苑，賜此名。』」

茯苓重三十斤

宋龔鼎臣《東原録》云：「真廟朝，汝州進茯苓一顆，重三十斤，宣示宰臣而下。」

長生果近代始有

國朝趙學敏《本草綱目拾遺》云：「落花生一名長生果。《福清縣志》云出外國，昔年無之，康熙初年，僧應元往扶桑覓種寄回。」

金鷄勒

國朝查慎行《人海記》云：「上常諭臣等云：『西洋有一種樹皮，名金鷄勒，以治瘧疾，一服即愈，用藥只在對證也。』」按：余同年勒少仲中丞極信此藥，云不止治瘧，兼可補胃。人或不之信，不知康熙時已入中國，且有聖祖此諭也。

赤山石絨

明包汝楫《南中紀聞》云：「赤山出石絨，織爲布，經火不然，即今火布是也。」按：《梁四公記》言「火浣布有二，一是火木之皮，一是火鼠之毛」。此云「石絨」，又一種矣。惜未言赤山所在。

昂威赫

國朝吴桭臣《寧古塔紀略》云：「混同江中出石砮，相傳松脂入水千年所化，有紋理如木質，紺碧色，堅過於鐵。土人用以礪刃，名爲昂威赫，即古肅愼氏所貢楛矢石砮是也。」按：此則肅愼石砮，非真石矣。

國朝楊賓《柳邊紀略》云：「楛木長三四寸，色黑，或黄，或微白，有文理，非鐵非石，可以削鐵而每破於石。居人多得之虎兒哈河，相傳肅愼氏矢以此爲之。楛矢自肅愼氏至今，凡五貢中國。勿吉室韋之俗皆以此爲兵器，或曰楛矢，或曰石鏃，或曰楛砮。歷代史傳言之娓娓，今余所見直楛耳，無有所爲鏃與砮也。」

蒖芝

宋張淏《雲谷雜記》云：「蜀中有一種木，彼人呼爲蒖芝。其樹常高丈餘，不甚增長。花小而白，每一歲開花，次年方結子，又次年方熟，蓋歷三歲。子如楮實，有文如龜背，味甘酸可食，俗傳以爲仙果。」

濕死乾活

國朝方士淦《蔗餘偶筆》云：「伊犂有草生石面上，紅花嬌豔可愛，見水則萎，名曰濕死乾活。」

公公須婆婆奶

國朝顧景星《野菜贊》有曰「公公須」者，注云「即王瓜苗」；有曰「婆婆奶」者，注云「地黄苗也」。

煙草之始

國朝納蘭成德《淥水亭襍識》云：「有僧云：『世尊曾言山中有草，然煙嗽之，可以解倦。』則西域之嗽煙，三千餘載矣。」按：此惜未言出何經典。

明張岱《陶庵老人夢憶》云：「余少時不識煙草爲何物，十年之内，老壯童稚、婦人女子無不喫煙，大街小巷盡擺煙桌，此草妖也。」按：此則明季始喫煙，正與今鴉片無異。

淡婆姑

日本國人賴惟桑《春草堂詩鈔》有《戲詠淡婆姑》詩，即煙草也。恐「淡巴菰」之名實「淡婆姑」之誤。

風茄

明魏濬《嶺南瑣記》云："「予官農部河南司時，一日曹事畢，遣吏承印還寓，塗遇一人引去他處，飲以酒，吏即昏迷若寐。及覺，印爲盜去矣。數日捕得盜者，訊之，云：『用風茄爲末，投酒中，飲之即睡去，須酒氣盡乃寤。』問從何得之，云：『此廣西産，市之棋盤街鬻褋藥者。』土人謂之顛茄。風猶顛也，一名悶陀羅。」

按：此藥今尚有之，即小説家所謂「蒙汗藥」也。然可以治喘疾，其法用吸煙之筒，即褋置煙内，吸而食之，初試頗有效。

蚯蚓爲百合

宋鄭景望《蒙齋筆談》云："「余居山中，默觀物變，如蚯蚓爲百合、麥之壞爲蛾，則每見之。蚯蚓在土中，方其欲化時，蟠結如球，已有百合之狀。麥蛾一夕而變，紛然如飛塵。」按：百合人喜食之，乃有蚯蚓變者，則亦不盡佳品也。

宋錢易《南部新書》云，「張周封言百合花合之泥，其隟經宿化爲大蝶。」是蚯蚓能化百合，百合花又能化蝶也，但未知信否。

丁香、橄欖

宋張世南《游宦紀聞》云：「橄欖，閩、蜀俱有之。閩中丁香一品，極小，雋永，其味勝於蜀産。家君嘗手植其核於小圃，再歲而樹壯，又三歲高二丈許。始實初如菉豆，凡兩月漸大。有墮地者，視之，木槵子也。」按：丁香、橄欖，今尚珍之，吴下以爲雋品也。乃遷地而成木槵子，此不可解。擬以其核試之，未知果然否。

《齊民要術》曰：「凡種梨，一梨十子，惟二子生梨，餘皆生杜。」然則植物自能變其種，橄欖之爲木槵子，亦此類耳，未必每種皆然也。

《七十二子譜》

宋周煇《清波襍志》云：「廣南有七十二子，皆果實也。密漬致遠，人多不識，嘗有類爲《七十二子譜》行於世。」按：周去非《嶺外代答》云：「南方果實以子名者百二十，或云百子，或云七十二子。」然則「七十二子」未足盡南中果品也。

霍去病

國朝陳錫路《黄嬭餘話》引侯〔一〕寧極《藥名譜》云：「藿香名霍去病。」

〔一〕侯，原訛「候」，據《藥名譜》改。

桃共娘

明魏濬《嶺南瑣記》云：「野次四五月間，有花絶似桃，而開甚盛。詢之土人，云名『桃共娘』，謂與桃同母也。」

國朝趙學敏《本草拾遺》引《粤志》云：「花之以孃名者，有桃金孃，叢生野間，似梅而末微鋭，似桃而色倍赬，中莖純紫，絲綴深黄如金粟，名桃金孃。粤歌云：『攜手南山陽，采花香滿筐。妾愛留求子，郎愛桃金孃。』」不知與「桃共孃」是一是二也。

三股梅花翦

國朝李斗《揚州畫舫録》云：「張秀才名燧，字飲源，善蒔花。梅樹盆景與姚志同秀才、耿天保刺史齊名，謂之三股梅花翦。」

栽樹用蝦蟆車

晉陸翽《鄴中記》云：「石虎築華林苑，民間有名果，虎作蝦蟆車，箱闊一丈，深一丈，四摶掘根面去一丈，合土載之，植之無不生。」按：移栽大樹，必須多取其土，勿傷其根。虎製此車，必爲此也。然有誤字，不得而詳。

蘿蔔種花法

宋周密《癸辛雜識》云：「春花已半開，用刀翦下，即插之蘿蔔上，卻以花盆用土種之，時時澆溉，異時花過則根已生矣。既不傷生意，又可得種，亦奇法。」

用鹽插花

《癸辛雜識》又云：「凡折花枝，槌碎柄，用鹽築，令實柄下滿足，插花瓶中，不用水浸，自能開花作葉。」按：此與前法均未知驗否，當試之。

六友

宋劉黻《蒙川遺稿》有《六友》詩，静友蘭也，直友竹也，淨友蓮也，高友松也，節友菊也，清友梅也。

茶香室叢鈔卷二十三

麒麟長頸

國朝吴長元《宸垣識餘》云：「正統中每宴享，廷中陳五獸。近陛之東西二獸，東麒麟身似鹿，灰色微有文，頸特長，殆將二丈，望之如植竿，其首亦大概如羊，頗醜，非所云麕身鳳肩有許文彩也。西騶虞亦與傳記不同。」

按：祝允明《野記》亦載此麒麟形狀，云永樂中外國所獻。疑此特異獸，非真麒麟也。《野記》又云：「先公以己未登第，時有貢麟，禮闈以命賦，亦非此類。」

明萬曆時光山縣産麟

明徐渭《青藤書屋集》有《麟》詩，其序云：「汝寧府光州光山縣於萬曆十三年二月二十日，據高陌里民曹國隆同地方李章等呈稱：『本月十八日，當四更時，本莊偶見天光如電，一時輒黑。迨至五更，忽又光如白晝。居民畢起，又黑如前。衆相驚疑，不知何謂。逡巡達曉，則有五色瑞芬，都如霞采，瀰漫亘空。不意本日未時，國隆家所畜牸牛大吽數聲，産一麒麟，胞破液流，液乃黄色。牛時舐麟，血漉於舌。麟卧微動，則見徧體迸射，並是紅緑焰光。須臾，雲霧罩籠，風雨大作，羣樹鳴吼，塵土飛揚，雨下如墨。至十九日未時，麟絶不乳，遂不喘息。即今馬家橋至磚橋一帶黑水尚存，可驗。隨該知縣牛應元、主簿王汝政、典史梁樸公同往視，麟之徧體及頭尾四蹄並是龍鱗，鱗卻方樣，凑縫所在，並襯現紫色絨毛。所據國隆等呈，麟産於牛，非常事等，奈輒不乳，無由進呈，謹具圖畫一本，并所呈由，均乞轉達闕廷。』」按：此序乃據當時公牘，自來言麟生者未有詳于此也。然生而不育，生此何爲？

《明史·五行志》：「萬曆十三年九月，光山牛産一物，火光滿地，鱗甲森然，一夕斃。」即此物也。惟史言「九月」，此言「二月」，未詳孰是。此據公牘，恐史誤耳。

國朝劉廷璣《在園襍志》云：「余昔守括蒼，兼守杭郡，於藩庫中見一草楦麒麟皮，係牛産于蕭山民家。首肖牛，小角嶄然，徧身鱗甲，鱗大於錢而色黑，尾似團扇，小鱗甲砌滿。」

獅子

國朝趙學敏《本草拾遺》引《椿園見聞録》云：「温都斯坦，西域一大回國，從葉爾羌西南行百日可到。其國西南隅有巨澤，圍數千里。澤中有山，圍逾千里，高入雲天，或曰人閒第一高山也。山産獅子，新月皎潔，輒負雛於山中往來。時登山絶頂，望月垂涎，猛飛吞月，有飛去八九里、十餘里而墜死山谷中者。其國人以豢養獅子爲上户。取之法，擇炮手之最精者，開地爲阱，人匿其中，遇有負雛來者，發炮斃之，而取其雛。倘一炮不中，則拋山裂石，人無噍類矣。」按：獅子爲神物，乃妄思吞月，亦可笑也。

日本人安積信《艮齋文略》云：「獅子生子，必墜之深谷，能出者育之，不能出者棄而不顧。」按：此未知所出，殆其國相傳之俗語乎？

齊希特

國朝張尚瑗《石里褉識》云：「崇德二年，蒙古貢獸，名『齊希特』，能知人語，葢『角端』之屬，徧示羣臣。」

按：「角端能言」，本於《元史・耶律楚材傳》。然考《漢書・司馬相如傳》《文選・上林賦注》諸家之説，從未有「角端能人言」之説。耶律楚材蓋權詞以對，未足爲據也。詳見《俞樓褉纂・壺東漫録》。此「齊希特」當即元初所見之獸，元時不得其名，今轉得之矣。

又按：《宋書・符瑞志》云：「角端者，日行萬八千里，又曉四夷之語。明君聖主在位，明達方外幽遠之事，則奉書而至。」此耶律楚材所本也。然《宋書》之説多荒誕，不足憑。

國朝王士禛《隴蜀餘聞》云：「角端産瓦屋山，不傷人，惟食虎豹，山僧恒養之以自衛。」

按：此真「角端」也。

剛巴兒

國朝張尚瑗《石里褋識》云：「康熙庚午、辛未閒，裘松園爲滎經令，蜀撫噶爾圖令覓剛巴兒，貽之札云：『剛巴兒形如貓，毛色白有血。以四五月閒山雪消時隨流而下，若與蛟龍交，便化爲龍。卭雅逼處西極，雪嶺相通，得之亟酬所值，不損清俸。』裘乃謀之茶商，商云：『是誠有之，但不可限以年歲。生沍寒巖壑中，禀至陰之精，爲烏斯藏所收，華人未識其物。』裘乃宛轉復命于噶而寢之。比歲復往謁，噶語之云：『已得之陝西畇中矣。』」

禿墨忒

國朝范昭逵《從西紀略》云：「抵坤都倫，遥見一獸，自北而南，疾行如飛，風沙草石隨之而起。鄉導曰：『此獸名禿墨忒，猶華言狓狓也，見則多風。』」

犼㹮

國朝朱象賢《聞見偶録》云：「衛郡王御史惲《犼㹮贊》，其辭云：『郡譙門西下棖有石獸，左曰犼，右曰㹮，爲狀特異，隱其齒而吻張，崩其角而顛兀，頂髮形委委〔一〕，卷兩膊。世傳殷宫中故物，自衛縣移置於此。』贊敍所述形狀與今俗稱『石獅子』甚肖，必是此物，大率神羊之流。犼，典禮切；㹮，九毀切。」

又王漁洋山人《香祖筆記》云：「犼、㹮，二獸名，秉心忠直。今承天門内華表頂上者是，又衛輝府前亦是。此亦蒲牢、贔屭之屬，而龍生九子，不載其名。」

貔貅

國朝王士禛《隴蜀餘聞》云：「貔貅産峨嵋，自木皮殿以上林木閒有之。形類犬，黄質白

〔一〕 形委委，《聞見偶録》作「雲委垂」。

章，龐贅遲鈍，見人不驚，羣犬常侮之。其聲似念陀佛，非猛獸也。」

獨象

宋彭乘《墨客揮犀》云：「漳州多象，十數爲羣，然不爲害。惟獨象遇之逐人，蹂踐至骨糜碎乃去。蓋獨象乃衆象中最獷悍者，不爲羣象所容，故遇之則蹂而害人。」

犴血

國朝趙學敏《本草拾遺》云：「有客自川中來，帶有犴血，言此獸乃星禽，爲天上井宿，五百年一降於世以濟人。其降也，必於蜀。降之前三日，天乃大風，振屋拔木，爲降犴風，左右居民知犴必降，悉遷避之。求鐵工造蓮萼箭鏃如橄欖形，而窪其中，鏃上刻名以記。犴降之日，形如胡犬，有鱗，大十倍於象，首必朝歲星，蹲踞不動。土人從其後射之，矢集於身如蝟，三日後乃去，遺矢於地，各認所鐫以歸。其鏃頭有血一塊，大如橄欖，可入藥。自明洪武時曾一降，至今幾四百年，藥亦罕有存者，或有之，寶同和璧矣。治一切陰疽發背，奏效如神。」按：自明洪武元年戊申至國朝光緒癸未，五百十六年矣。然則「犴」又將降而胡不聞也？余謂《淮南子·道應篇》言散宜生求天下珍怪，得玄豹、黄羆、青犴、白虎。是「犴」亦珍異之物，此殆即犴血耳，未必星精下降也。

申紅

國朝趙學敏《本草拾遺》云：「猴經一名申紅，深山羣猴聚處極多，每於草間得之。色紫黑，成塊，夾細草屑，云是母猴月水也，治乾血勞。」按：「申紅」之名甚新，惜未有其對。

黑牽牛名「黑丑」，國朝吴儀洛《本草從新》引《摘元方》云：「雞子青調黑丑，塗面上雀斑效。」又引《聖濟總録》云：「溼熱頭痛，黑丑七粒，砂仁一粒，研末，井華水調，灌鼻中即愈。」「黑丑」二字亦新，惜不能倒作「丑黑」，以對「申紅」也。

埽雪

國朝孟瑢《豐暇筆談》云：「埽雪似貂而小，長不及五六寸，毛短而匀，腹正白。雖非珍品，然頗輕煖，産西北口外。凡有貂之地必有埽雪，貂之出入以埽雪爲前導，經過處皆無殘雪，故名埽雪云。」

狐涎

宋曾敏行《獨醒雜志》云：「祥符中，汀人王捷能使人隨所思想一一有見，大抵皆南法，以野狐涎與人食而如此。其法以肉置小口罌中，埋之野外，狐見而欲食，喙不得入，饞涎流墮罌内，漬入肉中。乃取其肉曝爲脯，而置人飲食閒。又聞以狐涎和水頮面，即照見頭目變爲異形，今江鄉喫菜事魔者多有此術。」按：此等事亦臨民者所宜知也。

黑大蟲

《齊東野語》云：「畢再遇有戰馬號黑大蟲，駿駔異常。再遇既死，其家以鐵絙羈之。適遇嶽祠迎神，聞金鼓聲，意爲赴敵，長嘶奮迅，斷絙而出。家人命健卒十餘挽之歸，好言戒之曰：『將軍已死，汝莫生事累吾家。』馬聳耳以聽，汪然出涕，長鳴數聲而斃。」按：「黑大蟲」之名甚新，《宋史·張威傳》：「威每戰，不操他兵，有木棓號紫大蟲。」此兩名皆可喜也。

唐馮贄《雲仙襍記》云：「哥舒翰有馬曰『赤將軍』，翰愛之甚，常以朝章加其背，曰：『過吾北林兒遠矣。』」按：「赤將軍」之名亦奇。

碧雲霞

宋魏泰作《碧雲騢》一書，歷詆朝士，託名梅聖俞。「碧雲騢」者，馬有旋毛，意謂雖貴而不能掩其旋毛之醜也。此事人多知之。乃讀王闢之《澠水燕談録》，則云：「太宗朝，府州折御卿貢馬特異，格不甚高，而日行千里，口旁有碧紋如雲霞，因目曰『碧雲霞』。上征太原，往來乘之，上下山嶺如履平地。上則屈前足，下則屈後足，上下如坐安輿，不知登降高下之勞。圉人供芻粟或少倨，則嘶鳴奮躍，踶齧不已，此尤異他馬也。上崩，悲鳴不食，骨立，人不忍視。真宗遣從靈駕，至永熙陵乃斃，詔與『桃花犬』同坎瘞。」據此，則「碧雲霞」又良馬也，雖「霞」「騢」字異，恐即一馬而傳者異其名。魏泰之書非特誣諸賢，并誣良馬矣。

周煇《清波雜志》云：「煇嘗得《碔碌》一篇，亦若《碧雲騢》，專暴人之短。」今人知有《碧雲騢》，不知《碔碌》矣。

狗挽車

《癸辛雜識》云：「高麗以北地名別十八，華言乃五國城也。其地極寒，海水皆冰，自八月即合，直至來年四五月方解。人物行其上如履平地，站車往來悉用四狗挽之，其行如飛。」

元劉郁《西使記》云：「至麻阿中以馬捧拖牀遞鋪，負重而行疾，或曰乞里乞四，易馬以犬。」

獬狐小狗

明宦官劉若愚《酌中志》云："萬曆年間，神宮監掌印太監杜用養一獬狐小狗，最爲珍愛。東廠李太監訪知之，指爲違禁，欲參奏，費千餘金方得免。"按：今北人尚喜畜之，俗書作"哈叭"。據此當作"獬狐"，然字書無"狐"字也。

畫貓

國朝梁同書《日貫[一]齋塗説》引魏禧《畫貓記》云："俗傳二危合畫貓，鼠輒避去，蓋宿與日並直危也。"此説未知驗否。

貓魚

國朝王初桐《貓乘》引《武林市肆記·小經紀》有"貓窩、貓魚"，又引《夢粱録》"凡宅舍養貓

[一] 日貫，原訛"貫日"，據《頻羅庵遺集》卷十五乙。

則每日有人供魚鰖」。

貓食盆

國明劉廷璣《在園襍志》云：「明内官家飼貓之器皿，用上號銅質鑄造，今宣爐内有貓食盆是也。」

六技鼠

宋樓鑰《攻媿集·跋東坡嘯軒詩》云：「《易·晉卦》『晉如鼫鼠』，《釋文》『音石，五技鼠也』，引《本草》：『螻蛄一名鼫鼠。』考《說文》注云『五技鼠也。能飛不能過屋，能緣不能窮木，能游不能度谷，能穴不能掩身，能走不能先人』，是真螻蛄也。唐本又曰『六技鼠也』，下又有云『能歌不能成曲』。」

按：東坡《嘯軒》詩：「食土蚓無腸，亦作終夕呌。」樓氏之意則謂終夕呌者螻蛄也，非蚓也。此固未易辨，然六技之説則甚新。是唐本《説文》與今異也，故表而出之。

白鼠

唐于逖《靈異録》云：「陳大家貧好施，有一僧每來求食，三載供待如初。僧指庭中金櫻樹曰：『此處造一佛堂，當有報應。』陳不信。至夜，見一白鼠雪色，緣其樹，陳言於妻子曰：『衆言有白鼠處即有藏。』遂掘之，得白金五十錠。」按：今人每言白鼠爲藏神，亦有所本。

朱砂鼠

國朝王漁洋《香祖筆記》云：「黄山湯泉皆朱砂。天啓中，或浴于泉，見一鼠躍出，純赤，長尺餘，曰朱砂鼠。」按：白鼠固不易見，朱鼠更爲難遇矣。

鼠婚

日本人原善著《先哲叢談》云：「物茂卿博識洽聞，無所不知，或問曰：『世有鼠婚之說，何謂也？』茂卿曰事出某年某人所著小説，其書所載鼠類眷屬名姓，矢口縷縷如注。」按：中國有繪鼠婚爲圖畫者，小兒嬉戲之物也，不圖彼國亦有之。物徂徠能言其所出，亦奇矣。惜所謂「小説」者，不知中國之書邪？抑彼國之書也？

舀被

《水經·渭水篇注》云：「關水又西南逕雍縣故城南，昔秦文公之世有伯陽者，逢二童，曰舀、曰被。二童，二雉也，得雌者霸，雄者王。」按：《史記索隱》但言「二童子名陳寶」，無「舀」與「被」之名；且亦但言「陳倉人遇二童子」，不言其人爲伯陽也。

木戾

宋蔡絛《鐵圍山叢談》云：「西甌之地春夏間多有鸜鵒羣飛，人或得其雛，養視而教諸語言。初皆丹喙，中變而黑，度歲餘乃復丹，始不變，此雄者也，號名鸜鵒。有喙常黑而不變，此獨雌者，號名木戾。」按：今人知有鸜鵒，不知有「木戾」。

注輦國鸜鵒

宋劉敞《公是集》有一詩題云：「客有遺予注輦國鸜鵒，素服黄冠，語音甚清慧。此國在海西，距中州四十一萬里，舟行半道，過西王母，三年乃達番禺也。」按：此疑即今西洋諸國通中華之始也。

粉紅色燕

國朝朱象賢《聞見偶録》云：「康熙間，吴郡之吉由巷民家巢燕哺三雛，一潔白，二粉紅色，時以爲奇。」

紅唧唧

國朝張尚瑗《石里褋識》云：「滇中有紅唧唧鳥，毛骨味趾皆丹砂色，爲人捕得，輒撞腦碎而死，若麝之愛臍投巖。善捕者必制之不得自殺，取其腦供繪事。圖鳥于屏鄣，輒翔而下，下則軸上無鳥，頃復麗其處若真，真軟障之奇焉。」

漠北白

唐段成式《肉攫部》載：「漠北白，身長且大，細斑短脛，鷹内之最，生沙漠之北。」按：此可與「海東青」爲勁對矣。

火鷄

國朝張元賡《卮言》云：「康熙十年，外國人有以火鷄入貢者。舟過閶門，出鷄船頭上，市人聚覩之。形赤色與鷄同，飼以火炭，如喙米粒。」

秋風鳥

國朝丁星海《湖北詩徵傳略》載明人蒙正發《秋風鳥》詩，注云：「小鳥遇秋風而化，出惠州。」其詩有「秋風催水族，應候起沈淪」之句，是亦物理之異者。

九頭鳥

明鄺露《赤雅》云：「奇鶬十首，周公居東，惡聞其聲，命庭氏射之，血其一首。」又云：「九首者雄鴟，猶虺之九首者曰雄虺也。」

按：《太平廣記·禽鳥部》引《嶺表録異》云：「鵂鶹乃鬼車之屬，或云九首，曾爲犬囓其一，常滴血，血滴之家則有凶咎。」此語至今猶傳。《赤雅》謂是周公使庭氏所射，未詳所本。

又按：奇鴟九頭，本郭景純《江賦》。而馬氏《繹史》引《衝波傳》：「有鳥九尾，孔子曰：『鴟也。《河上之歌》云：鴟兮鴟兮，逆毛衰兮，一身九尾長兮。』」則又是九尾，而非九頭。

鵲上梁

宋錢易《南部新書》云：「崔圓妻在家，見二鵲搆巢，共銜一木，大如筆管，長尺餘，安巢中，衆悉不見。俗言見鵲上梁必貴。」按：内子姚夫人曾見之，亦無他徵。

鷹以聯計

《太平廣記》引《冥報記》云：「唐交州都督遂安公李壽性好畋獵，常籠鷹數聯。」又引《廣古今五行記》云：「唐則天初，京兆人季全聞性好殺戮，常養鷹鷂數十聯。」是唐時畜鷹以「聯」計，殆以一雙爲一聯乎？

馬以彪計

《癸辛襍識別集》云：「虜中謂一聚馬爲彪，或三百疋、五百疋。」

薩多羅解豬語

唐高彦休《闕史》云：「咸通初，有渤海僧薩多羅能通鳥獸之言。一日，與小朝客數人將納涼於城西别墅，路遇牝豕引諸豘而行，喀喀有聲。一朝士戲曰：『此豬有語否？』對曰：『巨彘顧諸雛云：行行行，向前樹陰下喫妳。』因緩轡以偵，果抵木陰，踞乳諸子。」按：此與介葛盧〔一〕

〔一〕盧，原訛「廬」，據蔡啟盛《校勘記》改。

之辨牛鳴真天然對偶也。

泉州潭水鮫鱷

唐張讀《宣室志》云：「泉州之南有山焉，下有潭水，深不可測。中有鮫鱷，常爲人患。元和五年，一夕聞南山有雷震暴，聲聞數百里。明旦往視，其山摧劈，石壁數百仞殆盡，俱塡其潭。潭水流溢，注滿四野，鮫鱷之血遍若玄黄。而石壁之上有鑿成文字一十九言，字勢甚古，無能知者。有客傳其事至東洛，時故吏部侍郎韓愈爲河南令，見而識之。其文曰：『詔赤黑示之鱷魚，天公卑殺牛人。壬癸神書，急急。』詳究其義，似上帝責蛟螭之詞。」按：文公驅鱷魚，人人知之，此事世罕知者。

蛇能人言

國朝陳鼎《蛇譜》云：「唤人蛇，長丈餘至數仞。廣西近交趾山中有之，伏草莽閒，遇行旅過，輒大呼曰：『何處來？那裏去？』只此六字，甚清楚，音同中州。不知而誤應之，雖去隔數十里，蛇必至。至則腥風擁樹，排闥而入，吞應者去，人莫能制也。」

「夜裏呌」，亦蛇名，常至午夜忽大聲呼救命不止者，蛇也。毋得輕啓户，倉卒出，必爲所害。交趾邱蟠山中有此蛇。

「肚裏餓」，亦蛇名，色如竹葉，長尺許，不嚙人，不畏人，前有兩足，見人輒啼曰「肚裏餓」。好事者投以瓜果食物，彼即接而啖之，可狎而玩也。然有毒，手近之即浮腫，一二日方消。以上並見《蛇譜》。譜中異蛇甚多，此三種皆能人言者。

蛇呼妚妚

宋周去非《嶺外代答》云：「蚺蛇能食獐鹿，人見獐鹿驚逸，必知其爲蛇，相率赴之，環而謳歌，呼之曰『妚妚』，謂姊也。蛇聞歌即俯首。」按：「妚」俗字，徒架反，俗呼姊，亦或以呼父之姊妹。乃蚺蛇亦喜聞是稱，奇矣。

水獺玉手

國朝孟瑢《豐暇筆談》云：「余家舊有水獺玉手一隻，治骨鯁極效，康熙丁亥年忽失之。手如鷄卵大，色黄白，類陳佛手柑，而五指與人無異，特爪鋭而微厚。有骨鯁者，以手搔喉下者三，則消矣。此手得之甚難，必繫大生獺於密室中，以魚置其前，令稍遠，人走避之。獺欲食魚甚，而遠不可即，則手自口中出。人從其後急掣得，以刀截其腕腊之。然百不能一中也，若殺而求其手，無有矣。」按：此物甚奇，未見記載。

魚皁隸

明包汝楫《南中紀聞》云：「鰣魚腰間環有紅鱗一帶者，名魚皁隸。漁人得此，是年鰣魚必多。」

魚鰕鷄犬

明王士性《廣志繹》云：「唐朝每聖誕，勅僧放生池放生，著爲令。其放魚鰕而不放鷄犬者，葢内典六道鷄犬等爲定殺業，魚鰕等爲不定殺業故也。」余謂「鷄犬」宜作「鷄豕」爲允。

蟹鱧二物

國朝駢蕖道人《薑露庵襍記》云：「蟹生而母死，爭食其肉，水族之梟也；鱧生而母盲，以身飼母，水族之烏也。」按：紀文達嘗言蟹受湯鑊之苦，比他物尤苦，疑業報之最重者。今觀此則不足怪矣。至鱧爲三厭之一，道家忌之，觀此則自不宜食。若謂其頭戴七星，且能禮拜北斗，轉失之誕矣。

海蜘蛛

國朝王漁洋《香祖筆記》云：「海蜘蛛生粤海島中，巨若車輪，文具五色，絲如絙組。虎豹觸之不得脱，斃乃食之。」按：蜘蛛絲最黏而韌，余幼時曾見人家一蜘蛛網，有蛇長二尺許，宛轉其中，竟不能脱。則海中蛛網能制虎豹，亦無怪矣。

蚊大如蜻蜓

明金幼孜《北征録》云：「二十七日，發長樂鎮，草間多蚊，大者如蜻蜓，拂面嗷嗜，拂之不去。」

隊隊

國朝趙學敏《本草拾遺》云：「雲南有小蟲，名曰隊隊，狀如蝨，出必雌雄相隨。人得之，以賣於富貴家，價至四五金。盛以銀匣置枕中，則夫妻和好。」

寒蜓

漢應劭《風俗通》載太僕杜密譏「劉勝位故大夫，見禮上賓，俯伏甚於鼃蝟，冷澀比如寒蜓」。按：《後漢書·杜密傳》云劉勝「位爲大夫，而知善不薦，聞惡無言，隱情惜己，自同寒蟬」，與此語句不同，「蜓」與「蟬」義亦有別。

鳴秋

國朝李斗《揚州畫舫録》云：「北郊蟋蟀大於他處，土人有鳴秋者，善豢養，識草性，著《相蟲譜》，題曰『鳴氏純雄』。秋以此技受知於歙人汪氏，遂致富。」按：今江浙閒多有養蟋蟀者，而「鳴秋」之名則久晦矣。「鳴氏」僻姓，未詳所出。此姓此名適宜此技，亦奇也。

治三蟲藥

唐柳宗元《龍城録》云：「賈宣伯有神藥能治三蟲，止熬黄柏木，以熱酒沃之，别無他味。一日過松江，得巨魚，投以刀圭藥，魚吸即死。吴江有蛟爲害，以數刀圭投潭中。老鮫死，浮於水，水蟲莫知數皆藥死。」按：此説未知信否，姑記其説。

癆蟲

唐段成式《異疾志》云：「河南劉崇遠有妹爲尼，居楚州。常有一客尼寓宿，忽病，癆瘦甚，且死。其妹省之，衆共見病者身中有氣如飛蟲，入其妹衣中，遂不見。病者死，妹亦病，俄而劉氏舉院皆病。」按：此即今俗所謂癆蟲也。

蛺蝶詐死

宋王得臣《麈史》云：「予少時，季秋末於草際得一小蛺蝶，怪其非時，取視之，則斃於掌中，久則栩栩然飛去，蓋詐死以逃生也。」按：此則東坡所賦之黠鼠，不足怪矣。